「十三五」国家重点图书出版规划项目
国家出版基金资助项目

新型城镇化与减贫发展

中国扶贫攻坚
前沿问题研究
丛书

ZHONGGUO FUPIN GONGJIAN
QIANYAN WENTI YANJIU CONGSHU

丛书主编◇黄承伟
本册著者◇雷　明　李　浩　等

CNS | 湖南人民出版社

中国扶贫攻坚前沿问题研究丛书编委会

总序

加强中国新时代脱贫攻坚的理论创新和实践创新研究

习近平总书记在2018年新年贺词中指出："到2020年我国现行标准下农村贫困人口实现脱贫，是我们的庄严承诺。一诺千金。到2020年只有3年的时间，全社会要行动起来，尽锐出战，精准施策，不断夺取新胜利。3年后如期打赢脱贫攻坚战，这在中华民族几千年历史发展上将是首次整体消除绝对贫困现象，让我们一起来完成这项对中华民族、对整个人类都具有重大意义的伟业。"这既是打赢脱贫攻坚战的动员令，也为加强脱贫攻坚实践总结、理论研究指明了方向。

一

中国改革开放以来的扶贫开发取得了举世瞩目的减贫成就，新时代脱贫攻坚取得决定性进展，创造了人类发展史上的奇迹。

中国曾是世界上贫困人口最多的国家，也是世界上最早进行国家救助的国家之一。几千年来，在中华民族发展史上，扶危济困、改善民生始终是中国传统文化的内在追求。从先秦诸子百家倡导的"仁爱""民本""兼爱""大同"等思想理念，到中国共产党消除贫困、改善民生的使命追求，消除贫困始终是华夏民族孜孜不倦的向往追求。中国共产党成立至今97年来，一直把为人民谋幸福、为中华民族谋复兴作为使命。中华人民共和国成立以后，更是把全心全意为人民服务作为执政理念和根本宗旨，建立了社会主义制度，为消除贫困奠定了制度基础。改革开放以来，特别是从20世纪80年代中期开始，我国开始实施有组织、有计划、大规模的扶贫开发，先后制定实施了《国家八七扶贫攻坚计划（1994—2000年）》《中国农村扶贫开发纲要（2001—2010年）》，2011年颁布实施《中国农村扶贫开发纲要（2011—2020年）》。改革开放以来的中国扶贫开发取得了举世瞩目的成就，7亿多贫困人口脱贫，对全球减贫贡献率超过70%。

2012年11月，中国共产党召开第十八次全国代表大会。此后，以习近平同志为核心的党中央把扶贫开发纳入“五位一体”总体布局和“四个全面”战略布局进行部署，把贫困人口脱贫作为全面建成小康社会、实现第一个百年目标的底线任务和标志性指标，在全国范围全面打响了脱贫攻坚战，中国扶贫开发进入新时代脱贫攻坚阶段。经过全党全国全社会的共同努力，中国新时代脱贫攻坚战取得决定性进展。截至2017年末，全国农村贫困人口从2012年末的9899万人减少至3046万人，减贫幅度达到70%；贫困发生率从2012年末的10.2%下降至3.1%，累计下降7.1个百分点；年均脱贫人数1370万人，是1994—2010年间年均减贫人数的两倍多，取得了中国减贫历史上最好的成绩。脱贫攻坚明显改善了贫困地区的生态环境，促进了贫困地区农村基础条件的明显改善和公共服务水平的明显提升，明显提高了贫困地区基层治理能力和管理水平；脱贫攻坚激发了贫困地区贫困群众的内生动力，为建立稳定脱贫长效机制奠定了基础；脱贫攻坚还培养锤炼了一大批干部和人才，营造了良好的社会氛围。

联合国秘书长古特雷斯在致“2017减贫与发展高层论坛”的贺信中，高度评价中国的精准扶贫成就，称赞“精准减贫方略是帮助贫困人口、实现2030年可持续发展议程宏伟目标的唯一途径。中国已实现数亿人脱贫，中国的经验可以为其他发展中国家提供有益借鉴”。脱贫攻坚不仅成为中国特色道路自信、理论自信、制度自信、文化自信的生动写照，而且也成为全球反贫困事业的亮丽风景。

二

习近平扶贫思想为新时代脱贫攻坚理论创新和实践创新研究提供了指导思想。根据党的十九大关于脱贫攻坚的新部署新要求，新时代脱贫攻坚进入了决战决胜阶段，形成了新时代脱贫攻坚理论创新和实践创新研究的宏观背景。

习近平扶贫思想成为新时代中国特色社会主义思想的伟大创新，为新时代脱贫攻坚理论创新和实践创新研究提供了根本遵循。第一，习近平扶贫思想是马克思主义反贫困理论的继承和发展。习近平运用马克思主义立场、观点、方法，深刻思考中国贫困问题演变规律，基于长期担任地方领导的实践积淀，深刻阐述了中国扶贫开发在治国理政中的战略地位作用，科学提出了精准扶贫精准脱贫方略，鲜明指出了深化国际减贫合作、共建人类命运共同体的前进方向，是马克思主义反贫困理论中国化的最新成果。第二，习近平扶贫思想体现了中国传统优秀文化继承及与现代的结合。习近平创新性地提出文化自信，作为“四个自信”的重要内容。显然，中国几千年的优秀传统文化滋养和涵养着习近平扶贫开发思想。第三，习近平扶贫思想具有丰富内涵。坚持党对脱贫攻坚的领导，是政治基础；实施精准扶贫精准脱贫，是思想内核；构建大扶贫格局，是动力保障；激发内生动力，是目标导向；实行最严格考核制度，是根本要求；携手共建人类命运共同体，是价值取向。六个方面的重要思想逻辑严密、自成体系，具有长远性、普遍性，是中国特色社会主义的重要理论创新和实践创新。第四，习近平扶贫思想具有鲜明的理论品格。集中体现在人民性、实践性、科学性、开放性、国际性等方面，这些理论品格和新时代中国特色社会主义思想所贯穿的精神实质完全一致，为我们解决贫困问题、制定更好的扶贫政策提供了思想方法和指导原则。第五，习近平扶贫思想的核心——精准扶贫精准脱贫方略，不仅为打赢脱贫攻坚战提供了理论武装和思想动力，而且对推进国家治理体系和治理能力现代化具有方法论的意义。第六，习近平扶贫思想呈现出巨大的国际价值。这种价值体现在习近平扶贫思想回应了其他发展中国家在解决贫困问题中的世界难题，比如：如何在经济下行、经济复苏缓慢进程中发挥政府在减贫中的主导作用，更好地动员更多力量、构建更完善有效的贫困治理体系？如何通过由上到下、由下到上的互动，形成一个更精准的识别机制，把大规模的贫困人口识别出来？如何采用更综合性、更体系化的机制应对综合性贫困、多维贫困的治理挑战？等等。伟大的思想引领伟大的实践。习近平扶贫思想的中国实践既是扶贫理论实践研究的动力，更为新时代脱贫攻坚理论创新提供了广阔的发展空间。

新时代脱贫攻坚的艰巨性、复杂性进一步凸显，对新时代脱贫攻坚理论创新和实践创新研究提出了新挑战、新需求。习近平总书记指出，脱贫攻坚不是敲锣打鼓一下子就能够完成的。随着攻坚进入深水区、决胜期，其艰巨性、复杂性在多个方面呈现。第一，在最贫困的地方按照最精准的要求开展扶贫工作，各种不精准问题的必然性就是其中的重要挑战。这些挑战在实践中贯穿精准扶贫真正生根落地的全过程。如何通过深入总结不同的实践，总结各种成功做法，从而促进精准扶贫真正落地生根，成为需要研究的重要议题。第二，党的十九大把精准脱贫作为三大攻坚战之一，而且有明确的时限、明确的目标，是中国共产党对人民、对全球的庄严承诺，必须兑现。打好精准脱贫攻坚战，攻克深度贫困地区脱贫任务是关键的关键。深度贫困问题，包括深度贫困区域、深度贫困群体以及深度贫困中的深度贫困。所谓深度贫困中的深度贫困，是指老人、留守妇女、残疾人等深度贫困群体中的特殊贫困群体，解决这类特殊贫困群体难度更大、更复杂，是“坚”中之“坚”。第三，激发内生动力的问题。习近平总书记高度重视扶贫同扶志扶智相结合，多次对此做出重要论述、重要批示。贫困人口内生动力的激发培育是一个世界难题，不少拉美国家陷入福利陷阱，形成“养懒汉”现象，根本原因就是没有把内生动力的建立、提高作为扶贫的根本目标。对于我国脱贫攻坚实践中出现的各种对政府过于依赖的思想、行为，必须予以高度关注和切实解决。同时，内生动力的建立需要以社会整体发展、整体提升为支撑。如果整个社会风气没有在脱贫攻坚战中得到相应的改善，全社会互助互爱的社会氛围没有在高强度的脱贫攻坚投入中形成，都是脱贫攻坚战没能打好的表现。这也体现了脱贫攻坚战的艰巨性和复杂性。上述三个方面的问题，是目前最突出的，需要持续、深入地研究，寻找问题演变规律，形成破解难题对策。

新时代脱贫攻坚的战略性、长期性特征逐步呈现，要求新时代脱贫攻坚理论创新和实践创新研究立足当前、面向长远。脱贫攻坚的战略性和长期性集中体现在习近平总书记在党的十九大报告中提出的“脱真贫、真脱贫”要求上。这六个字富含哲理，意味着脱贫攻坚既是短时间内要实现的目标，更是长远治理要实现的目标。“脱真贫”，要求各种资源一定要瞄准贫困人口，一定要保证经济社会发展中落在后面的区域和群体能够通过精准扶持，赶上主流发展的水平。这是解决不平衡、不充分发展的前提，是实现共同富裕的基础。如何把脱真贫落到实处，不仅是短期问题，更是长期问题。还应该看到，脱贫攻坚建立的治理体系，不是到2020年就结束了，而是将在2020年后的扶贫工作中继续发挥作用，确保始终实现脱真贫。“真脱贫”，富含一系列精准脱贫体系。从政策资源的整合投入、大扶贫格局的完善、东西部扶贫协作、攻克深度贫困地区脱贫任务、扶贫同扶志扶智结合，到实行最严格的考核评估制度，都是围绕真脱贫而逐步形成的精准脱贫体系。同样，这套治理体系也不应随着2020年脱贫攻坚战的结束而结束，而是要在新征程的发展中继续发挥真脱贫的作用。由此，扶贫理论实践的研究，不仅要总结研究经验的有效性，更需要从制度、机制、理念等层面研究脱贫攻坚制度体系对于国家更平衡发展、更充分发展，为我们实现共同富裕的进程奠定基础的角度，进行总结和判断、提炼。

脱贫攻坚取得决定性进展所呈现的多重意义及深远影响，为新时代脱贫攻坚理论创新和实践创新研究提供了新视角新议题。就一般性的总结来说，脱贫攻坚成效明显，贫困人口大幅度减少，贫困地区基础设施明显改善，公共服务水平不断提高，同时锻炼了干部，促进了大扶贫格局的完善，营造了更好的社会氛围。除此之外，脱贫攻坚的意义和影响还体现在以下方面：第一，打赢脱贫攻坚战是中国2020年前发展的底线任务。实际上，从人类发展史看，任何的发展阶段，减贫都是必须面对的底线任务。如何分析其中蕴含的规律，需要深入研究。第二，脱贫攻坚中形成的理论和实践启示，对于农村治理、乡村振兴、新发展理念的落实，都具有重要价值，这些价值需要总结、提炼和转化。第三，在脱贫攻坚中体现出的"短板意识""底线思维"，是国家治理的宝贵经验。"短板意识"不仅重视在现实发展进程中促进均衡发展，促进不平等状况的改善，更重要的是提供了科学的思维方法，这对完善政策，提升社会经济发展的包容性有重要启示。第四，从价值观层面看，脱贫攻坚是以人民为中心的发展思想的生动体现和实践。以人民为中心是中国共产党最重要的发展理念，是初心和使命。脱贫攻坚正是最能呈现共产党执政理念、呈现初心的最生动实践。如何理解和体现习近平扶贫思想的价值观及其影响，是需要加强研究的重要内容。第五，脱贫攻坚成就成为坚定"四个自信"的重要载体。有效解决最底层、最贫困人群的脱贫和发展问题，体现发展尊严，这是中国特色社会主义制度优越性的呈现，这就是制度自信、道路自信、理论自信和文化自信的底气。第六，脱贫攻坚是国家治理体系和治理能力现代化的呈现。习近平扶贫思想引领下的脱贫攻坚，逐步建立中国特色扶贫制度体系，是国家治理体系的重要组成部分。打赢脱贫攻坚战的过程，实际上就是国家治理能力现代化的过程。可见，新时代脱贫攻坚理论实践研究，不仅需要从直接影响效果层面进行全面总结，而且需要从更高、更理性层面，从治国理政层面，从中国共产党执政新思想新理念层面进行深入系统的理论凝练。

三

习近平扶贫思想指引下的新时代脱贫攻坚的理论创新和实践创新，产生了一系列总结研究新议题，这些研究将为打赢脱贫攻坚战提供理论支撑，将推进中国特色扶贫开发理论的丰富发展以及为全球减贫治理提供中国智慧、中国方案。

新时代脱贫攻坚理论创新和实践创新研究，是习近平扶贫思想引领中国扶贫理论丰富发展的需要。很显然，中国最终要为全球、为全人类的进步做出更大的贡献，扶贫是不可或缺的重要领域。扶贫的贡献不仅仅体现在贫困人口的减少，更体现出支撑减贫成效的理论体系具有普遍价值，而这套中国特色扶贫理论正是在习近平扶贫思想的引领下得到了不断丰富和发展。基于实践创新提炼理论创新成果，既是习近平扶贫思想价值的体现，也是在习近平扶贫思想引领下推动实践创新取得的重要成效。只有经过足够的理性思考和理论提炼，中国的扶贫经验才能形成新的理念，才能既可用于指导脱贫攻坚进程，也可为 2020 年后扶贫工作提供理性层面的指导。新时代脱贫攻坚理论创新和实践创新的目的，正是适应国家扶贫战略转型、新贫困治理体系构建奠定理论基础的需要。

新时代脱贫攻坚理论创新和实践创新研究，是完善脱贫攻坚顶层设计及其政策体系的需要。脱贫攻坚战打响以来，中央致力于脱贫攻坚的顶层设计，创新建立了责任、政策、投入、动员、考核、督查等六大制度体系，出台了两百多项政策，全党、全国、全社会都动员起来了。从顶层设计到基层落实，各种政策与实际的适应以及产生的综合效应需要评估，以为部分政策的完善提供依据。当然，这里的总结不仅是一般性的经验总结，而更应该是从理性层面进行深入思考的普遍性、规律性总结。这样的总结，才能够为进一步完善顶层设计、完善政策措施提供有力支撑。

新时代脱贫攻坚理论创新和实践创新研究，是深化精准扶贫、不断提高脱贫攻坚管理水平的需要。习近平总书记 2017 年提出了深化精准扶贫的重要思想。深化精准扶贫，需要对实践进行梳理总结，需要明确深化方向，需要把深化落到实处。只有在深化精准扶贫精准脱贫过程中，不断解决现存问题，才能实现从以顶层设计为主向完善顶层设计和促进政策落实并重转变，促进脱贫攻坚管理水平的不断提高。而只有脱贫攻坚管理水平不断提高，精准扶贫、精准脱贫工作中所产生的问题和风险才能够得到及时的化解和防范。由此证明习近平扶贫思想的科学性和正确性。

新时代脱贫攻坚理论创新和实践创新研究，是充分发挥典型引领作用、有力有效地推进工作的需要。从全国看，各地涌现出各种各样的脱贫攻坚典型。总结、推广一批立得住、叫得响、可复制的好典型，对于引领扶贫工作可以起到提高效果、减少成本、培养队伍、激发理念、推动创新的作用。需要从丰富的成功实践中总结、提炼经验，加以理性地总结运用，充分发挥典型的示范引领作用。

新时代脱贫攻坚理论创新和实践创新研究，是营造良好社会氛围、广泛动员社会参与脱贫攻坚的需要。通过总结研究，其成果一方面用于促进顶层设计、政策措施的不断完善，另一方面通过总结推出一系列生动案例和成功实践，可以让更多人在更大范围形成共识，这对于社会良好氛围的形成无疑具有重要推动作用。比如，2017 年有一位残疾人通过办电商平台，自强自立并带动邻里脱贫，这看起来只是一件小事，但是，它所产生的社会正能量却是不可估量的。其中的精神就需要总结、需要研究。再比如，一些革命老区，在脱贫攻坚中，把老区精神、优秀传统文化结合起来，探索出各种文化扶贫、精神扶贫模式。这既是中国共产党精神财富的传承，更是夯实党的执政基础的重要途径。加强这方面的实践总结和理论研究，其重要性不言而喻。

新时代脱贫攻坚理论创新和实践创新研究，是讲好中国扶贫故事、增强中国软实力和参与全球治理话语权的需要。中国扶贫实践特别是脱贫攻坚波澜壮阔的伟大实践，需要总结，需要研究，需要凝练。通过丰富的中国扶贫故事、科学的中国扶贫理论，可以以理性的方式让国际社会更深入地了解、理解中国的减贫事业。讲好中国扶贫故事，需要对实践的生动呈现，需要用更生动的方式、国际化的语言和视野，促进中国扶贫经验的国际分享。

四

湖南人民出版社组织的“中国扶贫攻坚前沿问题研究”丛书，是新时代脱贫攻坚理论创新和实践创新研究的尝试和探索，也是至今关于新时代脱贫攻坚最为全面的理论读物。

该丛书被列入“十三五”国家重点图书出版规划，并获得2018年国家出版基金资助，这表明这套丛书得到了国家层面的认可，体现了丛书出版的价值。丛书共10卷。1卷1个主题，10个方面的选题都是扶贫攻坚的前沿问题。所谓前沿问题，是指在扶贫实践中呈现出趋势，但在理论研究上尚未深入开展，而且很可能对扶贫政策产生影响的问题集合。

第1卷《减贫目标与减贫手段》，在分析以人民的幸福感作为扶贫目标的背景和意义的基础上，阐释了党和国家与时俱进调整减贫的手段和任务。全书围绕扶贫手段的变与扶贫脱贫目标的不变这一矛盾统一体的对立统一关系展开。

第2卷《多维贫困与贫困治理》，通过总结贫困测量的国际国内理论与实践发展进程及趋势，分析多维贫困的特征及测量方法，探讨当前贫困类型的精准识别问题和未来的发展趋势，阐释了各种贫困治理模式的理论成果和实践效果。

第3卷《三维资本协同反贫困机制》，总结了扶贫从物质资本范式到人力资本范式再到社会资本范式的历程及模式，对扶贫理论框架中涉及的基础概念及物质资本、人力资本、社会资本等三维资本结构做了原创性的界定和内涵延伸，构建了三维资本结构的扶贫理论框架及作用机制，阐述了三维资本协同激发内生动力的机理及对策。

第4卷《社会保障与减贫发展》，从贫困、减贫与社会保障概念出发，阐述了社会保障减贫发展的机理，深入分析社会保障视角下的贫困和贫困人口特征以及社会福利、社会保险、社会救助与减贫发展的关系，总结论证了社会保障与扶贫开发的衔接与协作，对社会保障减贫发展进行了展望。

第5卷《新型城镇化与减贫发展》，围绕新型城镇化快速进程中如何脱贫发展这一主题，深刻地阐述了如何通过建机制、转方式，在城乡统筹发展的框架下实现工业化与农业现代化相协调，人口、经济、资源与环境相协调，大中小城市与小城镇相协调，人口积聚、"市民化"与基本公共服务相协调，按照产城融合、节约集约、生态宜居的路子走下去等诸多重大理论和实践问题。

第6卷《扶贫对象主体性与组织化》，从扶贫对象的组织化定义、内涵、意义出发，对扶贫对象主体性建构过程进行了回顾总结，分析了扶贫对象主体性的现状，阐述了扶贫对象主体性建构动力，从组织化视角分析了扶贫对象主体性的实践，对扶贫对象组织化进行了反思，就社会工作参与扶贫对象组织化提出了相关建议。

第7卷《扶贫机制创新的理论与实践》，系统回顾了中国农村扶贫开发的历程，系统分析新时代脱贫攻坚面临的新形势以及新战略定位，全面阐述扶贫攻坚机制创新的目标任务、农村扶贫开发模式创新发展重点，指出扶贫机制模式创新的发展趋势和规律，阐释了扶贫机制的理论创新和实践创新。

第8卷《政府市场社会大扶贫格局》，针对扶贫工作"政府热、社会弱、市场冷"的局面，阐述构建政府、市场和社会三者之间各司其职、协调发展、共同作用的和谐互动模式和符合国情、政情的"政府主导、市场能动、社会参与"的中国特色大扶贫格局，总结提炼了国内外引导并鼓励社会力量和市场力量参与扶贫工作的经验及模式。

第9卷《政治制度优势与贫困治理》，以中国减贫发展的政治制度承诺为导论，回顾了中国减贫发展的政治逻辑，对深化贫困治理面临的制度挑战进行分析，阐述了精准扶贫与中国政治制度的立体嵌构关系，总结了贫困治理与社会建设的关系和以党建促扶贫的政治定力，通过地方探索的成功案例，呈现了政治制度优势与贫困治理关系，最后以从贫困治理到建设人类命运共同体的大国担当作为结论。

第10卷《精准扶贫精准脱贫方略》，系统地分析和阐释了精准扶贫精准脱贫方略提出与形成的国际国内背景、基本内涵、重要内容、实施体系和重大意义，总结评估了精准扶贫精准脱贫从顶层设计到基层落实的实践现状、主要做法、经验和模式。以习近平精准扶贫思想为指导，论证了精准扶贫精准脱贫方略的创新发展方向。

丛书体现了以下特点：一是始终坚持以习近平扶贫思想为指导，二是始终坚持问题导向，三是坚持规范性与实证性相结合，四是坚持理论性和前瞻性并重。

五

党的十九大把打好精准脱贫攻坚战作为决胜全面小康社会的三大攻坚战之一，再次展现了中国共产党决战决胜贫困的信心和决心。2018年5月31日，习近平总书记主持召开中央政治局会议，审议《关于打赢脱贫攻坚战三年行动的指导意见》，对未来三年打赢脱贫攻坚战做出全面部署，新时代脱贫攻坚的理论创新和实践创新研究的重要性将进一步凸显。

到2020年，中国将在人类历史上第一次消灭绝对贫困问题，这注定会载入人类发展的史册。但消灭绝对贫困现象，并不意味着中国与贫困做斗争的事业终结。随着经济社会的快速转型，相对贫困问题的有效治理将成为推动乡村振兴战略、城乡一体化发展和社会主义现代化建设中的重大议题。

2020年后中国将继续加强扶贫工作。首先，这是由中国共产党的性质决定的。中国共产党的初心和使命，就是为中国人民谋幸福，为中华民族谋复兴。扶贫开发，最能体现中国共产党的初心和使命，最能体现中国共产党以人民为中心的发展思想，最能体现中国共产党的宗旨和社会主义的本质要求。其次，理论和国际发展实践表明，任何社会，即使是发达国家，总会存在一定比例的相对贫困人口。扶贫开发，是中国解决新时代不平衡不充分发展主要矛盾的重要举措，是实施乡村振兴战略的重要基础，是逐步实现共同富裕的重要途径。再次，从国内外减贫历史看，扶贫工作往往会进入“扶贫—脱贫—返贫”的恶性循环，要打破这一循环，就必须始终保持对扶贫工作的重视，避免贫富差距越拉越大，增加工作成本及难度。最后，我国是全球最大的发展中国家，人口众多，不管采取什么标准，相对贫困人口规模都不会小，短期内很难像西方国家那样主要通过福利救济兜底解决贫困问题，必须坚持开发式扶贫和保障性扶贫结合，不仅要减贫，而且要通过开发增强贫困人口的劳动技能，提升民族的整体素质。

今后三年，中国政府在全力打赢打好脱贫攻坚战的同时，将同时研究2020年后扶贫战略，这既是建立稳定脱贫机制的需要，更是实现脱贫攻坚战和战后扶贫工作无缝衔接的需要；既是中国共产党向第二个百年奋斗目标进军的需要，也是在提前10年完成联合国2030年发展议程减贫目标的基础上继续引领全球减贫事业、为全人类做出更大贡献的需要。

立足当前三年，面向新征程的长远，加强新时代脱贫攻坚理论创新和实践创新研究，更显得紧迫而重要。一方面，需要加强精准扶贫精准脱贫前沿问题研究，为完善相关政策、确保打赢脱贫攻坚战提供参考。另一方面，需要加强2020年后扶贫工作的相关研究。可以预期，中国在2020年后将瞄准相对贫困问题，需要在扶贫标准、目标任务、工作范围、基本方略、体制机制、政策体系、保障措施等方面开展深入研究，同时有力、有效地向国际社会推介习近平扶贫思想和中国减贫方案，为全球减贫贡献中国智慧。

但愿本丛书的出版，能够为推动中国新时代脱贫攻坚理论创新和实践创新研究贡献一份微薄力量。

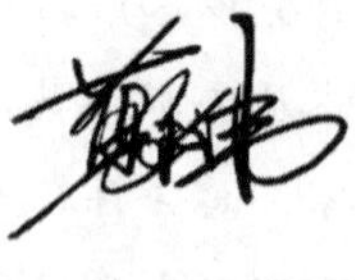

2018年6月

目录

·第一章·
概述

20世纪80年代，刚刚结束“文化大革命”的中国，生产力受到重挫，经济发展陷入低谷，贫穷成了摆在所有人面前的问题。在当时的背景下，为了让大家吃上“蛋糕”，首要任务不是分“蛋糕”，而是先把“蛋糕”做大。在“允许一部分人先富起来”的方针下，我国迎来了改革开放。

> 1979年，那是一个春天，有一位老人在中国的南海边画了一个圈
> 神话般地崛起座座城
> 奇迹般地聚起座座金山
> ……

在1979年的时候，深圳还是一个小渔村，现在已是一座充满活力的大都市。这首歌不仅描绘了深圳在改革开放后的飞速发展，还记录了深圳城镇化的进程，同时也是整个中国城镇化的一个缩影。改革开放后，中国迎来了城镇化的浪潮，1978年中国的城镇化水平仅为17.92%，2000年城镇化水平已经上升为36.22%，截至2016年，我国的城镇化水平已经达到57.35%。城市从193个增加至663个，建制镇从2173个增加至20312个。

一方面，城镇化的快速发展为中国的经济发展做出了巨大贡献。在城

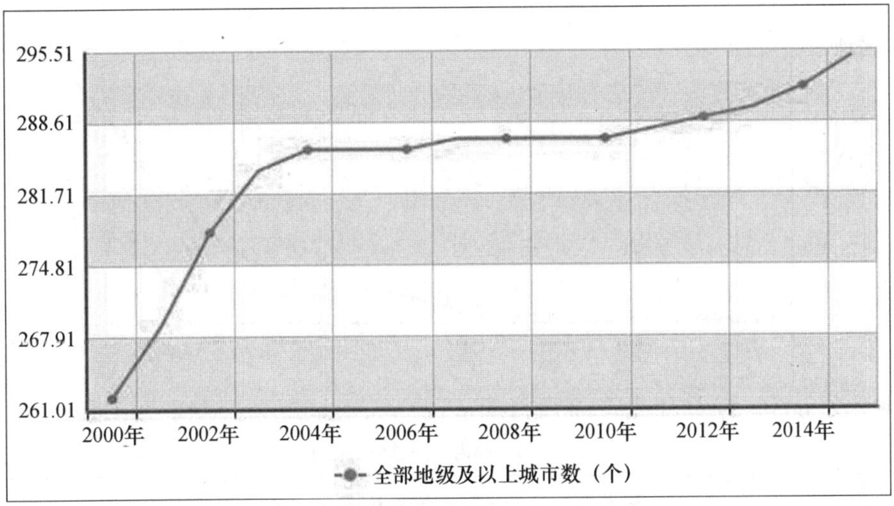

图 1-1　中国地级及以上城市总个数变化趋势①

镇化的快速发展下，中国的国内生产总值以 9.2%的平均年增速高速增长。全国大约 60%的工业增加值、85%的第三产业增加值、80%的税收来自城市②，从 1978 年到 2014 年，我国的贫困人口从 7.7 亿减少到 7017 万，贫困人口规模减少了 7 亿③，在减贫道路上，城镇化功不可没。

但同时，由于城镇化的不均衡发展，我国的城乡差距和东西部差距加大，庞大的流动人口的权益得不到保障，社会阶级固化和贫困代际传递等问题愈加严重，城镇化和减贫的矛盾愈加突出。

在改革开放之前，我国的主要经济体制是计划经济，在以城市为中心、优先发展重工业的道路指引下，农村主要负责发展农业，利用工、农

① 数据来源于国家统计局网站。

② 周干峙．中国特色新城镇化发展战略研究（第一卷）［M］．北京：中国建筑工业出版社，2013：51-52.

③ 数据来源于国家统计局 2015 年《国民经济和社会发展统计公报》。

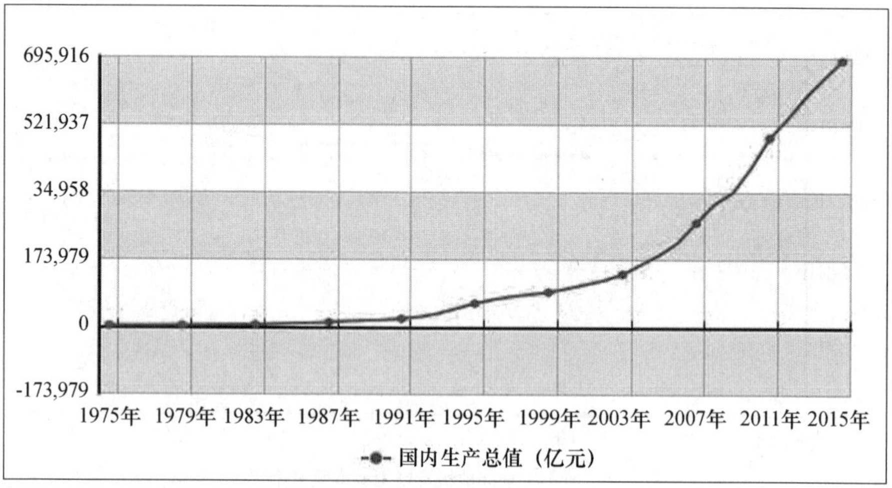

图 1-2 中国国内生产总值增长趋势①

产品价格的“剪刀差”补给城市的工业。改革开放以后，1984 年的中央 1 号文件放开了对农民进城务工的限制，东南沿海地区对劳动力的大量需求促使农村人口大规模流入城市。农村流动人口在城市工作，但是户籍仍在农村，无法享受城市人口的社会保障与福利，子女无法得到公平的教育机会，健康和教育双双受限，自己的健康和生活质量无法得到保障，子女的人力资本积累也遇到障碍。我国经济的城乡二元结构问题依然严重。在这样的背景下，贫困很可能形成代际传递，贫困的结果又成为贫困的原因，贫困不仅是一代人的贫穷，还意味着几代人的贫穷。

为了解决城镇化和减贫的矛盾，实现可持续减贫，城镇化道路必须要改革，开辟新的道路。新型城镇化道路不能只追求数字的增长，应以人为本，要让所有人民都能享受到城镇化的成果。党的十八大报告中强调要“加快改革户籍制度，有序推进农业转移人口市民化，努力实现城镇基本

① 数据来源于国家统计局网站。

公共服务常住人口全覆盖”。同时新型城镇化应该是“质量明显提高”的城镇化。2013 年底的中央经济工作会议进一步强调要“积极稳妥推进新型城镇化，着力提高城镇化质量”。

有关传统城镇化道路对减贫的负面影响，张凤华和叶初升利用跨越“八七扶贫攻坚”期间和“新世纪农村扶贫开发”两个发展时期的省际面板数据，实证分析证明经济增长在农村减贫中有重要地位，城乡收入差距扩大对农村减贫具有显著的负效应。

蒋和超基于中国综合社会调查数据和贫困程度调查的实地访谈资料，对城镇化的贫困消减作用进行研究。通过比较城市原住民与农转非居民的贫困发生率，研究发现：与城市原住民相比，农转非居民的贫困发生率明显更高，且农转非居民内部的贫困发生率存在群体差异，被动市民化者的贫困发生率明显高于主动市民化者。造成这一结果的原因是户籍变更的贫困消减作用存在制度滞后效应，且被动市民化者居住地的经济发展水平相对更差，市民化的收益相对较小。这意味着新型城镇化建设应该让有市民化意愿的农村居民先进入城市，再在经济发展的基础上，将城郊变为城市，让农村居民变为城市居民。

李萌和杨龙利用中国省际层面 2000—2012 年城镇化率、农村贫困发生率和农村基尼系数，利用面板数据固定效应模型，研究中国农村地区农村贫困和农村收入不平等程度与城镇化率之间的关系。结果表明，农村贫困的发生率随城镇化水平的提高而下降，而农村收入不平等的程度随城镇化比率的提高呈现倒 U 形变化，城镇化对农村贫困和农村收入不平等的影响具有区域异质性。在新型城镇化中，农村减贫政策应该兼顾收入分配政策，避免农村收入不平等。

对新型城镇化与可持续性减贫的研究分为宏观研究和具体案例研究两部分。

宏观研究角度，从新型城镇化的角度分析我国的可持续减贫问题，分析新型城镇化对扶贫开发的影响。龙花楼、屠爽爽探讨了新型城镇化对扶贫开发的影响与应对策略，基于要素流动的视角分析城镇化对贫困地区经济社会发展的影响；结合传统城镇化发展道路对贫困地区自我发展水平和持续发展能力可能带来的负面影响，尝试探讨新型城镇化助推扶贫开发的影响路径。一方面，城镇化进程中，生产要素在空间上的集聚和规模经济为贫困地区的劳动力创造了大量就业机会，并带动了贫困地区的经济发展，为基础设施建设带来了正面的影响。另一方面，生产要素集聚具有负面的外部性，恶化了贫困地区的人口结构、土地利用效率以及社会组织结构。贫困问题不能单纯依靠转移支付等福利政策来解决。在新型城镇化道路的指引下，"有序推进农业转移人口的市民化""优化城镇村空间布局""强化产业体系建设""推进城乡发展一体化"等为优化贫困地区发展环境、破解城乡发展转型中乡村衰退问题、提升贫困地区经济社会发展内生动力、实现全面建设小康社会和减贫发展目标提供了现实路径。

何树平和戚义明在文章中提出，新型城镇化应该通过建机制、转方式，在城乡统筹发展的方针下，实现与工业化、信息化、农业现代化同步发展。

崔学刚、王成新等人分析了新型城镇化背景下我国城市的贫困问题及对策。我国城市存在着贫困人口数量急剧增加，贫困阶层内卷化、贫富空间割据化等贫困现象。这些现象产生的内在原因是市民谋生能力不强，或由于社会发展太快导致市民的谋生能力结构性滞后；外在原因是国民收入分配制度不健全，社会保障和救济制度相对落后。新形势下，我国在城市贫困人口的政策、体制和投资上应有突破性的举措，实现我国城镇化从量的扩张到质的提高的转变。我国不仅要提高市民的素质，也要加强宏观调控，优化产业结构和国民收入分配体制，完善社会保障制度，提高市民的生活质量。

具体案例的研究，重点分析了新型城镇化在不同区域对扶贫开发的影响。例如，唐兴和从城镇化的视角重新审视甘肃省的贫困问题。他认为以新型城镇化助力贫困地区发展，支撑甘肃省经济社会转型跨越，是甘肃面向未来的重大抉择，并据此提出甘肃新型城镇化的若干对策与政策建议。甘肃省的贫困主要在于过度依赖农业和区域发展滞后，农业贫困和地区贫困叠加，难点在于经济发展要素区域分配与人口区域分布严重失衡的问题没有得到解决。城镇作为甘肃工业未来发展的主要平台、二三产业的基本支撑，在转型跨越中作用重大。根据实际情况，推进新型城镇化是甘肃省走出贫困的根本出路。

黄毅和韩琳玉从新型城镇化的视角研究了民族地区的反贫困问题。反贫困的实践过程是实现新型城镇化的重要过程。同样新型城镇化的发展为反贫困创造了良好的环境，在以人为本的发展理念下，教育、医疗卫生、社会保障等公共服务完善，居民生活质量提高，贫困程度降低。因此二者在一定程度上具有契合性，新型城镇化能够促进脱贫，脱贫的实现要求推进新型城镇化。在经济高速增长和城镇化快速发展的驱动下，西部民族地区城镇化水平呈现逐年提高的态势，反贫困成为民族地区面临的重要问题。针对民族地区贫困的特殊性，为实现民族地区的脱贫，应把持续稳定的经济增长和有效减贫结合起来，走新型城镇化道路。民族地区应加快经济发展，优化产业结构；以县城为突破口，推进新型城镇化；完善基础设施建设，促进社会事业发展；加大政府资金投入与政策力度，提高扶贫效益；发挥资源优势，建立健全生态补偿机制，实现全面脱贫。

一、传统城镇化道路与贫困

（一）我国城镇化的背景——二元经济结构

我国的二元经济结构背景导致了我国城镇化道路的特殊性，为了更好地分析城镇化对我国减贫工作的影响，本节将回顾我国的二元经济结构的基本概念和演变过程。

1. 二元经济结构的主要概念。二元经济结构是经济学中一个重要的概念。二元经济结构体由农业部门和工业部门两个部门组成。传统农业部门采用传统的生产方式，劳动生产率较低；工业部门采用现代化的生产方式，劳动生产率较高。工农业工资存在差异，同时农业部门存在过剩劳动力，因此劳动力会从农业部门流入工业部门。

2. 我国的二元经济结构的演变过程。二元经济结构是中国经济的主要特征，体现了农业和工业两个部门经济的差异程度。

任保平在文章中把我国的二元经济结构经历的漫长的演变过程总结为四个时期，其中三个重要时期分别为：

（1）中华人民共和国成立前半殖民地半封建社会时期。早在中华人民共和国成立之前，中国的二元经济结构就已经初步形成。不过不同于一般的发展中国家，当时中国的二元经济结构是由列强的殖民导致的。“城市工业现代化经济由帝国主义和买办资本主义所统治。传统的农村经济由封建地主所统治。”

（2）中华人民共和国成立之后的计划经济时代。1952 年至 1977 年之间，我国实行的是高度集中的计划经济体制，城乡分工泾渭分明的经济发展战略和严格的户籍制度进一步强化了我国的二元经济结构。二元反差系数从 1952 年的 33.04 上升到 1977 年的 45.08。二元反差系数是用来衡量二元经济结构程度的一项指标，指标数值大小与二元经济结构强度成正比。在“生产资料优先发展”的指导下，农村发展农业，城市发展工业，并且通过工、农产品“剪刀差”的办法来压低农产品价格，牺牲农业，补给工业。由于政府的城市倾向性经济政策，城乡差距加大。

（3）改革开放后我国的二元经济结构波动幅度较大。在 1978 年改革开放之后，我国的二元经济结构出现波动。对农村，得益于家庭联产承包责任制的确立，农民获得自主经营的权利，农业产量提高，农民收入提高。同时，1984 年的中央 1 号文件放开了对农民进城务工的限制。受惠于开放政策，东南沿海城市通过吸引外资开始快速发展，对劳动力产生大量需求。内外双重作用下，农村人口大规模流入城市。农村的过剩劳动力流入城市，提高了城市劳动生产率。但是由于户籍制度还未完全放开，流动人口无法享受城市的社会保障制度，从事的职业大多是低端体力工作。虽然流动人口在城市中能够获得比在农村更高的收入，但是在城市中仍属于低收入人群。对城市，受惠于改革开放政策和人口红利，城市快速发展，城市收入迅速增长。在多种因素的影响下，城乡收入比出现波动。如图 1-3 所示，二元反差系数也呈现出 M 形波动。

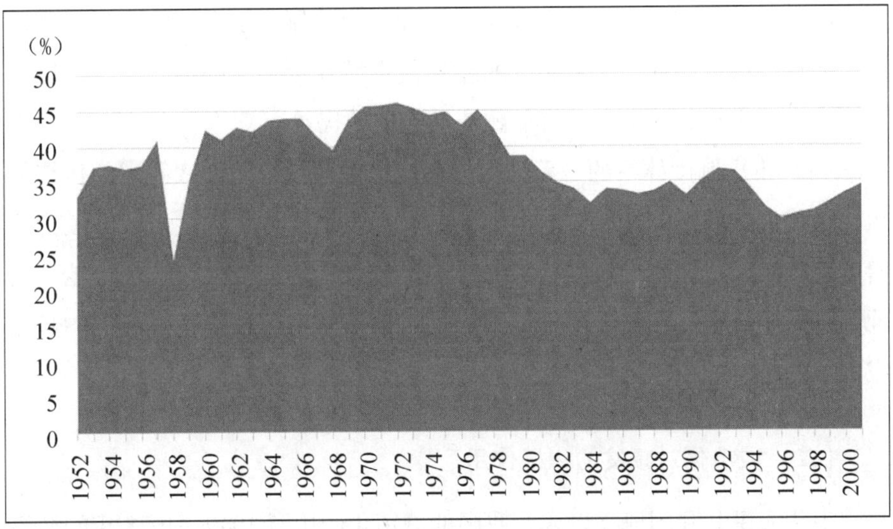

图 1-3　中国二元反差系数变化趋势

3. 我国二元经济结构的主要特征。中国的二元经济结构体现在经济结构、社会体制等多个方面，二元的经济结构和二元的社会体制相互作用，导致了我国的二元经济结构呈现如下特征：

（1）居民收入与消费的二元结构。由于二元经济结构下的城市倾向性政策，我国经济增长的成果大部分被城镇居民享有，城乡收入差距变大。收入差距直接导致了消费水平的差距，消费水平反过来又会影响经济发展。农村收入水平低下导致农村消费需求不足，对经济的可持续性增长带来阻碍。

（2）劳动力就业市场的二元结构。我国计划经济时代城乡分治就业制度的影响至今依然存在，城乡劳动力无法自由流动。由于劳动力市场的分割和农村劳动人口教育水平的限制，农民工一般只能在城市中谋取技术含量低的职位，在城市的尊严和待遇得不到保障。农民工在城市受到歧视，催化了近年来东南沿海地区出现的“民工荒”现象。

（3）社会保障体制的二元结构。二元的户籍制度加深了社会保障制度的二元性，城乡的社会保障制度的差别使得城乡衔接不顺畅，与我国庞大的流动人口规模相冲突，没有兼顾流动人口的权益。

（4）市场制度体系的二元结构。在城市倾向性政策下，我国的传统城镇化道路侧重城市的发展，城市的商品交易发达、规模大，形成了较为完善的市场制度，而农村的市场制度还很不健全，例如金融行业、房地产行业等都还未成熟。农村居民贷款困难，土地流转渠道匮乏，对经济的长远发展不利。

（二）城镇化对减贫的积极作用

中华人民共和国成立以来，我国的城镇化经历了1949—1978年的缓慢起步阶段、1978—2000年的恢复以及加速发展阶段和2001年至今的快速发展阶段。我国的城镇化推动着城市经济的迅猛发展，同时也为我国的减贫工作做出了巨大贡献。

1978年，我国的城镇化率为17.92%，2000年达到36.22%，2013年达到53.7%。我国的城乡居民的人均年收入也迅速增长。1978年，农村居民人均年收入仅为133.6元，2000年为2253.4元，2012年已经增长到

7916.6元。1978年，我国城镇居民的人均年收入为343.4元，2000年为6280.0元，2012年为24564.7元。城镇化比率和居民人均年收入呈现正相关。从1978年到2014年，我国的贫困人口减少了7亿。

现有的理论研究和实证分析多数表明城镇化的进程有助于减少贫困，但对具体的影响机制和渠道仍有分歧。Shahbaz、Awan在研究中发现，城镇化能够有效降低贫困的发生率，其中农村贫困率能够随着城镇化率的提高而降低。李萌和杨龙利用2000—2012年的省级面板数据分析了农村减贫、农村收入不平等与城镇化水平的关系。各个省份的数据结果都表明，农村贫困随城镇化率的提高而下降。Ravallion利用90多个发展中国家的数据研究发现城镇化对减贫有正面影响。

目前理论研究发现的城镇化的减贫效应主要体现在如下几点：

（1）城镇化能够提高农村的劳动生产率。农村收入的增加扩大了对工业品的消费需求，为二、三产业的发展奠定了基础。

（2）非农业的发展使得劳动力需求扩大。我国早期的粗放型非农业发展模式更是需要劳动力流入二、三产业。农村劳动率的提高使得农村的劳动力产生剩余。1984年中央1号文件放开了对农民进城的限制，东南沿海城市吸引大量外资，建立工厂，内外多重因素促使农民流入城市，农村剩余劳动力减少，农业生产效率提高，流入城市的农村劳动力能够得到更高的工资，使得收入提高。同时，我国利用人口红利，发挥比较优势，使得国际贸易得到迅猛发展，城市的收入水平也快速提升①。

（3）城镇化农村经济发展具有溢出效应。通过劳动力在城乡之间的迁移，城市中的人力资本信息和高新技术能够更快地转移到农村②。

---

① 何春，崔万田．城镇化的减贫机制与效应——基于发展中经济体视角的经验研究［J］．财经科学，2017（04）：52-64.

② 何春，崔万田．城镇化的减贫机制与效应——基于发展中经济体视角的经验研究［J］．财经科学，2017（04）：52-64.

（三）城镇化对减贫的负面影响

一方面，城镇化过程中，劳动要素空间聚集和规模经济吸引了农村大量剩余劳动力，提高了生产效率。但另一方面，城镇化给农村地区带来了诸多负面影响，主要体现在人口结构和土地利用率等方面。

城镇化的快速进程促使农村青壮年劳动力大量流入城市，而老人安土重迁，对乡土的感情更深厚，流入大城市的意愿远低于青年，因此农村的人口结构发生重大变化，老龄化程度逐渐上升。在大多数国家，城市人口的老龄化要高于农村人口的老龄化程度，但是目前我国农村的老龄化水平比城市的老龄化水平高出 1.24 个百分点，青壮年劳动力的流失使得农村的农业生产率降低。同时，面对大城市的飞速发展，很多农业人才、教师等离开家乡，来到城市打拼，使得农村教育资源缺失的情况进一步恶化，农村经济活力降低，使得脱贫更加困难。

人口的老龄化同时也带来土地资源浪费的问题，由于青壮年劳动力流入城市，无法顾及农业生产活动，很多耕地无人耕种，“弃地”现象在农村并不是个例。大量的土地荒废给乡村的社会资源配置和乡村公共基础设施建设带来阻碍，不利于扶贫工作的展开。

（四）城镇化与减贫的矛盾

城镇化的快速发展推动了我国经济发展，助力减少贫困，但是若是传统的城镇化进程不断深入，我国的贫困代际传递问题和阶层固化问题会愈加严重，城镇化和减贫之间的矛盾会越来越大，传统城镇化道路成了减贫工作的障碍。传统城镇化道路与可持续减贫之间产生矛盾的主要原因有两个：一是传统城镇化道路过于注重速度而忽略了质量。粗放型城镇化发展模式浪费土地，污染环境，能耗突出，与科学发展观不符，不能实现可持续发展。但是没有可持续发展何来可持续减贫？二是传统城镇化道路过于注重效率而忽略了公平。传统城镇化道路是城市倾向性政策，过于注重城市的发展而没有兼顾农村导致城乡差距不断增加，伴随而来的教育不公平、社会福利不公平等问题又将成为下一代农村人口发展的障碍，贫困开始“下鸡蛋”，传递到下一代。贫困的代际传递必然会加大可持续减贫的难度。同时我国的传统城镇化道路主要侧重东部地区，对中部和西部地区的支持有所欠缺，区域不平衡带来的收入差距同样会加深社会阶级固化的程度，阻碍可持续减贫的道路。

1. 粗放型城镇化发展模式无法实现可持续发展。在粗放型城镇化发展模式中，我们更加追求速度，忽略了质量，使我国的城市土地浪费现象严重，能耗过高。我国虽然是资源大国，但是人均资源水平低于国际平均水平，其中我国的人均煤炭资源仅为国际平均水平的40%，人均水资源为国际平均水平的25%。过度依靠能源消耗的发展模式对资源环境形成巨大压力，无法实现可持续发展，对可持续减贫造成阻碍。因此，我国的城镇化发展应该走“质量和速度同样重要”的道路，从粗放型发展模式转变为集约型发展模式，坚持贯彻科学发展观，实现可持续发展。

2. 城乡发展不均衡，二元结构问题突出。在我国的二元经济结构的背景下，传统城镇化道路的城市倾向性政策使城乡发展不平衡，收入差距加大，同时城乡分割的户籍制度和管理政策导致社会福利以及教育资源的倾斜，进一步固化了城乡之间的差距。为城市建设贡献巨大力量的流动人口却无法享受城镇化的成果。

（1）城乡收入差距加大。根据国家统计局发布的数据，从2003年至2016年，我国的基尼系数一直处在全球平均水平0.44之上，2008年达到最高点0.491。[①] 居高不下的基尼系数为我国的收入不均衡问题敲响了警钟。很多研究表明，中国巨大的收入差距很大程度上是因为中国地区间和

① 数据来源于中国经济网。2015年中国基尼系数为0.462，为12年来最低水平。

城乡间日益扩大的收入差距。因此，研究城乡收入差距，对缩小我国收入差距、促进可持续减贫有着很重要的意义。

1978年改革开放以来，中国的城乡收入差距的增长速度呈现波动变化。1978—1984年，中国的城乡收入差距呈下降趋势，这得益于家庭联产承包责任制度的确立，农业劳动生产率提高，城乡收入差距减小。之后，由于城市的迅速发展，我国在国际贸易中的比较优势得到充分发挥，城市的发展速度超过农村，城乡收入差距扩大，这一趋势一直持续到1995年。1995年，政府提高了农产品的收购价格，农民收入得到改善。1997年以后，农产品收购价格开始下降，城乡收入差距扩大。到2000年时，城乡实际人均收入比已经达到2.46 。

（2）户籍制度导致的社会福利不均衡以及教育资源的倾斜。严格的户籍制度控制下，农村流动人口虽然在城市工作却无法享受城市人口的社会保障制度，子女教育资源受限，阻碍了农村流动人口的身体健康和教育发展。而身体健康情况和教育水平作为人力资本积累的重要因素又导致下一代城乡人口的收入差距，贫富分化产生马太效应，贫困的壁垒越积越高。

①关于教育资源倾斜。根据国家统计局的资料显示，2003年农村外出务工的劳动力总计1.44亿人，其中举家在外务工的劳动力有2430万人，随同父母进入城市的6~14岁义务教育阶段适龄儿童有643万人，2004年7月，近29万适龄流动儿童少年在北京市就读，占北京市常住户口中小学生总数的1/3。流动人口子女的教育问题越来越重要。然而现实并不乐观，根据联合国儿童基金会组织的流动儿童生存和发展现状调查，有6.85%的流动儿童中一直未接受教育的失学儿童占2.45%，失学率高达9.5%。“超龄”现象也很严重。不仅如此，我国的城乡教育质量悬殊，大城市聚集了优秀的师资，享受充足的教育财政投入。我国教育资源不均衡和教育机会不平等问题亟待解决。

杨俊通过研究中国教育和人力资本对贫困的影响，发现人力资本对减贫具有促进作用，而且高水平人力资本能够防止长期贫困。王春超和叶琴的研究也表明教育投入不足是导致农民工贫困的主要原因，在城镇化发展过程中，要通过教育提高农民工的文化程度，增加农民工的收入。徐舒建立基于技能偏向型技术进步的一般均衡模型，表明教育回报率的变化是引起我国劳动者收入不平等扩大的重要原因。邢春冰利用全国人口普查数据考察了城镇地区农民工与城市职工的收入差距，Oaxaca-Blinder 分解结果表明，教育水平始终是造成二者收入差距的最主要原因。

综合我国现状和理论研究，城乡发展不均衡带来的教育资源倾斜化问题已成为我国可持续减贫的阻力之一，传统城镇化道路亟须改革。

②关于社会保障体制二元化。二元的户籍制度使得社会保障体制的二元结构更加明显。城乡之间的保障制度泾渭分明，无法灵活转换，使流动人口无法获得足够的社会保障。例如低保制度，农村流动人口生活在城市，面临更高的消费水平，理应享有城市人口的低保水平，但是由于二元的户籍制度和社会保障体制，农村流动人口只能在户籍地享受低保补助。以医疗保障为例，城市的城镇职工、城镇居民医疗保险与农村的新农合分属不同的管理体系，保障水平也存在明显差距。我国有超过 2 亿规模的农村流动人口，但基本的医疗保险异地就医报销制度还未完全建立，农村流动人口一旦患有严重的疾病，整个家庭都将面临破产，“因病致贫”“因病返贫”并不是个例。

社会保障体制影响着人民的健康水平，关乎人民的切身利益。作为人力资本中的重要组成部分，提高农村人口的身体健康水平对可持续减贫具有重要作用。2015 年，全国城镇居民的可支配收入为 31194. 8 元，医疗保健支出为 1305. 6 元，占可支配收入的 4. 2%；农村居民的可支配收入为 11421. 7 元，医疗保健支出为 753. 9 元，占可支配收入的 6. 6%。[①] 刘莹利

① 数据来源于国家统计局《中国农村贫困监测报告 2016》。

用中国家庭营养与健康调查统计数据（CHNS）发现，尽管外来人口在城市能够获得比农村更高的收入，但是较低收入组的外来务工人员的医疗承受能力受到不健全的医疗保障制度和日益上涨的医疗费用的负面影响，其身体健康水平并没有提高。

综合我国现状和理论研究，可见我国的二元社会保障体制加大了城乡居民的健康状况的差距，阻碍农村人口进行人力资本积累，从而阻碍了可持续减贫的道路。因此我国应该加大对农村地区的教育财政支持，并在政策上落实流动人口子女就学的问题，为我国的人力资本积累过程注入活力，从而实现国家长足的发展。

二、新型城镇化道路

2013 年 12 月 12—13 日，中央城镇化工作会议在北京召开。国家主席习近平在会上发表重要讲话，分析了我国城镇化发展趋势，明确了推进城镇化的指导思想、主要目标、基本原则和重点任务。国务院总理李克强在报告中论述了我国当前城镇化工作的着力点，提出了下一阶段城镇化的具体部署。此次会议是中华人民共和国成立以来第一次专门研究和部署城镇化工作的最高级工作会议，标志着对中国城镇化规律的深刻认识和全面把握，标志着中国进入新型城镇化时期。新型城镇化，是具有中国特色、落实科学发展观的城镇化，核心是以人为本，关键是提升质量，是体现工业化、城镇化、信息化、农业现代化“四化协调”，体现经济建设、政治建设、文化建设、社会建设、生态文明建设“五位一体”的城镇化[①]。

---

① 厉以宁，艾丰，石军. 中国新型城镇化概论［M］. 北京：中国工人出版社，2014：6.

（一）我国新型城镇化的内涵

1. 新型城镇化与传统城镇化相比有五个突出特点。

（1）新型城镇化是以人为本的城镇化。城镇化的发展离不开务工农民，但他们在城市中的权利往往得不到保障。因此，城镇化中的以人为本需要做到让城市中的所有人享受与城镇户籍人口均等的公共服务，特别是保障“农民市民”群体在新环境中的基本生活权利。

（2）新型城镇化是“四化协调”的城镇化。“四化协调”体现为城镇化与工业化、信息化、农业现代化协调发展，其中工业化是主动力，信息化是融化器，城镇化是大平台，农业现代化是根本支撑。

（3）新型城镇化是集约高效的城镇化。“集约”一方面体现在用好城镇土地存量，发挥城镇土地的开发潜力，高效利用；另一方面体现在爱护农田，保护耕地。“高效”意味着要对资源配置进行优化，最大限度地发掘资源的可利用潜力。高效的城镇化要求在市场的基础作用之上，政府主动发挥调控作用，使生产要素在城乡之间、城城之间以及城市内部优化配置，持续提高城市的生产率。

（4）新型城镇化是环境友好的城镇化。环境友好的城镇化要求坚持生态文明，就是要把生态文明理念全面融入城镇化进程，推进绿色发展、循环发展、低碳发展，节约集约利用土地、水、能源等资源，减少对自然的干预和损害，推动形成绿色低碳的生产、生活方式和城市建设及运营管理模式。

（5）新型城镇化是文化传承的城镇化。传统城镇化过程中文化构建常常被城镇化的速度和产业发展的效率所湮没。新型城镇化要求，在稳步推进城镇化进程的同时，要根据不同地区的自然历史文化禀赋构建独特的历史文化体系，体现区域差异性，提倡形态多样性。

2. 我国新型城镇化需要解决的主要问题。

我国新型城镇化需要解决的具体问题主要有四个：

一是要解决人往哪里去的问题。城镇化是人口持续向城镇聚集的过程，但因城市的承载能力有限，大量的转移人口不可能都涌入大城市；同时，也因为小城镇提供的就业机会不足，也无法只依靠小城镇。

解决此问题的方法有：第一，打造城市群，应发挥城市群对城镇的辐射、引领作用；第二，产业要发展，要推动产业升级，促进城镇化与工业化的协调发展；第三，身份要解决，加快户籍制度改革，完善社会保障体系建设，解决进城农民工的落户和社会保障。要根据城镇规模和综合承载能力，以就业年限、居住年限或社会保险参与年限等为基准，由各类城市制定公平合理的农民工落户标准，逐步把符合条件的农民工转化为城镇居民。

二是解决土地从哪里来的问题。城镇化需要大量的土地，而人多地少是我国的一个基本国情。近些年来，在农村人口向城市转移的过程中，村庄用地没有随人口减少而减少。农村规划滞后，自然村布局零星分散，土地闲置和利用效率较低的问题突出。解决此问题的办法是规范征地程序和范围、盘活存量土地。

三是解决钱从哪里来的问题。城镇化需要有大量的资金投入，以一个农村人口市民化需 8 万元计算，现有 2.5 亿农民工，就需要 20 亿。完全靠政府投入不现实，完全靠市场融资也不可行。解决此问题可以运用“建立多元可持续的资金保障机制”的办法，包括完善地方税体系，逐步建立地方主体税种；建立财政转移支付同农业转移人口市民化挂钩机制；建立健全地方债券发行管理制度；发挥好现有政策性金融机构在城镇化中的重要作用，同时研究建立城市基础设施、住宅政策性金融机构；放宽市场准入，制定非公有制企业进入特许经营领域的办法，鼓励社会资本参与城市公用设施投资运营等。

四是解决现代化农业谁来搞的问题。城镇化的过程不能以牺牲农业和粮食生产为代价，在推进城镇化的同时，必须要解决好谁来种地的问题。

解决此问题的办法主要是加快构建农业经营体系，推进农业经营方式创新；在稳定土地承包关系和坚持最严格的耕地保护制度的前提下，赋予农民对承包地占有、使用、收益、流转及承包经营权抵押、担保等权能，允许农民以承包经营权入股发展农业产业化经营，扶持发展规模化、专业化、现代化经营。

（二）新型城镇化中城乡一体化的战略意义

1. 有利于深入落实科学发展观：大力推进城乡一体化建设，公正平等地对待“村民”与“市民”，体现“以人为本”，平衡对待“农业”与“二、三产业”，兼顾两大产业，体现科学发展观的协调原则。

2. 有利于扩大内需：新型城镇化中城乡一体化发展能够为扩大内需提供强大动力。一方面，城乡一体化帮助数亿农民迁移到城市，他们的吃、穿、住、用、行形成巨大的消费市场，直接扩大了城市消费需求；另一方面，城乡一体化能够增加农民收入，释放其消费潜力，间接扩大城市的消费需求①。

3. 有利于经济协调发展，是全面建成小康社会的必由之路：在新型城镇化过程中，只有推进城乡一体化发展，才能促进农民收入提高，才能让广大的农村地区与城市一同步入小康社会。

4. 有利于全社会的稳定和谐：传统城镇化过程中，城镇的高速发展导致城乡差距不断拉大，城乡矛盾日益突出，社会治安隐患不断加深，制约着我国和谐社会的建设。城乡一体化过程，是缩小城乡差距的过程，是保障农民利益的过程，是协调城乡利益的过程，也是建设和谐社会的过程。

---

① 陈伯庚，陈承明．新型城镇化与城乡一体化疑难问题探析 [J]. 社会科学，2013 (9)：34-43.

（三）我国新型城镇化的主要路径

1. 制度创新。我国的经济结构以二元户籍制度为核心，以二元社会保障制度、二元就业制度、二元土地制度等为具体内容。通过相关介绍与分析，我们可以发现，中国的二元经济结构制度下的传统城镇化道路导致了城乡差距，对经济可持续发展和可持续减贫带来了阻碍，为了解决这一问题，必须要对现有制度进行改革和制度创新。

（1）户籍制度问题与制度创新。二元户籍制度的根本问题是社会资源分配和社会保障制度向城市倾斜。我国的贫困主要为农村贫困，为了更好地扶贫，农村应得到更多的财政支持和政策支持，可是在二元户籍制度下，城市得到的国家支持远高于农村，进一步加大城乡差距。同时，二元户籍制度无法保障农村流动人口的社会权益，限制了劳动力生产要素的自由流动，对全国的长期经济发展不利。综合以上两点，户籍制度创新的关键在于剥离依附于户籍的不平等社会资源分配和社会保障制度，并在此基础上逐步放开户籍制度，取消户籍制度对生产要素在城乡之间自由流动的限制。

（2）二元土地制度问题与制度创新。我国实行的社会主义土地公有制对城乡土地“分而治之”，城市市区土地归国家所有，由国家占有、使用、收益和处分。家庭联产承包责任制的确立分离了农村土地的使用权和所有权，农民有权经营自己的土地，却无权流通土地。我国的二元土地制度的核心问题在于农村的集体土地无法进入建设用地市场，新增建设用地的唯一途径就是国家征收，土地交易市场落后。

二元土地制度加大了城乡之间的差距，阻碍了社会经济进一步发展。首先，我国现行的《土地管理法》不允许集体土地进入建设用地市场，农村的土地交易信息不充足，土地流转以自发流转为主。与之相反，我国的城市土地市场已经基本建立起市场经济体制。城乡土地市场的割裂导致土地生产要素难以自由流动，降低了城乡经济发展效率。同时，农村土地流转的困难不利于流动人口的迁徙，造成大量“离乡不放土”的现象，土地浪费问题严重。

为了解决土地二元化的问题，制度创新是必然要求。制度创新的关键在于实现农村土地自由流转，建立起完善的农村土地市场。首先，我国应该稳定个体对农村集体用地的经营权和使用权，避免由于产权不清带来的各种问题。其次，我国应该落实土地流转制度，为土地的自由流转提供法律保障。同时我国应该通过建立农村土地流转交易平台等途径加快建设农村土地市场，确保价格公平，维护农民在土地流转过程中的权益。

（3）社会保证制度的问题与制度创新。社会保障制度是由社会福利、社会保险、社会救济等一系列制度组成的，其背后含义是通过国民收入再分配促进我国所有居民收入平等，其主要目标人群是贫困人口，因此社会保障制度与扶贫工作密切相关。随着农村集体保障、土地保障、家庭保障功能逐渐淡化，农村的社会保障问题愈加严重。我国的城乡社会保障制度实行“两套制度，两个标准”，采取先城镇后农村、分人群渐次推进的方式，优先完善城市社会保障制度，然后再在农村进行保障制度的探索。近年来，农村社会保障制度虽然逐步完善，但仍和城市的社会保障制度有差距。根据国家统计局的数据，截至 2015 年底，全国城市低保对象为 1701. 1 万人，农村低保对象为 4903. 6 万人，农村低保对象大约为城市低保对象的 3 倍，而农村低保资金仅为城市低保资金的 1. 3 倍。[①]

为了解决城乡社会保障制度的二元化问题，社会保障制度改革的关键是实现城乡地区社会保障制度全覆盖，尤其是农村地区。统一城乡社会保障制度的管理体系，实现劳动力的市场化自由流动。同时为了达到可持续减贫，乡镇政府应加大教育投入，为农村人口建立技能培训基地，帮助农

---

① 数据来源于国家统计局《中国农村贫困监测报告 2016》。

村人口积累人力资本。

2. 新型城镇化组织体系创新。传统城镇化道路中，我国采用了科层制结构作为组织结构，设置中央—省—市—县—乡五级行政层次，中央政策通过这种金字塔式的层级结构逐级向下推行。传统城镇化以中央、地方政府为主导，依赖政府计划指令，过度追求城镇化率、国内生产总值指标的增长，忽略了城镇化的质量，粗放式发展模式造成资源浪费，生产效率不足，缺乏因地制宜的灵活性。新型城镇化道路应该吸取传统城镇化的不足，注重发展策略的灵活性和适应性。新型城镇化在组织体系上的创新应注重中央政府、地方政府、民众、企业等社会主体的多元参与，结合市场手段、法律手段等多种手段向全能型政府迈进。中央政府应起到宏观统筹作用，指导新型城镇化的发展方向，给出正确的价值观，建立健全相关法律法规。地方政府作为新型城镇化道路的实施主体应因地制宜，充分发挥主观能动性，灵活解决当地的问题。例如，贵州省罗甸县，作为 2015 年贵州省 10 个扶贫攻坚示范县之一，按照“坚持宜工则工、宜农则农、宜商则商、宜游则游”的重要指示，依托自身丰富的矿产、药材、水能资源优势，围绕民族医药、水电开发、冶炼、建材、宝玉石加工和农副产品加工等六大主导产业，开发边阳工业园区、城西生物医药产业园区、逢亭“电矿组合”工业园区、董家石材工业园区，打造“一园四区”格局，激发自身经济活力，摸索出一条扶贫开发之路。该案例充分论证了因地制宜灵活发展的重要性。除此之外，政府应该利用市场的力量，鼓励企业等社会主体参与到新型城镇化的进程中。

3. 新型城镇化工作机制创新。为了推动我国经济可持续发展和可持续减贫，新型城镇化道路应该建立科学高效的工作机制，以提高政府的综合帮扶能力、资金支持能力、产业扶贫能力、金融服务能力、公共服务能力、社会参与能力、生态保护能力等扶贫开发能力的建设质量。

在决策机制方面，新型城镇化要建立横向和纵向科学决策机制。纵向决策结构由国务院扶贫开发领导小组和各省扶贫办组成，实行中央统筹、省（自治区、直辖市）负总责、市抓协调、县抓主体、乡村落实的扶贫工作机制。横向决策结构包括发改委、财政部、民政部、住房城乡建设部、人力资源社会保障部等不同部门。为了减少不同部门的利益博弈而带来的效率损失，横向决策结构应注重协调不同部门之间的利益，提高决策效率。

在资金管理方面，为缩小城乡差距实现可持续性减贫，新型城镇化应该着重强调发展农村经济，从多方面加大对贫困地区农业部门和农村经济的支持力度。在资金分配机制上，应确保财政扶贫资金分配的效率性和公平性，中央的财政扶贫资金分配情况应与各地的扶贫成效和资金利用情况挂钩，保证资金使用效率和程序的公正公开。

在我国，政绩考核的标准对政府的工作具有很强的引导性。在政绩考核激励机制方面，新型城镇化道路应该有效评估扶贫开发项目的成效，把它列入干部政绩考核的标准中。同时，为了防止重蹈粗放型发展模式的覆辙，扶贫项目的政绩考核应采用科学的考核办法，不能仅仅是“数字脱贫”，应该建立多方位、城乡协调、可持续发展的考核体系，引导当地政府更关注质量而非速度。在扶贫目标协同机制方面，新型城镇化道路不仅注重经济增长速度，更应该兼顾经济、社会、文化、生态各方面协同发展的高质量、可持续发展。在经济方面，新型城镇化道路应该走集约发展的道路，提高工农业生产率，降低能耗，充分发挥市场的作用。在社会方面，新型城镇化道路应该落实社会保障制度，加大对公共基础设施的建设，尤其是农村地区公共基础设施建设。缩小城乡在社会福利水平上的差异，让所有人都能享受到城镇化的成果。在文化方面，新型城镇化应该走以人为本的道路，注重发展教育，尤其是加大对农村地区的教育财政支持。在生态方面，新型城镇化道路不能“先污染，后治理”，而应该环境和发展兼顾，“以环境带动发展，以发展提升环境”。

三、新型城镇化道路与可持续减贫

（一）可持续减贫

1. 可持续减贫的概念。减贫的可持续是指贫困消减的情形能够较长时间地维持下来，不出现反复返贫情况，呈一种直线、良性运行态势[①]。可持续减贫指在不伤害、不破坏区域生态环境的前提下，合理开发利用区域内各种资源，如土地资源、矿产资源、森林资源、人文资源、旅游资源等，同时借助外部力量，逐步解决贫困人口的温饱问题，增强扶贫对象的自我发展能力，促进社会保障、教育、医疗卫生等基本公共服务的均等化，并能长时间地维持扶贫开发成果，避免返贫现象，实现区域内生态效益、经济效益与社会效益的协调统一。

2. 可持续减贫的评判标准。由可持续减贫的概念可以推出可持续减贫的评判标准[②]：一是贫困人口数量持续稳定减少，返贫率低。二是区域环境、资源和经济实现协调发展。三是贫困人口就业机会增加，社会福利水平提高。四是抗风险和抗灾害能力强，受外部环境条件限制较小。

3. 可持续减贫的成效。改革开放以来，伴随着中国经济的高速增长及大规模的扶贫开发，我国的贫困人口减少了 7 亿，取得了举世瞩目的伟大成就。中国也成为全球第一个实现联合国千年发展减贫目标的发展中国家，为全球的减贫事业做出了重大贡献。

（1）改革开放以来，我国的贫困人口规模大幅减少。1978 年，我国农村居民的贫困发生率为 97. 5%，2002 年，贫困发生率下降到 24. 3%，2014 年，贫困发生率降低到 7. 2%。

---

① 陈全功，程蹊．关于减贫的可持续性问题的探讨［J］．湖北社会科学，2015（9）：80-85.

② 陈全功，程蹊．关于减贫的可持续性问题的探讨［J］．湖北社会科学，2015（9）：80-85.

表 1-1 2002—2014 年全国农村贫困状况①

年份	贫困发生率（%）	贫困人口规模（万）
2002	24.3	4828
2003	23.7	4709
2004	21.0	4193
2005	17.9	3612
2006	15.4	3110
2007	13.0	2620
2008	11.9	2421
2009	10.7	2175
2010	17.2	16567
2011	12.7	12238
2012	10.2	9899
2013	8.5	8249
2014	7.2	7017

（2）贫困地区农村居民收入和消费水平持续增长。改革开放以来，我国农村居民的收入水平和消费水平都有大幅的提高。以消费水平为例，2002 年，我国扶贫重点县农村居民人均生活消费支出为 1131.4 元，截至 2009 年，我国扶贫重点县农村居民人均生活消费支出已经上涨到 2367.4 元，较 2002 年翻了一番。

① 数据来源于国家统计局《中国农村贫困监测报告 2010》及《中国农村贫困监测报告 2015》。

表 1-2 扶贫重点县农村居民人均生活消费支出（2002—2010 年）①

年份	人均生活消费支出（元）	1. 食品消费支出（元）	2. 衣着消费支出（元）	3. 居住消费支出（元）	4. 家庭设备用品消费支出（元）
2002	1131.4	649.5	69.3	126.8	33.6
2003	1220.1	655.6	69.6	154.5	45.3
2004	1394.4	741.5	74.4	165.0	49.1
2005	1528.5	793.2	86.3	192.5	55.8
2006	1679.6	840.3	95.8	242.1	67.5
2007	1931.3	980.1	111.8	289.3	79.8
2008	2200.3	1137.2	123.3	343.7	92.0
2009	2367.4	1155.6	134.1	413.3	108.7
2010	2662.0	1307.7	155.4	438.9	133.1

表 1-3 扶贫重点县农村居民人均生活消费支出（2014 年）②

指标	人均生活消费支出	1. 食品烟酒	2. 衣着	3. 居住	4. 生活用品及服务	5. 交通通信
水平（元）	5962	2201	365	1226	379	605

（3）农村居民生活质量提高。收入和消费水平的增长会带来农村居民生活水平的提高。如下表所示，自 1978 年来，我国农村的公共基础设施建设和电话、电视的安装比例大幅提升。

① 数据来源于国家统计局《中国农村贫困监测报告 2010》。

② 数据来源于国家统计局《中国农村贫困监测报告 2015》。因 2012—2014 年未刊发《中国农村贫困监测报告》，且 2015 年与 2011 年之前统计指标有变动，因此根据年份分为两个图表。

表 1–4 扶贫重点县自然村“四通”情况（2002—2010 年）①

年份	通公路的自然村比重（%）	通电的自然村比重（%）	通电话的自然村比重（%）	能接收电视节目的自然村比重（%）
2002	72. 2	93. 0	52. 8	83. 9
2003	75. 1	94. 2	59. 3	86. 7
2004	77. 7	95. 3	64. 6	88. 0
2005	79. 0	95. 9	74. 0	87. 6
2006	81. 2	96. 0	80. 2	89. 3
2007	82. 8	96. 5	85. 2	92. 2
2008	84. 4	96. 8	87. 5	92. 9
2009	86. 9	98. 0	91. 2	94. 5
2010	90. 1	95. 5	91. 6	95. 4

表 1–5 扶贫重点县自然村“四通情况”（2012—2014 年）②

年份	通电的自然村比重（%）	通电话的自然村比重（%）	通有线电视信号的自然村比重（%）	通宽带的自然村比重（%）
2012	98. 8	93. 2	69. 0	37. 9
2013	99. 3	93. 1	70. 4	43. 0
2014	99. 5	95. 0	74. 6	46. 9

4. 我国可持续减贫的主要障碍。过去 30 年，中国在消除贫困方面取得了巨大的成效，但是进入 21 世纪之后，减贫的速度开始放缓，城乡差距所带来的问题也日益严重，可持续减贫也遇到了越来越多的障碍。

① 数据来源于国家统计局《中国农村贫困监测报告 2010》。

② 数据来源于国家统计局《中国农村贫困监测报告 2015》。因 2011 年之后“四通”所涵盖的设施有变动，故罗列两个图表。

（1）人口素质的不可持续发展。人口素质的不可持续发展是指贫困人口的受教育程度、思想观念、身体健康状况、科学文化素养等综合素质不能得到持续有效的提高，从而导致贫困人口不能充分发挥主观能动性，缺乏基本生存能力，即使在短时间内借助外部力量实现脱贫，仍然很容易返贫，不能从根本上脱贫致富①。主要原因有三个：一是贫困地区人口受教育程度普遍偏低，缺乏足够的科学文化知识。二是农村贫困地区基础设施薄弱，交通不便，现代化信息化程度不高，导致信息相对闭塞，无法与外部世界实现有效的沟通和信息交换，跟不上现代化的步伐。三是贫困人口由于收入水平低，生活条件较差，儿童容易营养不良，使健康受损，阻碍了人口资本积累。

（2）扶贫资源的不可持续发展。扶贫资源的不可持续发展是指由于我国有城市倾向性发展政策，使贫困落后的农村地区得不到持续的资源供给和财政支持。主要原因有六点：一是扶贫资金的投入不足。二是扶贫观念的落后，很多地方政府还没有意识到“开发式扶贫”要优于“救济式扶贫”。三是基础设施建设滞后。四是素质教育、职业培训资源不足。五是医疗保障制度不够健全。六是养老保险制度不完善。

（3）自然资源的不可持续发展。我国的粗放型发展模式导致了土地浪费、毁坏山林、污染环境等问题，使贫困地区陷入恶性循环，无法实现可持续发展。

（二）以新型城镇化推进可持续减贫

新型城镇化本质上是破解传统城镇化道路和可持续减贫之间结构性矛盾的有效手段。传统城镇化道路和可持续减贫之间的主要矛盾包括质量与

① 陈标平，吴晓俊．“破”农村返贫困境，“立”可持续扶贫新模式——农村反贫困行动60年反思［J］．生产力研究，2010（3）：60-61.

效率之间的权衡、城乡之间的差距、区域的不均衡发展以及环境恶化与资源承载力的矛盾。新型城镇化为贫困地区的扶贫开发提供了全新的发展空间和要素组织平台，为解决传统城镇化道路和可持续减贫之间的矛盾创造了条件，从而能够助力可持续减贫。

第一，新型城镇化能够有序推进人口市民化，为解决城乡发展转型过程中贫困地区乡村衰退问题创造条件。因为新型城镇化是以人为本的城镇化，流动人口的市民化是新型城镇化的核心内容之一。通过改革户籍制度，实现农业转移人口市民化，建立和完善城乡的社会保障体制，解决流动人口子女的教育问题等，能够有效地促进社会公平，提升贫困人力资本水平，有效地减少贫困规模。

第二，新型城镇化能优化城—镇—村空间布局。城镇化以要素的空间集聚为典型特征，城镇化的推进促使大量生产要素向行政级别较高的中心城市聚集，其结果导致中、小城镇发展相对缓慢，地域功能相对不完善，对广大农村腹地和区域经济发展的牵引、辐射和带动能力有限。"城镇等级结构不合理""城镇空间结构失衡"是我国快速城镇化进程中普遍存在的问题。优化城—镇—村的空间布局能够解决基础设施难以配置、公共资源的投资缺乏效率、生产要素流动耗在途中等问题，提高生产效率，为贫困地区经济发展提供支撑，有利于推进可持续减贫。

第三，新型城镇化推动城乡发展一体化，为促进贫困地区呈现要素平等交换和公共资源均衡配置提供了基本保障。[①]《国家新型城镇化规划》提出了"推动城乡发展一体化"的战略目标，即"坚持工业反哺农业、城市支持农村和多予少取放活方针，加大统筹城乡发展力度，增强农村发展活力，逐步缩小城乡差距，促进城镇化和新农村建设协调推进"，最终实现

① 王伟光，魏后凯，张军．新型城镇化与城乡发展一体化［M］. 北京：中国工人出版社，2014.

基础设施和公共服务的城乡一体化。受自然条件、生态环境的影响，贫困地区基础设施薄弱，公共服务供应不足，上学难、看病难、产业配套不足、企业营运成本高等突出问题，是造成区域性贫困的主要原因之一。新型城镇化背景下城乡一体化的战略目标对加快贫困地区基础设施和公共服务建设，促进贫困地区城乡间物资、资金、技术、信息的双向流动，推动城乡教育、医疗卫生、社会保障、文体事业、劳动就业等公共服务均等化意义重大。

案例

曹县大集镇——新型城镇化道路下的脱贫典范

1. 曹县大集镇经济发展背景——“能劳动想脱贫，以前就是没门路。”山东贫困人口71%在西部，47%集中在山区、滩区、库湖区、盐碱涝洼区，46%有劳动能力，21%因缺资金、缺技术陷入贫困。

大集镇地理位置比较偏僻，位于曹县县城东南15千米处，不毗邻国道和省道，仅有一条乡镇到乡镇之间的县级公路闫青路。现有户籍人口4.45万，辖32个行政村、86个自然村，总面积45平方千米，耕地面积5万余亩，是一个传统意义上的农业乡镇，工业基础薄弱。过去，该镇群众绝大多数只靠土地上的微薄收入和外出打工来维持生计。该镇有2个省级贫困村，村民收入更少。

然而，在过去5年的时间里，电子商务却改变了这个地理位置偏僻、经济相对落后的乡镇的发展轨迹，大集镇从默默无闻的穷乡僻壤一跃成为全国知名的“淘宝镇”、淘宝村集群所在地。正是有了电子商务这样一个神奇的新兴产业，村民的生产生活发生了翻天覆地的巨变：“锄把式”玩转了电脑，开起了“网店”，背井离乡的打工者变成了家门口创业的“老板”，原来为吃穿发愁的农民现在家家户户都开上了小轿车。这就是菏泽市曹县大集镇的华丽转变。

2. 依托互联网技术实现脱贫。这里的村民用一根网线连入互联网空间，“地理偏远、资源匮乏”等致贫枷锁由此打开，贫困户靠勤劳的双手拓宽脱贫致富的康庄大道。

付海村村民晋龙朋家院子不大，停了一辆面包车，却盖了三种房子：父母原来居住的土坯房，结婚用的砖瓦房，今年新盖的活动板房。

土坯房成了车间，板房一大间做了仓库，一小间摆了两台电脑一张床，电脑上挂着4个淘宝网店账号。听到提示音，晋龙朋打开对话框，轻敲键盘开始聊天：“在的，亲，有什么可以帮你？”

晋龙朋是初中学历，原来和邻居晋兴良都在外面打工，听说附近“淘宝第一村”丁楼的人开网店都挣了钱，2012年他们也回村开了网店，卖演出服装，干了一年多都买上了车。

现在，在丁楼、付海、张庄、孙庄等村交界处，村民已自发建起了淘宝一条街。街旁几乎都是二层小楼，除了各类表演服门店，还有大量装修、快递等服务类公司。

这些村庄，都属于菏泽市曹县大集镇，镇上因势利导，把镇淘宝产业发展服务办公室也设在了这条街上。办公室主任安庆说：“曹县淘宝产业发源于丁楼村，如今全村300多户人家，买了400多辆车，先买辆面包拉货，再买辆轿车自己开。”大集镇有32个行政村，其中有付海、花王楼2个省级贫困村，有14个市级贫困村，当前各村开网店都很积极。

大集镇经阿里巴巴认定的“淘宝村”，2014年有6个，2015年全镇有13~16个村入选。全镇淘宝销售额2014年有5亿元，带动人均增收8600元，2120人脱贫，占全年全镇脱贫人口的82.7%；2016年1—10月，销售额已经超过10亿元。菏泽已有563个贫困村发展电商，从业人员21.8万人。

3. 优化基础设施，加速市场推广，实现可持续发展。开了网店买了车，一个个店主迅速脱贫，淘宝产业迅速崛起，当地一向薄弱的基础设施成了发展瓶颈。随着用电的增加，菏泽农村的用电改造工程也如火如荼地展开。据悉，菏泽未进行农村电网改造的自然村8121个，占总数的61.6%，未来改造工程量仍然很大。贫困村宽带覆盖率2016年底可达50%，2017年可达到70%，宽带进村工程尚需持续推进。省级贫困村花王楼也在推广电商扶贫，全村开网店的目前不超过5家，一起步就站在了大集镇淘宝产业转型升级的前沿。

“速卖通”是阿里巴巴打造的外贸在线交易平台，2017年6月在大集镇做培训。花王楼村民张涛8月份做成了速卖通大集镇第一单，“就是往英国发了2个戒指，卖了几美元”，可镇上为此奖励了他全套的电脑、音响和桌椅。大集镇引导贫困村推广电商扶贫，明确提出要“标准更高、错位竞争”“丰富产品种类，开拓国际市场”。

随着大集镇电子商务的发展，开网店的人年龄更小，学历更高。安庆介绍说，镇上开会共谋电商产业发展，2013年主要是40多岁的，2014年之后，80后、90后越来越多。全镇摸底发现，返乡创业的大学生已有二三百人。

据悉，全国第一家县域淘宝大学已落户郓城县，全县村淘点已有107个，曾一日下单30966单，创造全国第一。菏泽市则建立了电商扶贫农特产品目录库，已有159个贫困村“一村一品”项目发展成熟，正借助电商拓宽销路。淘宝特色中国菏泽馆2016年7月30日上线运行，进驻地方产品1000余种，成为全省第6家市级馆，带动牡丹、山药、大蒜、牛羊等大批种养经营者脱贫致富。

曹县大集镇依托互联网实现产业升级，连接城—镇—村，是新型城镇化道路下脱贫的典范。

· 第二章 ·

贫困与贫困固化

我国扶贫工作在党和政府的领导下已经取得了非常大的成就，但与此同时，在我国贫困群体中出现了贫困代际传递及贫困固化的现象，在贫困农村地区尤其明显。这一现象的出现使得社会阶层流动通道堵塞，贫富差距趋向稳定化和制度化，对于社会结构的优化调整以及社会经济的稳定发展都具有非常不利的影响。

本章梳理总结了贫困代际传递的主流理论，并依据这些理论对中国当前因贫困代际传递而导致阶层固化的现象及原因进行了深入的探讨和研究。其中，主要讨论了贫困农村地区能力贫困、权利贫困和农民阶层固化的问题，分析了农民能力和权利贫困的现象及两种贫困发生的深层次原因，并探讨了农村能力贫困、权利贫困和农民阶层固化之间复杂的关系。

一、贫困代际传递触及社会“阶层固化”焦虑

（一）贫困代际传递触及“阶层固化”焦虑

近年来，在中共中央、国务院的带领下，我国的扶贫工作取得了巨大成就。2015 年 11 月，中共中央、国务院印发了关于打赢脱贫攻坚战的决定，明确要用 5 年时间完成 7000 多万农村人口脱贫任务，解决区域性整体贫困。2016 年是全面贯彻会议精神、打赢脱贫攻坚战的首年，实现了农村

贫困人口比上年减少 1240 万，贫困地区农村居民人均可支配收入增长 8.4%[①]。不过应当看到，随着中国经济社会的快速发展，贫富分化的现象日渐严重，特别是在当前，贫困群体出现了代际传递的趋势，而在广大农村贫困代际现象尤为明显，这已经成为当前我国扶贫脱贫的新目标。

2015 年 10 月 18 日《中国青年报》刊发了一篇题为《贫困的代际传递如何阻止》的报道。报道中讲述了国家级贫困县——贵州省道真仡佬族苗族自治县的一个农民陈朝顺虽然家境贫困但依然辛苦供两个孩子上大学的故事，文中提到陈朝顺认为读书是摆脱贫困的最好的一条路，为了给孩子营造良好的学习环境，承担着非常重的经济负担在县城租房，甚至不惜对孩子棍棒相向，只是希望孩子们能走出大山，“他们以后过好一点的生活”。文中同样提到了应届高中毕业生张平，虽然考上了大学，但并不想去上，因为母亲身患癌症，继续读书会给家里增添巨大的经济负担。中国青基会一项针对 1200 名接受过资助的贫困学子的调查显示，受资助学生的家庭经济情况困难，呈现“常态化贫困”趋势，最后调研报告指出“机会公平是最重要的公平，然而农村贫困家庭大学生最缺乏的就是机会。他们曾经将希望寄托于教育，然而现实就是这条路越走越难，不少专家认为我们的教育体制已逐渐失去了承载阶层流动的职能”。文中还提到了农村贫困大学生群体，根据中国社科院发布的《2013 年应届生就业调查报告》显示，从毕业生的城乡来源角度分析，农村家庭的普通本科院校毕业生成为就业最困难群体。农村贫困大学生本来是贫困群体中最有希望依靠知识改变命运的一群人，但是残酷的现实却不让人乐观，大学的学习生涯并不能给他们一份体面的工作，而他们上大学往往需要以牺牲甚至透支父辈的生活为代价。他们承担着整个家庭甚至家族的期望，他们在现实面前的挫败不仅

① 2017 年全国两会专题报道：一千二百四十万人去年脱贫［EB/OL］.（2017-03-02）. http：//www.cpad.gov.cn/art/2017/3/2/art_1784_60018.html.

仅是自己的失败，甚至可能造成整个贫困阶层对于教育改变命运的失望。

在2015年初，《人民日报》就已经刊文指出，中国已经发生了贫困的代际传递，产生了所谓的“贫二代”：“贫富差距已具有一定的稳定性，并形成了阶层和代际转移，一些贫者正从暂时贫困走向长期贫困和跨代贫困。如果不想办法改变这一情况，贫富差距变回趋向稳定化和制度化，成为一种很难改变的社会结构，社会阶层流通通道也将被严重堵塞。”

（二）贫困代际传递理论

贫困代际传递理论是近些年西方兴起的对贫困在代际维持与延续原因进行探讨研究的理论。贫困代际传递理论试图从贫困群体内部因素诸如人力资本、教育、社会关系等方面，探讨贫困群体内部存在的长期性、持续性、复杂性的原因。

贫困代际传递（Intergenerational Transmisson Poverty）可以被界定为贫困以及导致贫困的相关因素和条件，在贫困家庭内部由父辈传递给后代，使后代在成年后重复父辈贫困境遇的过程，也指在一定区域内或者特定阶层内贫困以及导致贫困的相关条件和因素在代际延续，使后代重复前代的贫困境遇。

贫困代际传递是从社会学阶层继承与地位获得的研究范式中发展出来的。贫困代际传递理论的根源可以追溯至马克思关于“自在阶级”和“自为阶级”的思想论断以及韦伯关于“阶级”的探讨，马克思和韦伯都探讨了社会分层以及不同社会阶级之间的关系，以及社会阶级与相应贫困群体的关系。

当前对于贫困代际传递现象的研究主要从社会学和经济学两个学科角度对贫困代际传递的现象和原因进行解释和探究。

从社会学角度来看，主要分为社会分层理论和社会流动理论。

社会分层理论认为，社会分层是指社会成员、群体因社会资源占有不同而产生的层化或差异现象，尤其是指建立在法律、法规基础上的制度化的社会差异体系。马克思在《资本论》中写道：“在一极是财富的积累，同时在另一极，即在把自己的产品作为资本来生产的阶级方面，是贫困、劳动折磨、奴役、物质、粗野和道德堕落的积累。”韦伯提出了根据财富、声望和权力三种资源将整个社会分为不同地位等级群体的多元分层理论。英国社会学家帕金在马克思和韦伯思想的基础上进一步研究认为，社会分层不仅意味不平等，而且还是一套保证处于优势位置的家庭通过代际传递，使子代报酬与父辈具有连续性的制度安排。

社会流动理论将社会分为封闭性社会和开放性社会。封闭性社会的主要特征是社会等级有序，大多数社会成员在社会阶层结构中获得的社会位置、收入等社会资源主要是由阶级出身和家庭背景决定；开放性社会的特征是，阶级相对不固化，一个人的地位、收入有较多的变动机会，穷人及后代也可以通过后天努力摆脱贫困，实现社会阶级的跨越。美国社会学家布劳和邓肯认为一个人的成就是受多方面因素影响的，包括个人的天赋才能、后天努力、家庭背景等，而上一代的不平等可能会在下一代中再现。他们设计了“地位实现模型”用来反映父亲的受教育程度和职业地位对下一代成年后取得社会思维的影响程度。在著作《美国的职业结构》中，他们研究得到的结论是在阶级流动性较差的封闭性社会中，穷人的子女也成为穷人的可能性要比开放性社会大得多。

经济学对贫困代际传递研究主要从代际收入弹性视角来分析个人在总体收入分配中的位置在多大程度上由上一代决定。贝克尔和汤姆斯相继发表了两篇文章，从人力资本的角度，通过构建代际传递经济模型，对美国两代人的平均收入进行了回归分析，得出美国两代人之间的代际收入弹性系数为0.2，据此得到结论，父辈的收入水平在很大程度上影响子女的收入水平，可能原因有二，一是父母收入水平决定了子女的人力资源水平；二是父母收入水平在劳动力市场不健全的情况下会影响子女就业机会。吉登斯从不同社会制度国家的经济制度角度对贫困代际传递问题进行了分析，认为资本主义国家的私人财产保护制度可以使资产阶级的权力和经济优势进行代际间的传递，同理无产阶级也会把地位与资源上的劣势和生活上的贫困进行传递；社会主义国家中，由于集体体制的限制，即使有些人当前拥有对集体财产的管理和控制权，但这种优势不能直接传递给下一代，在理论上讲，社会主义国家的地位需要通过后天努力实现。

从贫困代际传递产生的原因来看，当前主要有三种理论：文化贫困理论、政策贫困理论和经济结构贫困理论。

文化贫困理论。该理论是指某一群体、家庭或个人在知识水平、教育程度、科学技术素养、思想道德素质、价值观念等方面落后于当代经济社会发展，从而影响到自身生存与发展的落后状态。美国人类学家刘易斯在一系列对墨西哥贫民窟居民的研究之后提出了文化贫困的概念并通过文化贫困对贫困代际传递进行解释。他认为贫困不仅仅是经济上的收入少，同时也是一种可以实现自我维持和代际传递的文化现象。长期贫困的穷人群体会形成一套特定的生活方式、行为规范及价值观，而穷人群体的聚居，以及缺少与其他社会阶层的交流与流动，更加强化与固化了这种“贫困”的价值观与文化，因而形成一种“亚文化”，会对周围特别是后代产生影响，保持贫困文化自我维持并且不断复制，导致贫困的恶性循环。

政策贫困理论。美国经济学家米德认为，福利救济政策会对贫困群体和贫困代际传递产生负面影响。长期接受福利救济的贫困群体会形成一种政策依赖，失去了创新和努力工作的精神，陷入了越救济越贫困的福利救济陷阱。

经济结构贫困理论。该理论强调经济结构的变动导致劳动需求结构发生变化，从而使贫困家庭无法适应变化的经济形势进而导致难以实现对下一代人力资本的投资与发展，使得下一代再次陷入就业困境，形成贫困的代际传递与恶性循环。

除了以上三种比较有代表性的理论外，还有代际遗传理论、教育贫困理论、社会排斥理论、能力贫困理论等，分别从遗传因素、教育因素、社会排斥因素、个人能力因素等方面对贫困代际传递进行了研究。

关于造成贫困传递的具体原因，国际持续性贫困研究中心的专家进行了分析与总结，他们认为影响贫困代际传递的因素主要体现在5个方面（见表2-1）：

表2-1 影响贫困代际传递的因素①

影响贫困代际传递的主要因素	具体内容
人口与健康因素	（1）父母或监护人的性别、年龄、健康状况、教育和技能水平、意愿、态度与品质等； （2）家庭结构和儿童数量及出生秩序； （3）流行性或遗传性疾病； （4）生育和养育过程（包括产妇及婴幼儿保健和营养）； （5）伤残与智障； （6）儿童受教育程度与心理素质。
政治性因素	（1）基层政府管理体制与机制； （2）国家发展战略与扶贫策略； （3）获得经济、政治和社会资源以及参与决策的权利与机会； （4）医疗与社会保障制度与政策； （5）教育体制与投入机制。

① HULME D, MOORE K, SHEPHERD A. Chronic Poverty: Meanings and Analytical Frameworks [R]. SSRN Electronic Journal, 2001, 106 (D16): 18015-18027.

续表

影响贫困代际传递的主要因素	具体内容
社会与文化性因素	(1) 提供社会服务和社会安全网的质量、获取的途径与机会; (2) 家庭或社区的传统、风俗、规范与价值观; (3) 歧视与偏见（性别、年龄、职业、家庭成分、社会阶层、阶级、民族、语言、身体外貌等）; (4) 家庭社会网络资源; (5) 贫困文化; (6) 历史性因素（包括历史上的民族压迫和各项政策的影响）。
经济因素	(1) 劳动力市场（含儿童、青年、老人进入劳动力市场的机会）; (2) 低生产力与简单生产工具和生产方式; (3) 家庭经济收入; (4) 缺乏科学技术、技能和信息; (5) 农产品市场状况及距离市场的远近; (6) 土地资源的数量与质量; (7) 税费负担及其他经济负担。
生活环境因素	(1) 低质量的自然资源; (2) 环境退化; (3) 自然灾害（洪涝/干旱/地质灾害等）; (4) 交通通信条件; (5) 医疗卫生设施; (6) 社区安全与家庭暴力; (7) 社区归属感; (8) 偏僻程度。

（三）当前我国阶层固化的现状与原因探究

社会分层是社会学研究的核心领域之一，是社会结构中主要现象之一，被视为现代化社会变迁的焦点。社会分层会产生不同社会层级，被称为不同的阶级或阶层，拥有不同的社会地位，占据不同的社会资源。阶层本质上是作为一定所有制形式和劳动方式的产物。由于经济、政治、社会等多种原因而形成的，在社会的层次结构中处于不同地位的社会群体称为社会阶层。

各阶层之间流动受阻的情况称为阶层固化。阶层固化可以分为两个层面，一个层面是指代内阶层固化，是指一个人一生中社会地位难以发生改变；另一个层面是代际阶层固化，是指子女继承父辈的社会地位，难以实现向上流动。代内固化和代际固化往往是相伴而生的，而代际阶层固化所产生的影响是更加深远的，目前日益暴露出来的富二代、官二代、穷二代等现象就是人们对阶层固化一种直接的印象与感知。

阶层固化在一定程度上存在其客观因素，不以个人意志为转移，时代背景、个人能力、机遇等都会影响到个人未来的发展。发达国家在发展中同样经历了阶层固化的过程，但是通过一系列的制度与法律建设来规避权力垄断、官商勾结等带来的影响，维护竞争的公平性；并通过不断建立与完善社会保障体系实现对贫困阶层的保障，通过税收政策等二次分配政策调节贫富差距，完善的教育制度保证发展机会的公平性，有效打破了阶层之间的壁垒，促进了阶层之间的流动，弱化了阶层固化的现象。不同国家与社会文化传统、制度体制、发展阶段不同，具有发生阶层固化的特殊原因。

从新中国成立到改革开放之前，我国实行计划经济体制，在当时特殊的社会背景下我国主要分为工人、农民两个阶级以及知识分子阶层。改革开放之后，随着社会主义市场经济的逐步建立，我国的所有制结构和分配方式也随之发生变迁，随之而来的就是中国的社会阶层逐步分化。社会分层较为理想的结果是形成“两头小，中间大”的橄榄形结构，即中间阶层占据人口中的大部分，社会将进入相对稳定的状态。然而，中国至今尚未形成橄榄型社会，著名投资银行瑞士信贷于2016年发布的《2015年度财富报告》显示，中国中产群体比例仅为11.3%，而中国（海南）改革发展研究院的研究结果认为，当前我国中等收入群体比例大致为23%~25%。①

在中国中间阶层尚未发育充分的现实下，已经出现了阶层固化明显加速的趋势，具体表现为社会纵向流动的通道日益变窄，下层社会向上流动受阻，社会结构调整速度变慢，形成利益群体与集团，制度变革与调整的动力减弱，阶层之间共同利益越发减少，处于底层基层越来越难以享受到改革红利与发展成果。

我国在尚未出现阶层充分分化的情况下而产生阶层固化的原因多种多样，既有现实因素又有历史原因，既有制度原因也有社会愿意，总结起来可以归纳为以下几点：

1. 所有制结构的变迁。所有制结构的调整使得市场活力充分释放，市场化的迅速推进对原有的阶层产生了巨大冲击。原来中国的阶层是依赖于体制的，所有人都可以归为体制内的人，而所有制改革和市场化带来的巨大的时代机遇和利益使得大量体制内的单位人向外流动，而同步推进的城镇化和工业化使得原来的工人、农民两大阶层迅速分化，产生跨行业跨地域性流动。多种所有制形式下的分配制度以及生产要素分配标准的不明确，使得迅速分化的阶层收入差距扩大，形成了明显的利益分化。而既得利益者形成的利益集团经常与权力结合在一起，形成了对利益的把控与垄断，设置了从下层阶层向上流动的障碍，使得下层社会逐渐失去向上流动的能力与热情。

---

① 中国推动实现“橄榄型社会”[N/OL].（2016-05-25）. http：//news.163.com/16/0525/04/BNSR18GQ00014AED.html.

2. 改革开放的推动。改革开放初期定下了“以经济建设为中心”的基调，同时鼓励一部分人先富起来，然后先富带动后富，最终实现共同富裕。在这样的指导思想下，我国经济开始腾飞，综合国力大幅提升，实现了国民财富的快速积累。然而随着改革开放的深入，发展不平衡的问题日益严重，地区间的不平衡，城乡间的不平衡，富裕基层和贫困阶层之间的不平衡日益加大。中央及时将“效率优先、兼顾公平”的政策方针调整为“效率和公平同等重要”，然而改革开放中的既得利益者调整的动力缺失以及贫困阶层获得资源的困难都导致了社会不平等结构的固化。

3. 相关制度的不完善。自古以来，教育制度就承担着促进阶层流动的作用。当前，先赋性因素对青年发展的影响在逐渐增大，一方面教育资源分配的不公平使得底层阶层的学子难以接受到足够改变阶层的教育，实现向上流动；另一方面，激烈的就业竞争环境对于人的全面素质要求越来越高，底层阶层的孩子可以做到传统意义上的品学兼优，但在软素质方面相对较为薄弱，在与出身于上层阶层的孩子进行竞争中处于劣势的地位。这一现象贯穿于小学到大学的整个教育周期，迫使下层社会青年降低其通过接受教育改变生存现状的期望和概率，使得寒门越来越难出贵子（见表2-2）。与此同时，当教育系统难以承担促进社会阶层流动的责任时，我们的社会并没有提供一个能够承担如此巨大社会群体阶层流动的资源与渠道。

表2-2 重点大学农村生源比例下降情况①

部分重点大学	农村生源变化情况
中国农业大学	1999—2001年大约39%； 2007年31.2%； 2011年小于30%。

① 大学农村生源下降现象的背后［EB/OL］.（2009-06-11）. http：//learning.sohu.com/20090611/n264470669.shtml.

续表

部分重点大学	农村生源变化情况
东南大学	2008 年 38.4%; 2009 年 34.1%; 2010 年 34.8%; 2011 年 31.2%。
西安交通大学	2009 年 33.3%; 2011 年 32.5%。
清华大学	2010 年 17%。
北京大学	20 世纪 80—90 年代约为 30%; 2000—2010 年约为 10%; 2013 年 14.2%（国家对贫困地区实行重点大学名额照顾政策之后）。

不仅仅农村地区进入重点大学越来越难，农村学生毕业之后失业率高于城市学生。中国社科院发布的《2013 年应届生就业调查报告》显示，从毕业生的城乡来源角度分析，农村家庭的普通本科院校毕业生成为就业最为困难群体，失业率高达 30.5%。

在教育制度不完善的同时，我国的社会保障制度同样不够完善，难以为底层阶层兜底。一方面底层阶层本身的抗风险能力就偏低，另一方面贫困的生活状态使得底层阶层的家庭更容易患病，而疾病又加剧了贫困家庭的生活困难以及又导致了新的贫困的产生。我国虽然已经建立了接近全面覆盖的医疗保险制度，但对于贫困阶层的保障水平有限。我国现在逐步推广的大病保险制度目前尚未实现全覆盖，但对于贫困家庭的保障具有非常重要的意义。

(四) 当前我国处于底层阶层的群体

在阶层固化的背景下，对于处于社会底层的阶层影响是最大的，可以说阶层代际固化的结果就是贫困状态的代际传递。处于贫困状态的父辈已无力向上阶层流动，而其子女在长期贫困状态的禁锢下，缺乏足够的外力帮助其实现阶层流动，只能被迫继承父辈的底层社会地位与贫困状态。

当前我国处于底层阶层的群体主要由以下几个部分组成：

1. 农村贫困人口。农村贫困人口一直是我国扶贫工作的主体，农村贫困监测调查结果显示，改革开放以来农村贫困人口减少 7 亿多，近年来我国扶贫脱贫工作步伐进一步加快，扶贫成果突出，但扶贫任务仍然艰巨。国家统计局发布的《中国农村贫困监测报告 2015》显示，截至 2015 年底中国仍有 5575 万农村人口处于绝对贫困线与相对贫困线水平，贫困发生率为 5.7%（见表 2-3）。2011 年，《中国农村扶贫开发纲要（2011—2020 年）》颁布，其中“提高扶贫标准，加大投入力度，把连片特困地区作为主战场”，表明了新阶段我国扶贫工作的主要战略方向为连片特困地区和特殊类型贫困地区（见表 2-4）。由于我国贫困地区分布较广，各贫困地区人群具有不同的特征即致贫原因：一些地区因为资源短缺或区位因素的限制而陷入贫困，例如人均耕地不足，生活在偏远山区；一些地区是由于文化和社会环境制约而陷入贫困，比如少数民族地区特殊文化、语言等因素使得他们难以通过融入主流的市场经济环境脱贫；一些人口可能是由于家庭人口特征制约，比如缺乏劳动力、受教育水平低下等，还有很多地区贫困是由以上多种原因交织在一起造成的，扶贫脱贫工作难度大。关于农村及农民贫困问题将会在下一节进行更深入的探讨。

表 2-3 改革开放以来我国农村贫困情况①

年份	贫困人口（万）	贫困发生率（%）
1978	77039	97.5
1980	76542	96.2
1985	66101	78.3
1990	65849	73.5
1995	55463	60.5
2000	46224	49.8
2005	28662	30.2
2010	16567	17.2
2011	12238	12.7
2012	9899	10.2
2013	8249	8.5
2014	7017	7.2
2015	5579	5.7

表 2-4 我国连片特困地区和特殊贫困地区②

连片特困地区	大别山区、大兴安岭南麓山区、黔滇桂石漠化区、滇西边境山区、六盘山区、吕梁山区、秦巴山区、乌蒙山区、武陵山区、燕山-太行山区
特殊类型贫困地区（老少边区）	革命老区、少数民族地区、边境地区县

2. 进城务工人员。即我们一般所称的农民工，具有农村户口却在城镇务工的劳动者。根据统计，2016 年共有 28171 万农民工劳动力，其中本地

① 数据来源于国家统计局《中国农村贫困监测报告 2015》。
② 根据《中国农村扶贫开发纲要（2011—2020 年）》整理。

农民工 11237 万人，外出进入城镇务工农民工 16934 万人。进城务工人员是我国产业快速发展对劳动力的巨大需求所产生的群体。农民工群体已经成为产业工人的主力群体，为中国的城市建设和产业发展做出了不可磨灭的贡献。但是，中国传统的城乡二元分割的户籍管理制度使得“农民工”成为一种处于尴尬位置的身份标识，他们工作在城市，生活在城市，但因为其农村户口身份依旧是农民，从而阻碍其真正融入城市和工人群体，难以享受到城镇居民的相关福利（教育、医疗、社保等），很多时候甚至还会遭遇到城市人的排斥和歧视。另一个问题是农民工下一代出现的问题。第一代进城务工的农民在农村还保有土地，还拥有乡村社会的社会关系以及对农村和土地的深厚感情，当他们在城市难以坚持后，农村和土地是他们的退路。而随父辈进城务工的子女，从小生活在城市环境中，没有务农经验，具有“三高一低”的特征，即受教育程度相较于父辈高，职业期望高，物质和精神享受高。第二代农民工大多数是刚刚从学校毕业就直接开始打工生涯，既没有吃苦耐劳的思想准备也缺乏吃苦耐劳的精神品质，而相对于他们的父辈来讲，第二代农民工拥有更加强烈和执着的城市梦，他们从心底里希望自己摆脱农民的身份，成为真正的城市人。但是，户籍制度的限制、城市更为激烈的竞争环境、经济形势对于劳动力需求的放缓以及第二代农民工群体可能本身存在的过高期望与某些陋习，使得他们在城市中无法真正立足，而务农经验的缺乏、与土地的割裂以及对农村情感的淡薄，使得他们不愿也不能再回到农村，而成为城市中的“漂泊者”。随着第二代农民工进入城市的规模越来越大，如果他们的市民化问题不能顺利解决，将直接关系到城乡的社会稳定。

3. 城市中以下岗失业者为主体的贫困人口。在国有企业改革之前，城市劳动者一般属于体制内就业，享有城镇户口含有的多方面政策优惠和体制福利，在就业、住房、养老、医疗等方面具有完整的福利保障，贫困发生率较低。20 世纪 90 年代以来，随着中国经济体制改革的逐步推进，国有企业体制改革和产业结构调整，大批城镇职工下岗失业。当时国家并没有很好的渠道和办法帮助这批下岗职工实现再就业，而随着单位身份的失去，与单位身份挂钩的社会保障与福利也随之失去，这批下岗职工中很多人陷入生活困境，形成了城市贫困阶层。截至 2014 年 12 月，我国享受城市最低生活保障的人数达到 1880. 2 万人，而根据估计大约有一半城市贫困阶层未能享受低保。除了下岗失业贫困阶层，城镇贫困人口还包括民政部门救济的“三无对象”和社会优抚对象。

4. 残疾人群体。残疾人群体与以上几个群体存在一定程度的重叠。我国《残疾人保障法》定义，残疾人是指在心理、生理、人体结构上，某种组织、功能丧失或者不正常，全部或者部分丧失以正常方式从事某种活动能力的人。与普通人相比，残疾人通过劳动获得收入的能力相对较弱，而且存在额外的生活支出和长期照护支出。在贫困地区中，残疾与贫困相伴而生，残疾加重了贫困程度，而贫困使得残疾人群体难以得到良好的照顾和救治，从而形成了恶性循环。截至 2015 年 9 月，我国约有 8500 万残疾人，其中在农业户口的残疾人群体中，贫困比例接近一半。随着国际社会的发展，人们对贫困的认识和衡量标准发生了很大的变化。贫困不仅仅是收入的缺乏，收入低下仅仅是贫困的结果而非原因。而贫困人口的聚集地农村地区的贫困与阶层固化问题更值得我们深入研究。

二、农村能力贫困、权利贫困以及农民阶层固化

（一）农村能力贫困

20 世纪 90 年代以来，以诺贝尔经济学奖得主阿马蒂亚·森为代表的经济学家提出了一个围绕能力、权利和福利的发展理论体系，构建了一个新的基于能力的发展观。森认为贫困应该被定义为能力的缺乏而非收入的低下：（1）贫困是穷人获得收入的能力与机会的丧失，而非仅仅是低收

入；(2) 收入是获得能力的重要手段，而能力的提高可以使个人获得更多的收入；(3) 良好的教育和健康的身体不仅能够直接提高生活质量，还能提高个人获得更多收入以及摆脱贫困的能力，疾病、人力资本的不足、社会保障的缺陷、社会歧视等都有可能导致人们收入能力的丧失。森的能力贫困理论关注于通过重建个人能力来避免和消除贫困。

森的能力贫困理论为之后国际社会的反贫困实践提供了新的思路与方向，越来越多的国家意识到收入低仅仅是贫困的表象，而非其原因。导致贫困发生的内生根源是更深层次的社会生存、适应以及发展能力的缺乏。在之后，众多国际组织对于贫困的界定也侧重于能力方面的定义。世界银行在 1990 年对于贫困的定义是：缺少达到最低生活水准的能力。联合国开发计划署在 1997 年的《人类发展报告》中提出了能力贫困指标，包括三方面的内容：(1) 基本生存的能力，即获取营养和健康的能力；(2) 健康生育的能力；(3) 接受教育和获取知识的能力。

综合能力贫困理论的发展、国际社会与各国反贫困实践中的经验，能力贫困包含以下几个方面：(1) "能力贫困" 中的能力不是某一个体单方面能力的缺失，而是某个群体的人口综合能力的欠缺；(2) 现代社会中，对于生存与发展所需要的能力是多方面的，包括基本生存能力、获取知识的能力等多个方面，而这些能力最终都要体现在 "自我发展能力" 上；(3) 能力贫困属于内生性原因，当外力介入力量不足，难以推动能力发展的内生动力，而内生动力又难以改变外在环境，贫困的内在与外在力量的互动使得贫困人群陷入了一种自我演变的惯性状态。

人力资本存量和社会资本存量是衡量能力贫困的主要指标。

1. 人力资本存量。人力资本存量表示一个社会所有劳动者所具有劳动能力的总度量，是指经投资形成的，凝结于劳动者身上的知识、技能和健康等，可以分为知识资本存量和健康生存能力。其中知识资本存量可以简单理解为贫困人口的文化程度，可以用受教育年限来衡量。健康生存能力指的是某地区人口的总体健康状况，可以用健康领域的指标进行衡量，健康生存能力是人口参与发展的基础，良好的健康状况可以提高当前和潜在的人力资源的素质。

（1）知识资本存量可以通过受教育年限法进行度量，强调了受教育年限对知识资本存量的代表性。为了度量不同类型劳动力之间所含知识资本水平的差异，一般方法是按照劳动力类型进行分类，然后按照不同劳动力的人力资本特质进行加权求和，即可得到总的人群的知识资本存量。

$$H_i = \sum_{i=1}^{6} HE_{it} h_i$$

其中，H_i 为 t 年人力资本总存量，HE_{it}为第 t 年第 i 学历层次劳动力的人数，h_i 为第 i 学历水平的受教育年限。

根据统计，当前中国贫困地区农村劳动力受教育程度普遍不高，平均受教育年限为 6.5 年，仅仅相当于小学六年级到初中一年级的水平。

案例

贵州省教育民生工程破除贫困代际传递

贵州省是国内经济欠发达省份之一，贫困问题尤其是农村地区贫困一直是贵州省所面临的最为严峻的问题。贵州省由于地貌环境恶劣、自然灾害多发、教育水平落后、民族成分多样、历史遗留问题等因素，具有贫困人口多、贫困面积大、贫困程度深、扶贫难度大等问题。在多重因素的影响下，贵州贫困固化与贫困代际传递现象非常严重。贵州省贫困地区的教育落后是导致贫困率难以降低的主要因素之一，尤其在贵州贫困山区中，初中毕业已经算得上是高学历了，文盲、半文盲比率非常惊人，人口素质令人担忧。2000 年全国已经基本实现“两基”时，贵州省全省只有约 1/3 的孩子能够确保读完初中，未实现“两基”的地区人口占到了全国总数的

1/7，“两基”覆盖率在全国排名倒数第二。而面对这样的情况，贫困地区农民选择生育更多的孩子，以期望给家庭带来更多收入。越穷越生、越生越穷的局面难以破解。

贵州各界深刻认识到“扶贫先扶智，教育扶贫工作是民生中的民生，是实现脱贫的根本之策”。为了破解这样的循环，大力发展“教育扶贫”，加大教育资源的投入，通过给贫困人口尤其是贫困地区儿童和青年教育赋能解决贫困代际传递的问题，贵州省采取了一系列的措施。

2006年，贵州省在财政并不宽裕的情况下，压缩5%行政经费以投入教育，全省公共财政教育支出占比高达18.84%。同时，将农村税费改革转移支付的50%用于义务教育，保证教师工资按时足额发放，并且同步启动了贫困地区义务教育工程、农村中小学危房改造等工程，切实改善了农村办学条件。贵州省失学儿童大幅减少，2015年底贵州省九年义务教育巩固率达到了87.6%，其中小学适龄儿童入学率达到99.47%，初中阶段毛入学率达到了104%。贵州省财政新增义务教育阶段贫困寄宿生生活补助资金3720万元，补助人数从2005年的12.4万扩大到31万，提前实现了农村义务教育阶段学生学杂费全国免除和实施贫困寄宿制学生生活费补贴的目标。

贵州省农业不发达，经济基础薄弱，农村地区中小学生的营养状况不太理想。为了改善农村学生的营养状况，贵州省在2012年实施了营养改善计划。贵州在连片特困地区开展营养改善计划国家试点，同时鼓励其他县市进行地方试点。目前营养改善计划覆盖了全省87个市（区）1.31万所农村学校的380万名农村中小学生。“校校有食堂、人人吃午餐”是贵州改善计划的特色，贵州投入省级财政资金1.53亿元，新建农村中小学食堂1.3万个。贵州56个集中连片特困区县由国家补贴每个学生4元钱，21个区县由国家财政和贵州省财政各承担2元钱午餐成本，其余食堂建设、工勤人员配备、物流采购等都由省财政负担。以黔东南地区的苗族侗族自治州麻江县宣威小学为例，1200余名小学生的身高由2012年的120厘米提高到2015年的127厘米，体重由20公斤增加到了28公斤，学生体质有了显著改善。

贵州省对教育和人才的投入是全方位的，推行了拔除穷根的“三个率先”：率先实施教育“9+3”计划，实行免费中职教育；率先编制《贵州省现代职业教育体系建设规划（2013—2020）》；省级人大率先出台了《贵州省职业教育条例》。与此同时，根据《贵州省中长期人才发展规划纲要（2010—2020年）》，到2020年，贵州专业技术人才、技能人才、农村实用人才资源分别要达到91万、88万、80万人，将大批农村富余劳动力转化成产业技术工人。2013年，贵州省实施全省范围的免费中职教育，家庭经济困难的学生还可以享受国家助学金。截至2015年，贵州省有高职院校32所，在校学生22万人，中职学校206所，在校学生60万人，职业院校毕业生就业率达到95%以上，基本实现了“职教一人，就业一个，致富一家”的目标。

贵州省通过实施教育民生工程，从根本上解决贫困问题，真正抓住了问题的关键，体现了长远发展的眼光：改善贫困地区义务教育薄弱学校的基本办学条件，不让贫困家庭的孩子输在“起点”，既守住“保基本”民生底线、推进教育公平和社会公正，也能有效增进贫困地区发展后劲、缩小城乡差距；而大力发展职业教育更是能够有针对性、切合实际地促进对每个人的发展，无论是发展产业脱贫、就业转移脱贫还是易地搬迁脱贫都需要对扶持对象开展技能培训。只有掌握一技之长，才能真正靠自己实现脱贫。贵州省的教育扶贫对于贫困地区破除贫困代际传递具有非常强的借鉴意义。

材料来源：《光明日报》，2016年6月25日。

（2）健康生存能力是指某地区人口或某人群的健康水平，以及在该健康水平的生存质量，亦可以用健康人力资本进行衡量。健康人力资本是不同于教育人力资本的另一种人力资本的形式。健康不仅仅是使人类个体生活体现出价值的基本潜能，同样能够对一个群体整体生活质量的提高起到重要的促进作用，同样能够有力地促进一个地区的经济增长。我国贫困农村地区人口健康生存能力非常薄弱，主要体现在3个方面。

一是医疗资源匮乏。新中国建立之后，农村地区的卫生事业得到了迅速发展，建立了农村地区县、乡、村三级卫生网络。但是随着改革开放的进行，所有制的改革以及市场经济的冲击，农村三级卫生网络近乎瓦解。农村地区尤其是贫困地区医疗资源严重匮乏，出现了大量“看病难”的问题。

二是医疗保障制度不完善。随着2003年新农合的建立以及2009年新医改的推进，农村地区缺医少药的情况得到了一定程度的缓解，但医疗费用的大幅上涨给农民看病造成了非常严重的经济负担。虽然新农合基本上实现了对农村地区的全覆盖，但其保障水平偏低，且仅仅按照一定的报销比例对农民的住院费用进行报销，而对农村地区多发常见病在门诊发生的费用并不覆盖，因此贫困地区的农民仍然具有比较沉重的经济负担。与其同时，我国的大病医疗保险尚处于刚刚起步的阶段，在覆盖范围、保障范围、保障水平等方面都属于探索阶段，对发生大病的贫困地区农民的保障能力非常有限。因此，在高昂的医疗费用面前，贫困地区农民采取“小病拖，大病扛”的办法，结果往往就是小病拖成大病、大病基本等死的残酷局面，严重影响了农民的生命健康。

三是公共卫生情况堪忧。新医改以来，随着我国对公共卫生领域大力的财政与资源投入，我国公共卫生水平得到了提高。但目前贫困地区农村的公共卫生情况仍然堪忧。贫困农村地区尚未建立起有效的疾病预防与控制体系，对于传染病和地方病的预防控制能力非常薄弱，近几年一些已经绝迹的传染病在贫困地区又有死灰复燃的迹象。与此同时，贫困农村地区还存在饮用水困难的情况，饮用水的缺乏以及安全饮用水的不足直接威胁人们的健康生存。

2. 社会资本存量。社会资本是指个体或团体之间的关联——社会网络、互惠性规范和由此产生的信任，是人们在社会结构中所处的位置给他们带来的资源。社会资本分为宏观、中观和微观三个层面：宏观层面指政府或社会为了一定的相互利益而采取的集体行动；微观与中观层面的研究，主要聚焦于个体行动者的关系与其所处社会地位对其能够获得社会资本的影响。社会资本是人与人之间的联系，存在于人际关系的结构之中。

社会资本理论与社会网络分析的发展息息相关，当前对于微观层面个人社会资本存量的测量几乎都使用对个人社会网络状况的测量。对此，布迪厄提出，个人拥有社会资本的多少取决于两个因素：一是“行动者可以有效加以运用的联系网络的规模大小”，另一个是网络成员“以自己权力占有资本的数量”。之后对于个体层面社会资本测量与研究主要从个人网络规模以及网络嵌入资源的数量两个方面开展。

由于贫困农民所处社会网络结构单薄，社会地位低下，获取与控制资源的能力非常低下，导致社会网络具有同质性，内心中心性高，农村贫困地区社会资本存量低，主要体现在以下几个方面：

（1）农村社区人际关系单一。我国农业社会自古以来就是“小农经济”，农业生产主要以家庭为单位开展。同时农村中商品经济发展较为薄弱，农民主要的人际关系集中于以血缘和亲缘关系为纽带组建的小范围的人际关系网络中。与此同时，市场程度较低导致农民之间缺乏竞争与合作，导致契约型的人际关系的缺乏。农村社会人际关系单一化导致其所组成的社会关系网络简单，决定了通过这种简单的社会关系网络获取各种资源的能力极其有限，从中发现发展机会也极其有限。

（2）农民低组织化。贫困地区农村的社会组织程度一般较低，联系纽带除了血缘关系和社区居民的地缘关系外，并没有其他的力量使得贫困农村地区的村民实现真正意义上有效的社会组合。人民公社解体之后，真正有效的村民自治组织并没有广泛建立起来。作为村民自治组织的村委会尤其是贫困农村地区的村委会，一方面是无力承担起组织村民政治上的自治与经济上的集体发展，另一方面是贫困地区的村委会性质发生了变化：一种情况是由于农村权力的集中与乡镇政府监管的缺位，使村委会成为利用权力获取不正当利益的利益群体；另一种情况是乡镇政府与村委会权力界限不明确，村委会成了乡镇政府的派出机构。一个健全有力的村民自治组织以及多样的、具有一定权威性的民间组织构成了农村社区健全有效的社会组织体系，对于贫困地区的农村社区更是如此，不仅需要外部力量（政府、市场等）的辅助与刺激，更需要组织起来产生内生性的发展动力。

(3) 人口素质相对低下。贫困地区人口的受教育水平相对较低，观念、行为等方面的变化相对落后于整个社会的变迁速度，因此在与外界发生联系与互动时，常常处于被动弱势的地位，从而难以实现较高层次的社会交往。在中国古代的乡村治理中，乡绅作为农村的精英阶层，利用其声望和权威对乡村进行治理。随着当代城镇化的冲击，作为乡村精英的乡绅纷纷迸入城市，而贫困阶层的农民在各方面因素的限制下难以实现向城镇和上层阶层流动而困于贫困地区，因此贫困乡村整体人口素质相对低下。

(二) 农民权利贫困

权利贫困是指权利享受不足的状态，具体表现为由于制度因素造成的对部分人群在政治、经济、社会和文化权利等方面的限制和歧视所导致的生活贫困，根据领域不同可以划分为政治权利贫困、经济权利贫困、社会权利贫困和文化权利贫困。

政治权利是指处于国家政治秩序之内的公民参与公共事务决策与处理的权利。其基本内容是选举和被选举权利、言论自由和集会示威自由、信仰自由等。政治权利贫困指政治参与渠道不顺畅，参与政治活动的机会少，难以享受到法律赋予的各项权利。

经济权利是指宪法规定和保护的有关经济活动或利益的自由权利，具体包括财产权、生存权、继承权、劳动权、休息权、获得物质帮助的权利等多项内容。经济权利贫困是指公民难以享受到以上经济权利或享受程度不足或缺乏的状态。

社会权利是指公民从社会获得基本生活条件的权利，主要包括社会保障权、受教育权和环境权。社会权利的实现更依赖于国家的作用。由于国家参与其中，因此社会权利更加强调公平性。社会权利贫困即指公民在社会保障权、受教育权以及环境权等方面权利不足的状态。

文化权利包括人人有参与文化生活的权利，享受科学进步及其产生的福利的权利，科学研究和创造性活动不可或缺的自由等权利。其核心是公平性，是指人人都拥有平等享受文化资源的机会和权利，每个人所特有的文化需求都可以得到满足。文化权利贫困即指公民在享受以上权利方面缺乏或受损的状态。

在当前我国的城乡二元结构下，农民与城市居民在政治、经济、社会、文化各方面都存在权利不平等的情况，可以说农民权利贫困是导致农民贫困的根源，是“三农”问题的核心和关键。构建能力贫困理论的诺贝尔经济学奖获得者阿马蒂亚·森认为“农民贫困的根源并不在农民贫困本身，而是深藏在农民贫困背后的另一种贫困——权利贫困。贫困不仅仅是供给不足，而更多是一种权利不足”①。我国学者胡星斗也认为“三农问题主要是农民问题，农民问题关键是权利贫困问题”。

当前中国贫困地区农民权利贫困现象：

1. 政治权利贫困。选举权与被选举权情况。2010 年十一届全国人大三次会议通过《中华人民共和国全国人民代表大会和地方各级人民代表大会

① 阿马蒂亚·森．贫困与饥荒［M］．北京：商务印书馆，2001：13.

选举法修正案》之前，农民在人民代表选举方面与城市居民具有非常大的差异。之前选举法规定各级人民代表选举中的农村居民和城镇居民每一代表所代表的人数之比为4∶1，这相当于从法律角度制造和承认了农民与城镇居民在选举权方面的不平等。修正案的最大变化为规定城乡按相同人口比例选举人大代表，此举旨在体现人人平等的政治权利。但长期政治权利不平等带来的农民政治参与意识的淡薄依然延续下来，农民对于自身政治权利没有明确的认识，同时受自身文化水平限制，对选举、重大事项的决议表现出冷漠的态度。在制度层面，尽管我国有人民代表大会制度和政治协商制度，但在各级别的人大会议和政协会议中，农民代表数量比例非常低，直接参与政治活动的机会比较小。

迁徙权利。农民自由选择迁徙的权利受到了不合理的限制。这源于从中华人民共和国成立时期建立并一直延续至今的城乡二元户籍制度。户籍制度建立的初衷是集中国家力量进行工业化建设，通过“剪刀差”的方式将农业领域的利润转移到工业领域，支持国家的工业化建设。这一制度客观上促进了我国工业的高速发展，增强了国家的实力，在当时的国际背景下具有非常重要的意义。但不可否认的是，城乡二元的户籍制度使农民的利益受到了损害，并且给农民政治权利也带来较大的侵害，具体来讲就是农民的自由迁徙权利受到了限制。户籍制度使每个公民获得的社会福利与自己的户口身份牢牢绑定，城市中的居民可以享受覆盖较广、水平更高的福利待遇，而农村户口的农民不仅无法获得这些福利待遇，还要为城市提供廉价的粮食、农副产品和资金积累。随着市场经济的发展，大量的农村劳动力离开土地进入城市，成为“农民工”，但是滞后的城镇化水平和户籍制度的限制，使“农民工”群体成为尴尬的群体。因为地理上远离故土，既无法享受到农村的福利，又因为户口限制无法享受城市的福利待遇，他们成为承受风险能力最低的群体。从历史角度和现实角度来看，农村和农民为城市的发展做出了巨大的贡献，承担了风险与损失，但如今仍因为户籍制度还要承受政治权利缺失带来的伤害，这显然是不公平的。

2. 经济权利贫困。农民经济权利贫困主要指农民在经济活动中拥有的财产权利和市场主体权利等权利的不充分和缺失。农民财产权利的缺失主要体现在土地财产权利缺失上。农民土地财产权可以分为土地使用权、土地收益权、土地处分权。土地使用权又可以细分为土地承包经营权和宅基地使用权，土地收益权主要指集体建设用地收益分配权，土地处分权主要是指置换为城镇建设用地的集体土地发展权。

总体来看，当前农民土地财产权利受损主要分为三类：一是产权不清晰；二是产权收益分配不合理；三是产权实施困难。农村土地整治已经成为推进工业化、城镇化和农业现代化的重大战略选择，但是实施过程中出现了盲目扩大整治范围、强拆强建、土地增值收益分配不公平等损害农民土地财产权的问题。家庭联产承包责任制并未真正赋予农民完整的土地权利，充其量是使用权和部分收益权，由于产权的残缺使得农民无法真正对土地进行处理和流转，农民难以从土地中获得最大化的收益。而近年来很多地方出于"国家建设"的需要，利用"增减挂钩"的政策，从农民手中以极低的补偿价格征收或征用土地，农民的权益受到损害但又无法维护自身的正当权益。近年来，各地政府对土地财政的依赖越来越大，为了获得更多的财政收入，很多地方政府强行征收农民土地然后高价转给开发商，严重损害了农民的利益。而通过置换形成的城镇建设用地入市所带来的增值收益农民基本没有享受到，农民的土地财产收益权受到极大侵害。与此同时，在市场主体权利方面，由于中华人民共和国成立以来长期实施的以农补工的"剪刀差"价格政策，农民在市场上缺乏平等、公正的市场主体权利。根据相关资料统计，1949—1979 年间，通过"剪刀差"我国农民为工业化建设贡献了 6000~8000 亿元；1952—2002 年间，农民向社会贡献的土地资产高达 51535 亿元，以 2002 年无偿贡献的土地资产收益为 7858 亿元来核算，相当于这 50 年间农村为国家建设放弃了总价值 26 万亿元的土地资产（按照银行利率3%进行贴现计算）。与此形成鲜明对比的是，我国建立征地补偿制度以来，累计支付给农民的征地补偿费用不超过1000亿元。

3. 社会权利贫困。社会权利贫困主要体现在社会保障权利贫困和受教育权利贫困两个方面。

（1）社会保障权利贫困。我国在社会保障覆盖方面已经取得了非常巨大的成就，但是城乡之间社会保障制度差异存在巨大不公平，制约了社会保障调节经济运行和促进社会公平作用的发挥。社会保障制度本身就是通过经济领域的再分配政策对经济上处于弱势的群体的一种照顾与倾斜，其目的就是为了保障社会公平，因此社会保障制度在设计之初就要以社会公平为导向，充分体现机会公平和过程公平，同时能够弥补起点的不公平，从而从各个角度提升整个社会的整体公平程度。社会保障制度的建立首要方面就是要考虑每一个公民在相同条件下都能够享受到同样的保障待遇，确保公民社会保障权利的充分实现。我国社会保障制度（建立之初由于政治、经济等方面的原因）就是建立在城乡二元格局基础之上的，经过长时间的政策差异性投入，城乡社会保障制度差异比较明显（见表2-5）。

表2-5　社会保障制度城乡对比

项目		城市社会保障制度	农村社会保障制度
社会保险	养老保险	社会统筹与个人账户结合	家庭保障为主
	医疗保险	城镇职工与城镇居民，社会统筹与个人账户结合	新农合
	失业保险	保险费按职工工资总额一定比例缴纳	极少地区建立
	工伤保险	保险费按职工工资总额一定比例缴纳	极少地区建立
	生育保险	保险费按职工工资总额一定比例缴纳	极少地区建立

续表

项目	城市社会保障制度	农村社会保障制度
社会救助	城市低保、专项救助、救灾扶贫	农村低保、专项救助等
社会福利	城镇社区服务、敬老院、福利院等	敬老院、五保户等

在政策出台方面，针对农村的社会保障政策明显滞后于城市政策。以养老保险为例，1997 年我国就已经建立了城镇职工基本养老制度，城镇职工可以享受社会统筹与个人账户相结合的养老保险保障；而 2009 年下半年，农村地区才开始试点个人缴费、集体补助和政府补助的新型农村社会养老保险。直到 2012 年底，养老保险才基本实现全覆盖。与此同时，在制度建设的规范性、系统性和权威性方面，农村社会保障制度与城市社会保障制度都具有较大的差距。

城乡社会保障制度在保障水平方面也存在较大的差异。从资金投入力度来讲，整体上政府近几年一直在加大对农村的投入力度，但是从整体水平来看，城乡之间社会保障差距依然明显。从城乡人均社会保障支出角度进行比较，城乡人均社会保障支出比曾达到 191∶1（2002 年）。分析其原因，农村的社会保障覆盖范围小、保障水平低，农村社会保障制度建设起步晚，严重滞后于城市社会保障制度建设，这两个方面导致了城市社会保障投入总体始终多于农村。随着政府对农村社会保障制度建设投入的增加，2014 年城乡人均社会保障支出比已经降到了约为 4∶1。从作为我国社会保险基金主体的养老保险和医疗保险来看，城镇职工养老保险和医疗保险建立时间早，筹资比重高，补贴额度大（政府和企业），而农村养老保险和医疗保险在个人筹资额度和补贴额度上都偏低，且城市社会保障制度覆盖范围更广。

农民群体中的特殊群体——农民工的社会保障情况更不理想。农民工工作地点与户籍地点的异地化使得其社会保障在筹资与保障上都存在一定难度，同时由于农民工的流动性强而且在城市劳动力市场中经常处于相对弱势的地位，使得其社会保险的参保率低。一些企业为了减轻经营负担，采取不与农民工签订劳动合同的办法，以逃避为农民工缴纳“五险一金”。2013 年《全国农民工监测调查报告》的数据显示，2013 年农民工参加养老保险和医疗保险的比例分别为 15.7%和 17.6%，远远低于全国平均水平。

（2）受教育权利贫困。受教育权是我国的宪法与《中华人民共和国教育法》明确规定的公民依法平等享受的社会权利。受教育权作为公民基本权利具有悠久的历史渊源。1948 年《世界人权宣言》明确规定“人人都有受教育的权利”。1966 年联合国《经济、社会和文化权利公约》再次强调了“受教育权”是公民的基本人权之一，并且在其第 13 条规定中提出：初等教育属于义务教育，应当免费提供；中等教育（包括中学教育和职业教育），应当普遍设立，对所有人平等开放，并且逐步实现免费；高等教育应以成绩为依据，对所有人平等开放，并且逐步实现免费。我国 1954 年、1975 年、1978 年宪法中，都对公民的受教育权做了规定。宪法中第 33 条首先规定了公民在法律面前一律平等，即平等权。在平等权原则的指导下，平等行使受教育权。我国教育法律还有《中华人民共和国义务教育法》《中华人民共和国高等教育法》等，均在其中体现了平等受教育权的精神与原则。在 2001 年颁布的全国教育“十五”规划中，更是首次提出“将教育公平作为教育改革发展的指导思想和基本原则”和“坚持社会主义教育的公平与公正性原则，更加关注处境不利人群受教育问题，努力为公民提供终身教育机会”。

目前，我国教育领域存在大量的教育不公平现象，可以大致分为两类：一类是基础性的不平等，主要是指义务教育阶段的城乡之间公民享受到的教育水平与质量在城市和农村之间存在着很大差别；一类是机会性不平等，指的是部分公民由于特定身份或条件，享有特殊的机会或优惠条件，剥夺了别人的受教育机会所产生的形式上的教育不公平。

基础性不平等。基础教育阶段的不平等主要体现在城乡之间的学校在基础设施、学校环境、师资力量、教育经费等方面都存在巨大差异。这种巨大差异所带来的直接后果就是城市与农村学校在基础教育质量上存在明显差距，城市学校学生的素质明显高于农村学生，这导致了农村学生的低入学率、低升学率和高辍学率。以地域进行划分，根据2012年统计数据，西南地区的四川、云南、贵州净入学率分别为99.53%、99.57%、99.34%，西北地区的西藏、甘肃和青海的净入学率分别为99.4%、99.68%、99.68%，均低于全国99.7%的平均值，长江中下游地区省份和东部沿海地区发达省份均高于全国平均值，甚至较多省份实现了100%的入学率。根据《2015年全国义务教育均衡发展督导评估工作报告》显示，截至2015年底，全国尚未实现义务教育发展基本均衡的县（市、区）中东部地区为259个，中部地区为568个，西部地区为796个，中西部地区中分别有60%、72.5%的县、市、区是攻坚难点地区。

城乡之间基础教育的巨大不公平很大程度上源于基础教育办学经费的不均衡。2001年国务院发布的《关于基础教育改革与发展的决定》提出：“实现在国务院领导下，由地方政府负责、分级管理、以县为主的体制，县级人民政府对本地农村义务教育负有主要责任。”2005年国务院发布《关于深化农村义务教育经费保障机制改革的通知》，其中提出“把明确中央与地方的责任作为重点”，并提出“经费省级统筹，管理以县为主”，进一步将“地方负责、分级管理、以县为主”进行了深化。然而在现实中，“以县为主”的办学体制被曲解为义务教育经费投入上“以县为主”，这直接导致了财政困难县农村义务教育发展停滞和落后。

机会性不平等。机会性不平等主要表现在：一是高考招生录取各地分数线不一致，当地高校将多数指标留给所在省市，这对于非本省市的考生来讲是不公平的，尤其是教育资源丰富省市如北京、上海每年高考录取名单公布之后，都会引起较大争议。二是乱加分现象。2016 年多地曝出中考加分特殊政策，如“在银川投资 500 万可让子女录取分数降 10 分”“昆明中考七分之一人获加分”“呼和浩特从事环卫工作 10 年以上，子女中考可加 4 分……”这是存在于各地的加分乱象，通过加分将分数变成某些群体的利益，甚至存在买卖加分的现象，将分数与金钱或权力挂钩，这无疑会严重破坏教育公平性。

4. 文化权利贫困。贫困地区的文化发展必然是相对落后的，农村地区的贫困导致其没有多余的资金投入到文化事业的发展上，而相对落后、封闭和保守的文化又进一步限制了贫困地区群众素质的提高以及弱化了群众脱贫的动力，导致贫困群众陷入一种恶性循环之中。当前我国农村文化权利贫困主要存在的问题有：农村文化事业发展投入少、农村文化形式匮乏、城乡发展水平差距大、城乡文化管理体制失衡等。

（三）造成农民权利贫困的原因

1. 城乡二元体制。城乡二元结构体制是贫困地区农民权利贫困的历史性根源。城乡二元对立经济结构使得城乡居民之间不仅在经济收入方面存在较大的差距，在政治、社会权利方面同样有较大的不平等，例如教育、就业、医疗卫生等方面。另一方面，长久以来城镇化的过程中，城市的扩张对农村土地资源、劳动力等方面都造成了较大程度的侵害。与此同时，在整个市场化的环境下，农民作为市场参与主体，在文化素质、获取信息、抵抗市场风险等方面均处于弱势地位，使得农村市场主体在参与市场活动的各个环节中均容易受到利益损失。城镇化与城乡经济一体化是推动我国从城乡二元经济结构向现代化城乡一体化经济结构转变的过程，在这个过程中，需要依靠城市和农村两方面的力量，既要依靠城市辐射农村，又要依靠农村加快城镇化和农业产业化。同时应当及时对城乡二元对立所依托的户籍制度进行改革和完善，逐步取消户籍制度所带来的身份差别以及弥补农民实际权利的缺失，保障农民的公民基本权利不再继续受到剥夺和损害。

2. 法律与制度的缺位。首先，关于国际人权公约等规定的一些重要基本权利在我国的宪法公民基本权利中没有体现，例如迁徙自由等。其次，涉及公民权利的保护方面，法律往往对城市居民和农民采取差别对待的态度，造成农民不能享受到与城市居民相平等的权利。当前我国众多涉及农民权利的法律，在农民权利保障方面，国家应当承担的责任和义务并不明确，造成在法律和制度上对农民权利的忽视。与此同时在立法的时候，往往缺少农民的参与，导致既缺少对农民权利的关注，又缺少目前法律对农民权利保障的落实措施。而当前，很多政府在“土地财政”巨大利益的驱使下，对农民土地予取予求。在这个过程中政府不仅没有成为农民权利的捍卫者，反而成了农民权利的侵害者。在很多时候，农民的很多权利诉求都无法找到合法有效的途径，而采取一些比较极端的方式寻求问题的解决，对于社会稳定产生了极大隐患。许多地方政府出台了众多涉及“三农”问题的地方性法规、规章和政策，对这些政策性文件必须进行梳理、修订和补充，对其中明显侵犯农民权利的要取消和废止。

（四）农民能力贫困、权利贫困和农民阶层固化的关系

农民能力贫困和权利贫困对于农村的影响是全方位的，既包括经济层面，也包括社会与政治层面。农民的能力贫困和权利贫困会直接导致农民经济收入水平低下，与城市居民之间的收入差距不断扩大，随之而来的就是农民和农村在政治、社会、文化等方面全面的贫困与落后以及贫困的代际传递。农民的能力贫困和权利贫困共同导致了农民阶层固化，与农民阶层固化相伴而生的，一方面可能是农村陷入一潭死水难以改变的境地，另

一方面可能导致农村基层社会动荡，甚至危及农村的基层政权。

农民阶层固化与农民权利贫困、能力贫困互为因果，阶层固化强化了农民的收入贫困，导致农民无法获得充足的社会资本与知识资本，导致农民阶层失去向上流动的推动力，从而导致农民阶层进一步固化。农民的阶层固化同样会导致农民不能充分享受与城市居民同等的公民权利，进一步加剧农民的经济贫困。农民的权利贫困、能力贫困与农民的阶层固化形成了贫困恶性循环，打破这样的恶性循环需要多种外部社会力量的介入，政府应该承担起相应的责任与义务，强化对农村的人力资本投资，提升农民的综合素质与能力，同时努力消除社会阶层流动壁垒，实现发展机会的平等，让每一个人享有公平发展的机会。

·第三章·

二元结构下的贫困流动

作为世界上最大的发展中国家，中国存在较强的二元经济结构，表现在城乡收入、收入消费结构、产业发展等各个方面。改革开放以来，客观来看，二元经济结构对经济的快速发展产生了一定的积极作用，尤其是大量农村剩余劳动力的转移提供了充足、廉价的劳动力，形成人口红利，对经济增长的贡献极大。但与此同时，二元经济结构的转换也是发展中国家普遍面临的重要战略问题，更是我国迫切需要解决的实际问题。

一、中国二元经济结构的概念与特征

（一）二元经济结构的概念与主要指标

1. 二元经济结构的概念。二元经济结构理论是发展经济学中的奠基性理论。20 世纪 50 年代，美国经济学家刘易斯创立了二元经济结构模型。首先将国民经济分为两个部门：一个是传统农业部门，它以自给自足的传统农业为主体，劳动力和土地是主要投入的资源要素，以传统生产方式生产，劳动生产率和收入水平都较低；另一个是现代工业部门，它以现代化的工业为主体，劳动力和资本是主要投入的资源要素，以现代生产方式生产，劳动生产率和工资水平都较高。其次，该模型假设劳动力的无限供给。传统农业部门存在大量剩余劳动力，工业部门在现行工资水平下能够获得充足的劳动力。因此，由于工业部门和农业部门存在的差距，会使传统农业部门的劳动力流入现代工业部门。

拉尼斯、费景汉对刘易斯的模型进行了发展：强调了传统农业部门自身的发展，农业部门不仅向工业部门提供了劳动力，也向其提供了农业剩余；强调了技术进步对经济发展的重要作用；还强调了人口增长对劳动力转移的影响，为发展中国家控制人口提供了理论依据。

学界一般将三者的观点合一，统称为“刘-拉-费”模型。上述这些模型从不同视角解释了发展中国家的二元经济结构问题，从理论上为分析中国的二元经济结构提供了重要参考。但与此同时，中国与其他发展中国家有着不同的外部环境、经济发展、历史演进、制度变迁，其二元经济结构的形成又存在特殊性。

2. 中国二元经济结构的主要指标。改革开放以来，中国经济持续高速增长。2016 年国内生产总值已经达到 74.4 万亿元，成为世界第二大经济体。近几年虽然国内生产总值增速放缓，但仍处于中高速运行中。除了经济总量的持续增长外，我国的经济结构也处在不断调整之中。两个总括性的指标可以反映经济结构的转变，一个是工业化水平，一个是城镇化水平。工业化表现为各产业产值的结构变动，城镇化反映的是就业与人口结构的变动。从工业化水平看，从 2009 年开始，中国第二、三产业产值占国内生产总值的比重超过 90%，到 2015 年，已经占到 91.1%；从城镇化水平看，从 2011 年开始，中国城镇人口数超过农村人口，2015 年中国城镇化率达到 56.1%；从人口结构上看，中国从农村人口主导的经济体转换为城镇人口主导的经济体。中国在经济总量、经济结构上都发生了趋势性变化，但是经济总量的持续增长并未推动二元经济结构的快速转变，城乡之间发展依然不平衡，存在较大差距。

为了衡量二元经济结构的强度，一般都将比较劳动生产率、二元对比系数和二元反差系数作为主要指标。

比较劳动生产率计算的是一个部门的产值比重与其就业人数比重的比

率，农业和工业的比较劳动生产率差距越大，经济的二元性越强。从表 3-1 中可以看出，从 2011 年到 2015 年，我国农业比较劳动生产率呈稳定上升趋势，非农业比较劳动生产率呈稳定下降趋势，这说明近年来，经济二元性呈降低态势。

二元对比系数，是农业比较劳动生产率与非农业比较劳动生产率的比值。按照国际经验，一般发达国家的对比系数为 0.52~0.86，发展中国家一般为 0.31~0.45。表 3-1 中我国的二元对比系数还不到 0.3，虽然近 5 年来一直处于上升态势，但总体与国际水平相比还存在较大差距。

二元反差系数，是非农业产值比重与劳动力比重之差的绝对值。它与二元比较系数相反，反差指数越小，则农业和工业的差距越小，经济二元性越不明显。2011 年以来，我国的二元反差系数一直呈下降趋势，经济二元性也在逐步降低。

表 3-1 2011—2015 年中国二元经济结构主要指标情况①

	2011 年	2012 年	2013 年	2014 年	2015 年
农业比较劳动生产率（%）	0.27	0.28	0.30	0.31	0.31
非农业比较劳动生产率（%）	1.39	1.36	1.32	1.29	1.27
二元对比系数	0.19	0.21	0.22	0.24	0.24
二元反差系数	0.25	0.24	0.22	0.20	0.20

这 3 个核心指标都集中反映了经济二元性的核心特征，即农业部门与工业部门的异质性。从更长远的历史数据看，这 3 个指标在 1949 年后有升有降，改革开放后，二元性得到缓解，但随着改革的深入，二元性也有更为突出的阶段。从表 3-1 显示的近 5 年的数据中，可以看到经济二元性又开始继续缓解，这说明国家在“三农”领域、新型城镇化、扶贫、社保等

① 数据来源于国家统计局网站。

领域的扶持政策显现了一定的成果；但同时还要指出，我国同国际水平的差距还十分明显，如何保证经济二元性结构持续、稳定缩小与缓解，还需要继续深化改革。

（二）中国二元经济结构的主要特征

中国二元经济结构不单单是经济结构的问题，而是反映在整个经济社会体制变迁的过程中。首先，关于中国二元经济结构的形态有不同的讨论，尤其是将农村的非农业生产部门纳入二元结构的讨论对于二元经济结构的阐释和转换有重要意义。与二元经济结构相关的各种经济、社会制度都具有明显的二元性，它们共同作用，形成了当前中国二元经济结构的特征。

1. 关于结构形态的争论。二元经济结构理论是从国外传入的，许多学者结合本土化经验，对中国二元经济结构的形态进行了很多深度思考，得出了不同的结论。在二元经济结构的基础上又提出了“双层二元结构论”“三元结构论”“四元结构论”“多元结构论”等结论。实际上，尽管提法众多，但主要都是将国民经济划分为不同的部门系统，然后就不同部门之间的关系、要素流动、转化等方面进行讨论，细化对传统农业部门和现代工业部门的简单二分。其中很多学者都将农村工业纳入二元经济结构的讨论中。这是因为一方面农村工业确实在农村的经济发展中具有重要意义，另一方面农村内部农民收入差距拉大，成为不容忽视的现状。具体情况如下：

除了传统农业和现代工业的划分，由于乡镇企业的崛起，农村也存在以农村工业为主的非农业生产部门。20 世纪 80 年代，为了促进农村的经济发展，防止农民过多、过快流入城市，国家鼓励农民创办工业，支持村办企业发展，形成“离土不离乡”、通过乡镇企业实现农村工业化的政策要求。

根据国家统计局的数据，到 2012 年，我国农村从事非农业生产的人员有 49.8%，接近 50%。说明当前在农村有近一半的农民都在非农业生产部门就业。其中，农村服务业的发展对于推动农村工业化有着重要意义。以乡村旅游业为例，2017 年中央 1 号文件就提出要“壮大新产业新业态，拓展农业产业链价值链”，要求大力发展乡村休闲旅游产业，“发展富有乡村特色的民宿和养生养老基地，鼓励农村集体经济组织创办乡村旅游合作社，或与社会资本联办乡村旅游企业”。根据农业部的数据，2015 年全国休闲农业和乡村旅游接待游客超过 22 亿人次，营业收入超过 4400 亿元，从业人员 790 万人，其中农民从业人员 630 万人，带动 550 万户农民受益。

由上可见，农村工业的发展在拉动经济增长能力、带动就业人数、发展前景等方面都不能被忽视，因此有必要将其作为一个分析维度纳入传统农业部门与现代工业部门的划分中。除了农村工业发展视角，还应注意到农村内部收入差距。

表 3-2　2012 年按收入五等分农村居民家庭收入和支出情况

年人均纯收入	低收入户	中等偏下户	中等收入户	中等偏上户	高收入户
	2316.2 元	4807.5 元	7041 元	10142.1 元	19008.9 元
年人均消费支出	低收入户	中等偏下户	中等收入户	中等偏上户	高收入户
	3742.3 元	4464.3 元	5430.3 元	6924.2 元	10275.3 元

以 2012 年为例，如表 3-2 所示，该年度农村居民低收入户人均纯收入为 2316.2 元，而高收入户人均纯收入为 19008.9 元，后者是前者的 8.2 倍多，收入差距十分明显。消费支出数据也显示，2012 年，农村居民高收入户人均消费支出约是低收入户的 2.75 倍。因此，除了整个城乡之间的经济发展失衡，在呈现二元状态的同时，农村内部不同农户之间的经济条件也差距甚大。

2. 居民收入与消费的二元结构。城乡居民收入的差距是测度经济二元结构的重要方面。居民收入差距反映了经济发展成果在不同社会群体中的惠及程度，而且城乡居民收入差距会直接影响消费水平。居民的消费水平对经济增长产生了重要影响。城乡居民的收入与消费都关系居民的生活水平与生活质量。对于经济发展而言，居民消费主导经济增长才具有可持续性，扩大内需对于提高发展质量和效益、优化经济结构，保障和改善民生都有重要意义。如表3-3所示，2013—2015年，城乡居民收入都持续增长，平均年增幅9.3%，城镇居民人均可支配收入2015年首次超过3万元，农村居民可支配收入也在2014年超过1万元。但城乡收入差距还是较大，2015年城镇居民收入是农村居民的2.7倍多。

表3-3 城乡居民人均可支配收入情况

	2013年	2014年	2015年
城镇居民	26467元	28844元	31195元
农村居民	9430元	10489元	11422元
城乡收入比	2.8	2.7	2.7

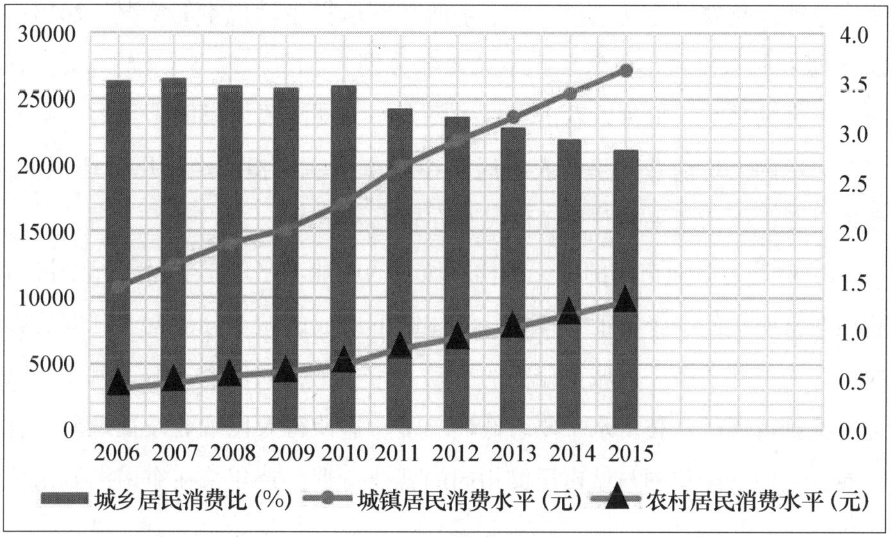

图3-1 城乡居民消费水平情况

在中国这样一个依旧有着庞大农村人口的发展中国家中，农村居民的消费水平对经济发展的作用不容小觑。从图 3-1 中可以看到，2006—2015 年城乡居民消费水平一直持续增长，2015 年城市居民消费水平已经达到 2.7 万余元，农村居民也接近 1 万元。城乡差距从 3.5 倍下降到 2.8 倍。对比表 3-3，城乡收入比要略小于消费比，可见农村的消费市场还存在很大潜力，农民的消费水平亟待提高，农民的消费需求还亟待满足。考察城乡居民消费差距，除了整体消费水平外，还应考虑支出结构，其中恩格尔系数是重要衡量指标。截至 2012 年我国农村恩格尔系数为 39.3%，城镇恩格尔系数为 36.2%，城乡差距缩减至 3.1%，城乡居民耐用消费品拥有量也存在一定差距。总之，城乡之间消费水平和消费结构都依旧存在显著差距，但差距呈不断缩小趋势。

城乡二元经济结构下，城乡人口流动成为常态，农村居民城市生活负担承载系数[①]这一指标，既能够说明城乡收入、消费在总量和结构上的差距，也能反映农村流动人口在城市生活时所承担生活成本的情况。2013—2015 年农村居民城市生活负担承载系数分别为 51%、52.5%、53.4%，有缓慢上升的趋势，但可以看出农村居民人均可支配收入只能满足约一半的城镇居民的人均消费水平。农村居民在城市生活承担的经济压力还很大，所能享受的生活水平还与城镇居民存在较大差距。

3. 劳动力就业市场的二元结构。城乡的就业不平等是中国二元经济结构中非常明显的一个特征。计划经济体制下形成的城乡分治就业制度的影响至今未全部消除。在城乡分割的劳动力市场下，农民进入城市就业，只能寻找到待遇低、技术水平要求低的工种。这使得农民就业歧视现象一直存在，农民并未得到与城市居民相同的就业待遇。近年来在东南沿海出现

① 农村居民城市生活负担承载系数=农村居民人均工资收入÷城市居民人均消费支出×100%，反映农村居民承担城市生活成本的能力。

的民工荒现象，某种程度上也与长期以来的就业歧视相关。

农村村民居住分散，信息相对闭塞，平均受教育程度较低，国家提供的就业培训服务项目较少，这导致农民在城市的劳动力市场上竞争水平较低，而且缺乏失业保险、养老保险等制度保障。因此在就业市场、就业培训、就业保障等方面城乡之间的差距还需要不断缩小。

4. 社会保障体制的二元结构。二元的户籍制度和就业制度，也让社会保障体制的二元结构更为明显。城乡之间保障制度“分而治之”，导致在保障水平上存在差距，而且城乡之间制度的衔接并不顺畅。

以医疗保障为例，城市的城镇职工、城镇居民医疗保险与农村的新农合分属不同的体系管理，保障水平也存在明显差距。我国有超过 2 亿规模的流动人口，但基本医疗保险异地就医报销制度还未完全建立，流动人口一旦支出大额医疗费用，便面临家庭灾难性医疗支出的困境，导致“因病致贫”“因病返贫”。而且城乡的低保标准也存在差距，按照民政部网站公布的数据，2017 年第一季度的标准，全国城市低保标准平均为 6440 元/年，农村仅为 4481 元/年，相差约 1.44 倍。

5. 市场制度体系的二元结构。在城市，由于社会分工和商品交易发达，形成了较为完善的市场体系。农村在改革开放后，通过一系列经济体制改革，市场经济也得到发展。但农村的市场化程度还远低于城市，很多方面的要素市场都未发展起来。比如在土地市场、金融市场等方面，城乡在信息、劳动力、技术、资金等方面差距拉大。

例如土地制度上，城市土地属于国家所有，农村土地属于集体所有。城市土地在相对完善的制度体系下可自由流转，房地产市场十分成熟；但农村的土地在现有的制度框架下，并不能完全进入市场，也不能进行抵押，只能先由国家征用改变土地性质之后才能获利。金融制度上，城市有着成熟的银行信贷体系，但至今农民贷款都会遇到各种困难。在当前脱贫攻坚的系列政策推动下，各地也出台了一些政策，根据农民的不同信用等级，由金融机构给予不同的低息贷款。

二、二元经济结构下的人口流动

（一）二元经济结构下人口流动的动因与现状

1. 二元经济结构下人口流动的背景。在二元经济结构下城乡存在显著差距，在收入与消费、劳动力就业市场、社会保障体系市场制度体系等经济社会多个方面都呈现出二元性特征。到2015年，城乡居民之间的收入还相差2.7倍之多。以上差距的形成与我国形成的工业化、城镇化道路不无关系。计划经济体制下形成了以城市为中心，重工业优先发展的非均衡发展道路。改革开放之前，由于户籍制度的严格限制，农村人口无法向城市正常流动。长期城乡分割的二元体制导致农业部门存在大量剩余劳动力无法转移。

1984年中央1号文件发布后，开始允许农民自筹资金、自理口粮，进入城市务工经商。农村劳动力开始大规模流入城市。农业收入的减少，土地耕作的内卷化形成推力，推动了农村人口流入城市增收致富；东南沿海地区随着改革开放经济迅速发展，产生巨大的劳动力需求，构成了农民流入城市的拉力。在推拉力的综合作用下，农村流动人口作为廉价劳动力，形成人口红利，顺应了经济发展的需求，推动了经济的发展。

2. 二元经济结构下人口流动的主要特征。

（1）流动人口迁移趋势呈现波动性。2011—2014年的4年间，我国流动人口每年增长约800万，到2014年达2.53亿，2015年流动人口的规模略有下降，为2.47亿。根据预期，到2020年、2025年和2030年，我国流动迁移人口总量将增长到2.82亿、3.07亿和3.27亿[①]。由于受到农村新

① 数据来源于国家卫生计生委流动人口司《中国流动人口发展报告2016》。

增劳动力及首次流出人口规模逐渐缩小、40岁以上流动人口逐步回流、中小城市落户政策放宽的因素影响，流动人口的迁移趋势将呈现更大的波动性，人口流出与人口流入并存态势将长期存在。北京、上海等流动人口聚集的特大城市实行的控制城市人口规模、提高落户门槛、疏解中低端产业等政策遏制了流动人口的快速增长；主要流出地的地方政府通过积极的政策引导，经济有所发展，提供了更多本地就业机会。

（2）新生代和40岁以上流动人口比例持续提高。根据“六普”数据推算，流动人口中劳动年龄人口规模为1.82亿，其中“80后”“90后”新生代流动人口占全部劳动年龄流动人口的49.9%，人口规模约9100万。[①] 新生代流动人口成为流动人口主体，也成为产业工人的中坚和新市民的主体。诸多实证研究均证明，新生代流动人口比老一代流动人口的留城意愿更强。

40岁以上流动人口比例持续提高。根据全国农民工监测调查报告，2015年50岁以上农民工人口规模达4967万，占全部农民工人口的17.9%，流动人口中的农民工开始老化[②]。一方面，流动人口整体趋于家庭化，使随迁老人的数量快速增加；另一方面，新生代农民工留城意愿和能力相对更强，且随着居住制度和落户条件的放宽，城市公共设施与服务的不断完善，使该群体的回流比例降低，进而流动人口老化突显。

（3）流动人口流向中心城市比例下降，流向非中心城市比例上升。2015年流向中心城市的跨省流动人口占全国跨省流动人口的54.9%，较之2013年下降了1.9个百分点。与此同时，中心城市以外的其他城市和地区吸纳省内农村户籍流动人口的比例在增加。2015年非中心城市吸纳农村户籍流动人口占全国相应人口的比例为50.5%，较之2013年上升了4.9个百

① 数据来源于国家卫生计生委流动人口司《中国流动人口发展报告2016》。

② 数据来源于国家卫生计生委流动人口司《中国流动人口发展报告2016》。

分点。①

（二）二元经济结构下农村流动人口的市民化进程

党的十八大报告指出要“加快改革户籍制度，有序推进农业转移人口市民化”。农村流动人口的市民化进程对调整优化城乡区域经济结构，扩大内需，促进经济持续健康发展有着重要意义，对于社会的稳定和谐、公平正义有着重要影响。

农村流动人口的市民化滞后直接影响了我国城镇化的质量。在城镇化进程中，农村劳动力流入省内各级城镇或跨省流入各大中小城市务工，进而完成市民化进程，但实际上受到二元经济结构和城乡二元体制的影响，存在诸多困境。主要包括以下方面：

第一，二元经济结构影响了农村流动人口市民化的意愿。在二元经济结构下，农村剩余劳动力受到推拉力影响采取了农民工的就业形态，但其身份转换与职业转换是不一致的。农村流动人口一般都被称为“农民工”，其身份是“农民”，但职业是“工人”，身份与职业的不一致使其在城市受到不同程度的歧视性待遇，在就业状态、生活水平和社会保障上都不如城镇的职工，成为“边缘人”。这种身份与职业的分割在一定程度上减弱了农村流动人口市民化的意愿。

第二，二元经济结构制约了农村流动人口市民化的能力。在二元分割的劳动力市场中，农民工只能在城镇的次级劳动力市场上从事非正规就业，而这些工作稳定性差、劳动强度大、工资待遇和社会福利都较差，限制了他们的发展能力和向上流动的机会。

第三，二元经济结构阻碍了农村流动人口市民化的水平。一方面农村流动人口具有较为强烈的市民化意愿，另一方面其市民化的能力受到制

---

① 数据来源于国家卫生计生委流动人口司《中国流动人口发展报告2016》。

约，能够真正完成市民化的人口比例不高，大多数的农村流动人口只能以“半城镇化”的状态存在。具体体现在农村子女流动人口的教育准入受到限制和教育质量难以保证、流动人口居住空间的边缘化及城市贫困空间固化趋势等方面。

当前城镇化过程中存在一些显著问题，这些问题实际上与农村流动人口市民化中的问题是相互关联的，主要表现在以下两组速度的对比上：

一是土地城镇化的速度快于人口城镇化的速度。土地城镇化的症结又在于在分税制的财税体制下，地方政府通过“土地财政”扩大财源的动力强烈，而征地制度不完善，使农民难以实现真正的市民化。

二是户籍人口城镇化的速度慢于常住人口城镇化的速度。这实质上就是农村流动人口市民化的进程滞后的结果。而且还会带来一连串影响，比如削弱城镇化对内需的拉动。如果农村流动人口不是家庭化迁移并定居，其蕴含的庞大消费需求就不能充分释放，而且城乡双向流动导致劳动力不稳定，亦不利于劳动者素质的提升和产业结构升级。

因此，在二元经济结构的背景下，要实现农村流动人口市民化，促进人口城镇化，政府应从以下几点着手：

一是要尊重城市发展规律，加快户籍制度改革。大、中、小城市在整个过程中应发挥不同的作用，大城市要继续发挥吸纳外来人口的重要作用，中小城市、小城镇要根据实际情况放宽落户条件，推进符合条件的农村流动人口在城镇居住落户。要全面实施和不断完善居住证制度，保证居住证持有人能够和城镇户籍居民享受同等的公共服务，以缓解落户政策与流动人口落户意愿相脱节的矛盾。

二是要实现城镇基本公共服务常住人口全覆盖。根据流动人口稳定化、家庭化的趋势，构建以家庭为单位的流动人口公共服务体系，明确城镇政府在其中的职能与责任。制定流动家庭发展扶持策略，兼顾务工人员、流动儿童、随迁家属和老人等各群体的需求。鉴于落户地主要集中在中小城市，就业主要集中在大城市，以及落户是短期行为，而市民化是长期过程的现实，在关注未落户的流动人口群体的同时，不能忽视新落户的城市居民群体，要兼顾服务管理和市民化推进两个方面，在加快有意愿却未落户群体的市民化进程的同时，还要关照新落户居民的社会融入与社会参与状况。

三是关注新生代流动人口的市民化进程。新生代流动人口已经占据了全部劳动年龄流动人口的半壁江山。应进一步提升新生代流动人口的人力资本水平，增强其在劳动力市场中的竞争力和职业稳定性，加强其经济立足和认同感。

四是要加快农村产权制度改革，切实保护农民土地权益。“农民进城”后其耕地撂荒、住房闲置，当前的农村土地制度中还未制定出成熟的进城农民的承包地、宅基地市场化退出机制，难以通过土地流转收益支持其市民化进程。要在农民自愿的基础上，充分考虑农民的当前利益和长远生计，积极探索承包地和宅基地有偿使用和自愿有偿退出机制。

（三）二元经济结构下流出地人口状况与影响

农村人口的流出使农村出现了新的社会现象和发展趋势。从人群上看，人口流出导致了农村留守儿童、留守老人的普遍存在；从农村发展上看，人口流出使农村出现空心化现象。这两大方面对农村的经济发展、社会稳定都有着深重影响。

1. 人口流出导致农村留守儿童、留守老人情况普遍存在。根据 2016 年底民政部发布的全国农村留守儿童摸底排查数据，我国共有农村留守儿童 902 万人。如表 3-4、表 3-5 显示，其中近 90%的农村留守儿童由（外）祖父母监护，有近 32 万人由（外）祖父母或亲戚朋友监护的留守儿童的监护情况较差，而且还有 36 万留守儿童无人监护，家庭监护缺失问题十分突出；农村留守儿童大部分集中在 6~13 岁，占 62%，亦即大部分留守儿童处于小学教育阶段。从分布区域看，主要集中在中西部地区，其中中部省份占比最高，达到463万人，人数在70万以上的省份有江西、四川、贵州、安徽、河南、湖南、湖北等。

表3-4 全国农村留守儿童监护情况表

留守儿童监护情况	（外）祖父母监护	无人监护	一方外出务工，另一方无监护能力	亲戚朋友监护
人数（万人）	805	36	31	30
比重	89.3%	4.0%	3.4%	3.3%

表3-5 全国农村留守儿童年龄结构表

年龄（周岁）	0~5	6~13	14~16
人数（万人）	250	559	92
比重	27.8%	62.0%	10.2%

2016年出台的《国务院关于加强农村留守儿童关爱保护工作的意见》要求，要进一步完善农村留守儿童的关爱服务体系，家庭、政府、社会、市场各主体都应积极承担相应责任。强化家庭监护的主体责任；县乡政府、村委会等基层组织应积极履行职责，发挥监督监管和宣传指导作用；学校和教育部门应加大关爱保护力度。从机制上，要建立健全农村留守儿童救助保护机制，建立强制报告机制，完善应急处置机制、健全评估帮扶机制、强化监护干预机制。从源头上，应在生活居住、日间照料、义务教育、卫生医疗等方面给予农民工家庭帮扶支持；引导扶持农民工返乡创业，以减少儿童留守现象的出现。

此外，青壮年劳动力的外出也导致留守老人的出现，根据国家卫计委2016年的一项针对人口流出集中省份的大规模抽样调查数据显示，留守老人占到老人总体的31.8%，这些留守老人除要耕种自己的耕地外，还要帮助外出子女耕种土地。数据显示留守老人在经济供给、照料提供和精神慰藉方面所获得的支持都低于非留守老人。

2. 人口流出导致农村空心化现象严重。二元经济结构下农村人口的流动导致农村青壮年劳动力短缺，“389961”队伍成为农村的形象代名词。这使得农村土地闲置、产业空洞，在经济、社会、文化上呈现凋敝态势，农村空心化趋势明显。农村空心化的表现具体如下：

（1）农村土地闲置与废弃。到2015年全国流动人口有2.47亿。农村流动人口规模巨大，一方面给城市空间和发展用地带来巨大压力，另一方面由于人力和资本的外流，加之农村的土地产权制度没有实行人口转移与用地增减挂钩的机制，使农村土地呈现出长期闲置、低效利用的状态。农民“人走屋空”，以及宅基地“建新不拆旧”，使农村的空间分布呈现“外扩内空”的形态，原宅基地闲置废弃，新建住宅逐渐向外扩展，村庄用地规模增大，挤压耕地空间。

（2）农村劳动力结构不合理，经济机会缺乏。青壮劳动力的外流，使农村的农业生产和农村发展面临人口老龄化、劳动者素质下降的困境。农村经济机会缺乏，农村土地的非农经济机会很少，农村土地的非农价值主要依赖于城市扩张所致的国家征地。农业劳动力存在的结构性短缺成为农业经济发展的新常态。要治理农村空心化，应增强农业就业的吸引力，破除城乡二元经济结构，促进城乡一体化发展。

（3）农村基础设施与公共服务不完善。由于农村空心化，为提高资源利用效率，降低公共成本，农村基础设施的配置和公共服务的提供开始“上移”，基础设施服务的半径拉大。最为明显的例子便是农村学校“撤点并校”运动，对农村教育资源进行整合，摒弃“村村办校”的方式，实行临近学校进行资源合并。但这却导致农村家庭教育成本提高、辍学率升高等问题。

三、城乡间的贫困转化问题

在城乡二元结构下，城乡间在产业结构、居民收入、社会保障、教育水平等方方面面都存在较大差距。在巨大的推拉力作用下，改革开放以来农村剩余劳动力向城市转移形成大规模流动人口，使农村出现“空心化”现象。城乡协同一体化发展成为重要战略要求。其中农村流动人口的返乡创业、就业是城乡间贫困转化的重要体现。农村流动人口进入城市务工，再返乡从城市回到农村，这种流动人口的双向流动已成为新趋势。农村流动人口返乡后，如何保证其脱贫致富，并且带动更多贫困人口的就业，需要政策上的保障与扶持。同时这也对城乡协同一体化发展，实现“城乡均质化”，消减城乡二元性有重要意义。

（一）农村流动人口返乡创业的动力

城乡巨大差距形成的推拉力，形成了庞大的农村流动人口群体，进城务工也增加了他们的家庭收入，人口流出对家庭经济收入的贡献明显。根据国家卫计委 2016 年针对流动人口集中省份的抽样调查数据，人口流出家庭的人均收入要高于其他家庭，有成员外出的家庭人均年收入为 18414 元，比无人外出家庭高 4998 元。在支出上，有成员外出和无人员外出的家庭人均年支出分别为 13993 元和 10675 元，前者比后者高 3318 元。在住房方面，有成员外出家庭有其他住房比例为 18.9%，比无人外出家庭的比例高 4.3 个百分点。尽管农村流动人口收入与整体生活水平要低于城镇居民，但与不流出农村人口相比已有较大提升。①

改革开放以来，数以亿计的农村劳动力进入城市务工就业，他们为城

① 数据来源于国家卫生计生委流动人口司《中国流动人口发展报告 2016》。

市面貌的改变、工业化和城镇化进程做出了重要贡献。但是由于二元经济结构的限制，户籍制度下的城乡分割，使城市的生活成本高昂、工作环境艰苦。农村流动人口缺少市民化的能力和制度条件。这构成了农村流动人口返乡就业、创业的动力。

（二）农村流动人口返乡创业的现实条件

2015 年，除广东省，沿海经济发展程度较高地区的流动人口就业比重与 2013 年相比均呈下降态势。相较之下，河北、四川、新疆等地区流动人口就业比重则有明显上升，分别提高了 0.9%、0.85%、0.67%。[①] 这说明随着劳动密集型产业不断向内地转移，沿海地区的农村流动人口返乡就业、创业的比例在逐步上升。

农村流动人口返乡创业兴起的现实条件，可以从个人、经济发展背景、政策扶持推动三个层面展开分析：

从个人层面来看，农村流动人口通过在城市务工积累了资金、技能，获取了更多的市场信息，积累了人力资本，这使得城市务工成为其返乡创业的孵化器。

从经济发展背景层面来看，劳动密集型产业从沿海经济发达地区开始不断向中西部地区扩散转移，为农村流动人口返乡创业提供了有利的经济背景。随着东部地区土地、劳动力成本的不断上涨，企业发展面临着生产要素价格大幅提高的危机。中西部地区在土地、劳动力、能源等方面都具有低成本优势，农村流动人口的返乡创业顺应了产业区域转移的潮流。

从政策扶持推动方面来看，2015 年国务院办公厅出台《关于支持农民工等人员返乡创业的意见》，要求健全基础设施和创业服务体系，包括加强基层服务平台和互联网创业线上线下基础设施建设、整合发展农民工返

① 数据来源于国家卫生计生委流动人口司《中国流动人口发展报告 2016》。

乡创业园、强化人员创业培训等扶持政策以及减税降费、财政支持、金融服务等资金扶持政策。发改委推动试点工作，2016 年发布了 116 份县(市、区) 结合新型城镇化开展支持农民工等人员返乡创业试点的通知。

(三) 农村流动人口返乡创业的现实意义

农村流动人口返乡创业对于实现城乡间的贫困转化有着重要意义：

第一，通过返乡创业带动就业，拓展了农村劳动力就业和增收致富的途径。返乡人口的创业很多属于沿海发达地区劳动密集型产业的内地转移，包括服装、制鞋、家具、电子加工，返乡创业就业延续了其产业工人的生命，形成新的收入增长点。同时也吸收了农村中年以上的剩余劳动力，使其通过就业增收。

第二，引入优势资源，促进农业发展方式转变，有助于缩小城乡差距。流动人口流出集中地区也多是工业化、城镇化相对落后，乡镇企业、民营企业经济发展薄弱的地区。农民流动人口返乡创业的同时，也将吸引更多域外资本的进入，成为推动地区产业升级的重要机遇。返乡创业的另一个方向是发展现代农业，通过规模化养殖、种植、加工、流通等环节拉长农业产业链，提高经济效益，推动农业的商品化、规模化和特色化。

第三，推动当地新型城镇化发展。流动人口的返乡创业不是城镇化上的倒退，相反能够推动贫困地区以小城镇为主的城镇化发展，为小城镇的发展提供产业基础，带动资本、劳动力等经济要素的集聚，推动小城镇基础设施的完善。

案例

江苏睢宁县东风村农民网络守业案例

江苏睢宁县东风村创造了 3 个独具特色的“东风村模式”。即以家庭为网络基本经营单位，兼具投资小、经营灵活、利益直接的优势，符合苏北农村农户创业发展实际的“农户+网络+公司”模式；以网络守业为最初自发行为，地方政府敏锐捕捉发展动态，从基础设施建设、生产要素供给等方面给予全程服务保证的“农民自发+政府服务”模式；以农民网络守业信息化带动工业化、工业化推进信息化实践的“工业化+信息化”模式。目前，全村拥有各类网店2000家，1180户从事电子商务。到2015年11月，该村建档立卡低收入农户全部实现脱贫增收，东风村集体经济收入超过20万元。

东风村农民网络守业突破了城乡二元分隔的壁垒，初步走出了一条信息化和工业化融合时代农村发展、农民致富的新路子，有效地克服了农村产业空心化、村庄空心化的弊端，解决了农村劳动力易地转移就业和新农村建设的矛盾，促进了农民就地就近创业和就业。因地制宜地将劳动密集型、生态友好型产业向乡村布局，为家庭创业提供载体和空间，结出了累累的电商扶贫硕果。具体做法如下：

一是创新农村发展环境，引导农民网络守业。随着沙集镇网商的快速发展，宽带、物流、道路等基础设施就越发显得相对滞后。睢宁县扶贫办会同县相关部门对症帮扶，筹建电子商务标准厂房；县经信委积极组织基础电信运营商及时协助沙集镇增铺宽带线路，并请中国电信江苏省分公司将沙集镇列入光纤到户试点；县交通局加强沙集镇相关道路建设改造；县商务局引导物流企业入驻沙集；税务机关对农民网络守业给予税收奖励。同时，当地政府积极破解要素瓶颈制约；县金融办积极协调金融机构，并制定了新的贷款政策；县财政出资1亿元成立小额贷款担保公司；县国土、规划、建设等部门积极解决网销产品生产的用地需求。此外，睢宁以沙集镇东风村为中心，积极规划建设网商工业园区，引导网店入驻电子交易厅。这个方法，既解决了用地需求问题，又提高了沙集网商的管理水平，还为配套产业留足了空间。

二是创新教育培训内容，提高农民守业技能。为吸引农民投身农村电子商务，县扶贫办依托大学生村干部体系，强化专业网络知识培训；会同县职教中心设立专门培训课程，邀请资深网络技术人员，采取视频直播或录播的方式进行远程教育培训。同时，加强市场环境分析、营销技巧运用等培训，协助农民趋利避害，并注重向农民传达现代服务业理念，使农民建立服务意识。此外，邀请成功守业农民现身说法，为守业农民提供成功经验和激励。

三是创新网店监管方式，规范农民守业行为。县扶贫办协助沙集镇网商成立行业协会，外聘管理人才。由镇网商协会牵头，限制同质产品最低销售价格，防止恶性竞争。协会还进行集中推销，降低板材、包装纸箱、五金零件价格。同时，加强农民网店日常监管，对经营较差、信誉欠佳的网店进行线下督导。此外，还协助农民建立一条龙网络销售系统，实现售前沟通交流、售后服务回访、物流查实询问等环节的无缝对接。

案例

返乡创业“领头雁”带动形成“雁群”效应

四川省仪陇县是国家扶贫开发重点县，共有285个贫困村，到2016年有贫困人口7.95万。仪陇县通过“归雁”做“领头雁”，形成雁群效应，带动产业发展，解决贫困人口就业。

第一，打造归雁经济产业园。产业园于2014年5月建成，项目总投资2亿元，占地面积5300多平方米，总建筑面积10万平方米，主要发展服装、电子等劳动密集型产业，为仪陇籍返乡人口打造创业发展平台。并且制定优惠政策，对进驻的创业企业，全额补助前两年的厂房租金。

第二，实行领头雁计划。将返乡创业的“归雁”发展为“领头雁”，在领头雁的带动帮扶下，解决贫困群众的就业问题，拓展贫困群众的就业空间。以当地一家返乡创业的农业开发企业为例，返乡创业企业与贫困户建立利益联结机制，请贫困户托养肉鸡，由贫困户托管果树。当地村庄33户贫困户，有10户与该企业签订了肉鸡托养合同，有28户签订了果蔬托管合同。160人的用工规模，全部面向当地农户，拓宽了农民增收渠道。并定期展开技术培训，真正从观念、思想上帮助农民脱贫致富。

第三，形成“雁群”效应。建立乡友企业回引体系，成立以县委书记为组长的回引领导小组，建立仪陇籍在外创业人才信息库，入库人才达到2000多名，重点人才都有专人沟通衔接。开展专项“回引工程”，由县委、县政府主要领导牵头带队，到长三角、珠三角、成渝经济区等地，召开项目推介会、乡友座谈会，并在全国各地成立商户组织，吸引更多人才返乡创业，带动县域经济发展，贫困农户脱贫致富。

案例

河南兰考县端庄村农民工返乡创业案例

兰考县是“结合新型城镇化开展支持农民工等人员返乡创业试点”县，也是河南省“创建农民工返乡创业示范县试点”。到2017年，全县农民工返乡创业6821人，创业带动就业6.5万人。

在创业服务体系上，兰考县建立了县、乡、村三级创业服务体系，确立了“六个一”工作目标，包括“建立一批返乡创业园区、培育一批返乡创业实体、扶持一批创业项目、培育一批返乡创业‘小老板’、组建一支创业导师团队、表彰一批创业典型”，形成系统化的返乡创业工作方针。其中，固阳镇端庄村通过推动外出务工人员的返乡引导和培训，来实现脱贫致富。

端庄村人均耕地少，自然资源匮乏，农村剩余劳动力较多。针对这一情况，实施扶贫开发整村推进项目以来，端庄村“两委”班子不断加强对外出务工人员的技能培训，拓宽外出务工就业渠道。通过动员年轻人参加“雨露计划”“阳光工程”和科技扶贫项目培训，对年龄较大、无特殊技能的劳动力，与有关部门联系，为村内务工人员寻找务工地点。端庄村实现了村内劳动力有序转移，村民务工收入逐步增加。据统计，2013 年以来，端庄村新增外出务工劳动力 136 人，其中贫困劳动力 74 人。仅此一项，全村年增收 260 万元，人均增收 2400 元。

同时，端庄村“两委”以情招商、以情引商，积极引导外出务工人员回乡兴企办厂，带领更多村民脱贫致富。27 岁的端庄村村民刘岩，以前在浙江省务工，后来回乡投资建设了一个家具板材厂，生意做得红红火火。让刘岩高兴的不是赚了多少钱，而是厂里吸纳了村内 60 多个村民就近上班。“我们是计件付酬，多劳多得，每个工人每月都能挣两三千元。”刘岩说。

目前，在端庄村，像刘岩一样回乡创业的村民有 4 名。他们回乡创办食品加工、家具加工经济实体 4 家，年产值达 2650 万元，共安排贫困劳动力 90 余人就业，其中贫困人口 43 人，年人均工资达 15000 元左右。

四、社会空间重构背景下的贫困空间固化

在经济社会体制改革转型的大背景下，社会空间开始分异重构，这一过程中贫困空间呈现规律性分布。对贫困空间的分析可以从两个视角入手：一个是宏观视角，从全国的贫困地区分布来看贫困空间的状况与转化，我们关注的是区域协同发展与城乡一体化，从区域经济社会发展的角度，重点分析连片特困区的特征、脱贫攻坚的路径；另一个是微观视角，将社会群体，亦即“人”的因素纳入分析视野，来看不同社会群体的居住

聚集特征，尤其以流动人口在城市“城中村”的聚集和固化为关键。这两个视角需相辅相成，在社会空间重构的背景下，要防止、解决贫困空间的固化，既要保证连片特困地区的脱贫，实现区域协同发展，也要关注社会群体的微观居住聚集特征，解决城市中贫困空间“大分散、小集中”的状况，杜绝贫困空间发展成难以改造的“贫民窟”。下面将从这两个视角，对贫困空间的形成、分布特征、解决路径等方面展开讨论。

（一）宏观视角：区域性贫困与减贫路径选择

1. 中国区域性贫困的基本状况。从全国范围看，贫困地区在东、中、西地区的空间分布是不均衡的。按照当前现行的国家农村贫困标准，从贫困人口的规模看，西部地区的农村贫困人口为3600万，中部地区的农村贫困人口为2461万，东部地区的农村贫困人口为956万，其中，西部地区农村贫困人口约是东部地区的3.8倍。东、中、西部地区农村贫困人口占全国农村贫困人口的比重分别为13.6%、35.1%、51.3%。从贫困发生率看，东、中、西部地区的贫困发生率在2014年分别为2.7%、7.5%、12.4%，西部地区约是东部地区的4.6倍。

从省际分布看，2014年农村贫困人口超过500万人的省份有6个，分别为河南、湖南、广西、四川、贵州、云南，其中4个为西部地区省份，2个为中部地区省份。贫困发生率在15%以上的省份有5个，分别为贵州、云南、西藏、甘肃、新疆，全部为西部地区省份。①

东、中、西部的划分还是“粗线条”的。《中国农村扶贫开发纲要（2011—2020年）》指出要按照“集中连片、突出重点、全国统筹、区划完整”的原则，将六盘山区、秦巴山区、武陵山区、乌蒙山区、滇桂黔石漠化区、滇西边境山区、大兴安岭南麓地区、燕山-太行山区、吕梁山区、

① 数据来源于国家统计局《中国农村贫困监测报告2015》。

大别山区、罗霄山区等区域的连片特困地区和已明确实施特殊政策的西藏、四省藏区、新疆南疆三地州，共14个片区作为扶贫攻坚主战场。这些地区的人均县域国内生产总值、人均县域财政一般预算收入、县域农村人均纯收入等经济指标都落后于国内平均水平。从名称上亦可看出，这些片区主要位于山区，受到生态环境脆弱、自然条件恶劣、交通制约等各种因素影响，其经济增长乏力，减贫脱贫难度大。这14个连片特困地区覆盖了全国21个省、680个县，行政区划面积383万平方千米，占全国行政区划总面积的比重接近40%。2014年连片特困地区农村贫困人口为3518万，贫困发生率为17.1%。无论从面积、覆盖范围还是涉及人口规模来看，连片特困地区的脱贫攻坚都具有战略意义。从社会空间的角度看，连片特困地区是当前贫困空间固化在宏观层面的重要表征，贫困空间重构也包括了实现连片特困区经济、社会区域协调一体化发展的意涵。

2. 连片特困地区的特征。空间贫困理论认为，包括地理特征、基础设施、交通区位状况、公共服务等空间特征因素不易改善，因而对贫困的形成和维持有重要影响。连片特困地区实际上就是典型的区域性贫困，是贫困在空间上的集中化体现。因此，这里重点阐述连片特困地区的情况。14个连片特困地区在自然条件、经济发展水平、产业结构、基础设施、贫困状况等各方面都具有一定的同质性，存在着共同的特征，可以归纳为以下几个方面。

（1）贫困人口集中。根据2014年的数据，连片特困地区的农村贫困人口为3518万，占全国农村贫困人口的50%以上。从区域分布上看，贫困人口越来越向区域生态环境脆弱、基础设施条件差、教育科技水平低和社会发展落后的区域集聚，这使连片特困地区的贫困形成、发展与区域的地理位置、自然条件呈现出较强的相关性，贫困空间呈固化的态势。连片特困区生态环境脆弱，主要地形以山地、丘陵、高原为主，有些地区还是限制开发区，呈现极强的地域指向和地缘特征。

（2）致贫原因复杂。首先是前文提到的自然条件因素，主要集中在山区，自然灾害频发。其次是恶劣的自然条件所导致的一系列经济、社会、文化原因。贫困人口集中在山区，交通条件差，产业结构以传统的农业为主，难以吸引外部投资，经济发展落后；人力资本因素也发挥着重要作用，这些地区教育水平低，影响居民就业能力和进入劳动力市场的竞争力；一些片区是少数民族聚集地，保留着传统的民族传统，在观念文化上相对保守，受现代文明影响程度低，保留了旧有的生活习惯和社会习惯。

（3）贫困程度深。由于片区面积大、贫困人口多、贫困时间长，“积贫难返”，存在“人口困难、财政困难、扶贫困难”的状况，反贫困具有艰难性，治贫手段需要具有综合性。2014 年西部地区省份农村贫困人口占全部农村贫困人口的比重为 51. 3%，较之 2010 年的 50. 9%还略有上升。可见扶贫攻坚的“硬骨头”集中在这些片区，常规的扶贫开发手段难以奏效。

3. 连片特困区的减贫路径。连片特困区的脱贫攻坚实际上是在进行社会空间的重构。如何让贫困面积大、贫困人口多、贫困程度深、致贫原因复杂的片区摆脱贫困，成为脱贫攻坚的重大课题。从社会空间重构、防止贫困空间固化的角度，需要强调对原有自然条件的“趋利避害”，充分利用优势资源，发展特色产业，可持续减贫，同时通过易地搬迁、新型城镇化的道路“避开”原有的劣势；还需要强调跨区域协作，区域间互相帮扶，协同发展。因此，连片特困区的减贫路径需要注意以下方面。

一是跨区域协同发展。连片特困区普遍面积大，跨越多个行政单位，多处在省际边界区域，分属不同行政区管辖。因此其减贫脱贫工作必然要牵涉不同行政单位之间的协同合作。在实际操作层面便是省际联动，要通过跨省协作，将省际边界的阻隔效应转化为中介效应，加强片区内部不同单位区划的分工联系，在理念、认知、体制、机制、政策、措施多个层面予以加强。在理念认识上需要打破“属地意识”，认识到跨区域协作对扶贫工作的必要性和重要性；在体制创新上要敢于探索尝试，设立相应的对接平台机制，将省际区域间协作制度化、正规化。比如根据《国务院关于推进重庆市统筹城乡改革和发展的若干意见》，国家协调渝、鄂、湘、黔4省市毗邻地区成立“武陵山经济协作区”，共同编制区域发展规划，协调推进扶贫开发工作。

二是推动连片特困区新型城镇化建设。片区的发展要打破“贫困—人口增长—环境恶化”的恶性循环，改变过度依赖自然资源、破坏生态环境的发展路径，通过优化产业结构、完善空间配置来实现可持续减贫发展。在这一思路下，新型城镇化是重要抓手。片区的新型城镇化的发展要以产业城镇化为支撑，升级原有产业结构和贫困人口收入结构，改变产业基础薄弱、产业类型单一的困境。片区新型城镇化还要以生态文明建设为根本，贫困既是生态环境脆弱的产物，也加剧了生态环境的脆弱。因此要做到扶贫开发与生态文明建设两手抓。二者不是相互对立、非此即彼的关系，可以通过发展生态农业，延伸产业链条、提升科技水平，帮助农民增收致富；可以发展生态工业，培育清洁工业、改造传统工业，调整优化工业布局；还可以发展生态旅游产业，充分利用片区已有的自然景观资源，突出地方特色，建设环境友好型旅游目的地，推动片区的经济、社会、环境协调、可持续发展。

三是做好易地搬迁脱贫工作。易地搬迁矛盾集中、领域综合、工作链条长，被认为是扶贫措施中难度最大的一项工作，也是最难啃的一块硬骨头。《全国“十三五”易地扶贫搬迁规划》中提到“十三五”期间，要加快实施易地扶贫搬迁工程，通过“挪穷窝”“换穷业”“拔穷根”解决约1000万建档立卡贫困人口的稳定脱贫问题。易地搬迁面临着任务繁重、安置资源约束突显、搬迁对象贫困程度深、工程实施难度大等困难。但习近平总书记在讲话中也提到“易地搬迁脱贫一批，是一个不得不为的措施”，要实现社会空间的重构，防止贫困空间的固化，一个重要的措施就是将贫困人口迁离出环境资源禀赋恶劣的地区。易地搬迁脱贫不仅是空间上的位移，而且是系统性的、社会性的迁移。其要面临搬迁对象的新社区融入问题、生产方式转变问题、心理心态适应问题等，还要与新型城镇化进行对接，保证“搬得出、稳得住、能致富”。

案例

陕南易地搬迁案例分析

易地搬迁扶贫是一项复杂的系统工程，主要是将居住在自然条件和生态环境较差地方的贫困户搬迁至基础设施相对完善、生态环境较好的地区，以改善其生活和生产条件，同时进行产业扶贫和技能培训等。易地搬迁过程中面临着搬迁对象确定、安置地点选择、搬迁资金使用管理等问题。陕南地区的安康、汉中、商洛三市在实施避灾扶贫、生态移民搬迁过程中，在政策制定、机制设置、扶贫效果等方面有突出成绩，成为易地扶贫搬迁的样本之一。

首先是搬迁对象的确定问题。陕南采用了定量分析、定性研判与民主评议“三结合”的办法，通过量化贫困标准，避免简单按照建档立卡贫困户数逐年平均分摊指标；民主评议的程序防止了优亲厚友的行为。通过运用“三结合”的筛选方法，保证了识别过程的公开透明。陕南还通过构建信息化管理系统，将搬迁户、拟搬迁户情况进行系统录入、审核比对，接受各方监督。

其次是安置地点的选择。要解决“搬到什么地方去”的问题。陕南总结出“三避开”的集中安置点选择办法，即避开自然灾害易发多发区，避开生态脆弱敏感区等不宜居住区，避开“穷窝挪困窝”，而是选择公路沿线、中心村、城镇近郊等发展条件好、基础设施公共服务相对完备的地区；选择现代农业、工业、旅游景区等产业园区以方便就业的区域。陕南遵循了分类引导与适度集中两个原则，其中分类引导是根据群众情况采取一户一法的安置方式，避免“一刀切”，结合贫困户个人意愿、自己的谋生能力将其安置到相应的地方。选择耕种的群众，就近在中心村安置；有一技之长的从事第二、三产业的群众，引导进入集中或规划的农村新型社区安置；有稳定就业、适应能力强的群众安置到城镇。

第三是搬迁资金的使用管理。陕南按照每个易地搬迁户20万元的标准筹措资金，合理安排搬迁建房资金、产业扶持资金、基础设施和公共服务配套资金的分配比例。到县一级按照家庭人口制定差异化、阶梯式的补助标准，对鳏寡孤独、五保户、无生活自理能力的群体，实行集中建房、集中供养。陕南各市县政府将涉农资金、专项资金、社会捐赠金进行整合，减少项目分头安排、资金分散使用带来的重复浪费。

陕南的易地搬迁扶贫效果整体上是显著的。实施5年多来，陕南城镇化率提高了6%，搬迁群众户均财产性收入净增8.46万元。但同时，在政策执行过程中也出现了一些值得关注的问题。根据学者的调查发现，移民搬迁的过程中出现了“搬富不搬穷”“见户不见人”“移少不移老”“移房不移地”“移家不移产”“移新不移旧”等问题，这也是各地在易地搬迁过程中容易出现的具有普遍性的问题，需要在机制设置、政策执行上不断完善，真正做到“精准扶贫”。

案例

河北涞源县易地搬迁案例

河北省涞源县坚持“政府主导、群众自愿、梯次搬迁、分类指导”的工作原则，探索实施了自然村向主村搬迁、插花搬迁、建移民小区三种搬迁模式，按“群众自愿、统一规划、统一建设、分户监督”的原则，2012—2014年建设完成了17个移民小区，搬迁2147户7025人，实现了“搬得出、稳得住、可发展、能致富”的工作目标。

涞源县是国家扶贫开发工作重点县、燕山-太行山连片特困地区重点县、环首都扶贫开发重点县于一体的“三合一”贫困县。全县有贫困人口7.22万人，其中，有3万人生活在生存环境恶劣、生产资料匮乏区域，很难实现就地脱贫，这是扶贫工作中最难啃的“硬骨头”。移民搬迁作为拔穷根工程，是彻底解决贫困的最有效途径。该县立足县情，以城镇化、产业园区、灾后重建三个载体为依托，进行了大规模的移民搬迁。

1. 突出资源整合，合力推进移民搬迁。在小区建设过程中，涞源县强化资金整合力度，按照“渠道不乱、用途不变、相对集中、重点使用”的原则，加大移民小区建设资金整合力度，整合水、电、路、危房改造等资金，搬迁小区共整合资金3000万元，其中，县级财政配套2100万元，整合部门资金900万元。

2. 强化“三个结合”，全面推进移民搬迁。

一是助力趋势，与灾后重建相结合。按照灾后重建总体规划和省市领导提出的“超过灾前、技术先进、特色鲜明、成为样板”的总体要求，涞源县共启动建设了9个灾后移民小区，安置757户2375人。依托灾后重建，充分扩大了移民空间，加快了小区建设。

二是聚集优势，与城镇化建设相结合。坚持与建设现代化中等城市、推进城镇建设、新农村建设相结合。依托1城3区、5个重点镇、60个中心村总框架，科学规划小区建设，坚持集中安置，鼓励整村或整自然村搬迁，逐步增加县城、重点镇、中心村人口规模，加快幸福乡村建设步伐，推进城镇化进程。

三是以人为本，与群众参与相结合。尊重群众意愿，引导群众参与。在建移民小区过程中，从选址、设计、建设、房屋分配等环节全程让搬迁户参与，积极动员搬迁群众参与项目建设、管理与监督等工作。每个在建小区涉及村都由村民代表推选2名质量监督员全程监督建房工程质量，采取集中建设、分户监督、发现问题及时处理的措施。

3. 构建“三个保障”体系，强力推进移民搬迁。

一是政策组织保障。涞源县成立了县扶贫移民搬迁工作领导小组。在全省组建了第一个移民搬迁办公室，具体负责移民搬迁工作的规划、组织和实施，做到了有牌子、有人员、有办公地点、有经费。同时，有任务的乡、村也明确专人负责移民工作，为移民搬迁工作有序、规范地开展提供了坚强的组织保证。同时，县委、县政府根据全县移民搬迁实际，制定出台了一系列优惠政策：

土地政策：县国土部门在土地使用上，优先满足易地扶贫搬迁的建房需求，采取土地置换—拆旧置换—废弃地开发利用—市场运作等方式，最大限度地满足搬迁需求。

资金政策：按省市要求，县财政在财力紧张的情况下每年在预算中安排资金用于移民搬迁，列入专户管理。以项目为支撑，加大扶贫资金整合力度，水、电、交通等相关部门按各自业务范围围绕搬迁小区做好项目对口上报工作，争取省、市行业部门的大力支持。各单位在安排项目资金时，必须优先完成小区配套项目，使每个小区设施完善，功能齐备。

户籍政策：户籍管理要尊重群众意愿，愿意转为城镇户口的纳入社区居委会统一管理，医保、养老保险、子女上学等享受城镇居民待遇；不愿转的仍保留原村户籍，原待遇不变。

二是制度措施保障。

严格标准。在解决“搬谁”的问题上，涞源县严格遵循搬迁7条标准。搬迁对象为贫困村建档立卡的贫困户，户籍截至向省备案前。

严格程序。在搬迁户的确定上，明确程序、强化措施、严格把关。在广泛宣传发动的基础上，由移民搬迁农户自愿提出申请，报村委会进行资格审查，同时对搬迁户进行公示，并签署意见；再报乡（镇）政府审核、乡（镇）长签字盖章后，报县移民搬迁办公室。

严格审批。县移民搬迁办公室组织人员到村入户核实，同时对照建档立卡资料核对，并根据全县的移民搬迁扶贫规划进行综合平衡，逐户审批，最后确定搬迁户，汇总入档发还乡村，进行第二次公示。做到了户有申请、村有项目实施方案、乡镇有搬迁底册、县有台账，使移民档案管理底数清、思路明、措施硬。这些深入得力的措施既保证了搬迁工作的公正、公开、透明，又为移民搬迁工作的开展奠定了良好的基础。

三是后续产业保障。按照“搬得出、稳得住、可发展、能致富”的总体要求，涞源县为搬迁村谋划了以下三方面后续产业：

就业培训。积极开展劳务输出，利用县职教中心、县就业局、保定天宇培训学校等单位对搬迁村有劳动能力的群众进行订单式培训。培训内容有酒店服务、电气焊、旅游服务、航空票务员等，仅一年中就组织培训6次，培训680人，劳务输出300余人。

兴办来料加工企业。招商引资兴办家庭手工业。利用搬迁村位置优越、交通便利等优势，引进箱包、服装、肠衣等来料加工，促进搬迁户农民就业，增加工资性收入。

发展生态养殖、种植业。充分利用原村山场资源，大力发展生态养殖、种植，鼓励以建合作社形式发挥村里致富带头人作用，带动全村群众共同致富。如上庄乡峨头、南阳峪移民小区依托杏扁产业，户均3亩杏扁林，年人均增收3000元左右。再如烟煤洞乡三道城村利用坡岗次地，造地200亩，种植紫花苜蓿，建设养鸡场，形成“移民—造地—后续产业—集中供养”的良性循环局面，实现了“人退林进”的生态效益。

（二）微观视角：城市贫困空间的固化与重构

1. 城市贫困空间的基本状况。从宏观视角考察贫困空间的固化，更关注区域的整体发展、关注农村与农民的贫困问题；从微观视角来看，则更强调城市的贫困空间，强调城市中不同贫困人口的居住与分布状况，而外来流动人口则是这个群体中的重点。

随着中国社会经济的快速转型发展，城市的贫富差距加剧，城市中的贫困人口也逐渐聚集在某些特定的区域，形成城市贫困空间。城市的贫困空间呈现出“大分散、小集中”的特征。以广州的数据为例，2005 年广州内城区 11.58%的贫困人口分布在 1%的面积上，60%的贫困人口分布在 17.9%的面积上，贫困人口的分布呈弥散型面状扩张。

城市中不同类型的贫困人口，其贫困空间分布状况呈现不同规律。第一种类型是户籍贫困人口，他们在既有贫困空间内和新的贫困空间上固化。一些贫困和低收入人口在城市扩张更新的过程中，被动迁移到了城市边缘区。第二种类型是失地农民，这是在快速城镇化过程中，出现的新的社会群体。由于国家征地进行城镇化建设，郊区的农民失去土地，“农转非”纳入城市的范围内。但这一群体在边缘的集中安置区和城中村内固化，与城市居民在居住空间上分异。第三种类型是流动贫困人口，他们在城市边缘或城中村内廉价的聚居区内固化。流动贫困人口，如果用农村的生活水准去衡量他们的绝对收入并不低，但前文提及的农村居民城市生活负担承载系数仅为 50%左右，其收入难以满足在城市的平均生活水平。流动人口相对流动性强，尽管聚居区内的流动人口构成在发生变化，但这一群体的居住模式和居住区的空间分布却是固化的。

流动人口的居住呈现普遍住房面积小、安全性差、房屋拥有率低的情况。他们主要集中在城中村内，但城中村内出租的房屋生活设施简陋，生活环境较差，存在安全隐患。而且政府对城中村流动人口的管理不到位，因为人口规模大、流动性强，很多城市的城中村都未对流动人口进行登记，所在村委会/居委会也未将流动人口的管理与服务纳入职责范围内。当地社区所提供的服务只限于户籍人口，流动人口无法享受各类社会服务，与当地社区只是租住关系，在社会距离上是相互隔离的。这种居住空间上流动人口的聚集和与其他社会群体的分离，其实还呈现着城乡二元结构的差别，这种城乡的二元只不过从空间距离上缩小了而已。空间上的隔离与排斥，实际上还是生活方式、行为模式上的隔离与排斥，是社会地位和经济地位的隔离与排斥。

2. 城市贫困空间的重构。随着我国经济改革与社会转型的深入，城市贫困空间的固化趋势日益明显，贫困空间的固化将影响经济发展、社会稳定、社区安全、社会和谐、社群融合等方方面面。尤其针对贫困流动人口的城市空间聚集趋势，政府应该采取有效的政策干预，从内到外、从服务到政策来对贫困空间进行重构。

（1）对城中村进行改造的同时，保障贫困流动人口的安置工作。流动人口进入城市呈现普遍性收入低的特点，但面临的却是普遍性高城市生活成本的现实，因此只能通过“压缩性”消费，从城市自发性非正式市场中进行房屋租赁。而城市边缘地区，亦即城中村，便成为首选之地。因此要将城市贫困流动人口纳入城市规划体系之中，整合现有流动人口聚居区。通过对城中村的改造，完善公共服务设施，减少安全隐患，提升生活环境质量。还应综合利用各种力量来探索贫困流动人口的安置区开发，保证贫困流动人口“有所居”，又能承受生活成本。可鼓励外来流动人口数量较多、稳定的大型企业建设职工宿舍，并提供相应的职工服务；在用工企业聚集的地区，鼓励开发商建设一定比例的专门针对农民工群体的低租金租住房；政府规划建设的廉租房、经济适用房等保障性住房由于受到城乡二元体制的影响，难以真正回应流动人口的需求，应进一步建立健全城市廉租房制度，改进和规范经济适用房制度，避免保障性住房集中化和边缘化，形成新贫困空间的固化。

（2）提升城中村等贫困人口聚居社区的公共服务水平，提升贫困流动人口的社区融入感和参与感。通过政府购买社会力量服务的手段，来为贫困流动人口提供差别化服务，满足其社会福利服务需求；通过培育社会组织，来培养居民的自治能力与参与能力，激发社区活力，建构社区社会支持网络，将贫困空间重新打造成有生机活力的城市空间。

（3）借鉴国际上“大混住、小聚居”的经验来探索不同阶层社会群体混居模式的本土经验。通过适度混合，既要避免刻意混居给居住者带来的心理感受和社会后果，也要保证社区认同感的营造，还要保证符合市场经济的规律，保证混居模式的可持续性。通过混居模式的探索来打破贫困空间固化的僵局，重塑社会空间。

·第四章·

贫困流动下的城镇化

城镇化是经济社会发展的客观规律，是人类社会发展要经历的必然阶段。世界著名的经济学家约瑟夫·斯蒂格利茨（Joseph E. Stiglize）曾经预言：美国的新技术革命和中国的城镇化，是21世纪带动世界经济发展的“两大引擎”。目前，我国的城镇化是经济社会发展的关键点和驱动力。然而，伴随着城镇化的不断推进，大量的农村富余劳动力涌入城市，形成大规模的人口流动潮。这些流动人口并非真正的城镇人口，他们无法享受与城镇市民同等的社会待遇和公共服务，进而导致了城镇化进程中流动人口贫困群体的产生。解决好人口流动和贫困流动的问题，是我国今后城镇化建设面临的非常重要的课题。

一、城镇化

（一）城镇化概念的界定

城镇化，起源于拉丁文“Urbanization”一词，最早源于1867年西班牙工程师A. Serda的著作《城镇化基本理论》，这一概念被用来大致描述乡村向城市演变的过程。至20世纪，这一名词已经在全世界范围内被多数学者所接受。20世纪70年代后期，“Urbanization”一词被引入中国学术界并被接受[①]。目前，国内关于“Urbanization”存在两种不同的解释，即

① 聂伟，风笑天. 城镇化：概念、目标、挑战与路径［J］. 学术界，2014（9）.

"城镇化"和"城市化"，主要是由于国内学者对于狭义的城镇和广义的城市的内涵认识不一致造成的。从词义解释上看，城镇化除了包含"城市"还包含"镇"，是一个含义比城市更广泛的概念，更符合我国的国情。西方的"城市化"强调的是人口向城市转移和集中的过程，而我国由于存在大约两万多的中小城镇，城市化进程必然与西方是不同的。为了对这种差异进行区分，我国的正式官方文件中基本都是使用"城镇化"一词。

国内学者对于"城镇化"的定义存在不同形式的解释：胡序威认为城镇化是人类社会的生产和生活方式由乡村型向城市型转化的过程，其具体内涵主要包括四个方面：第一，依附于农村土地的农业劳动力越来越多地向城镇非农产业转移；第二，分散的农村人口逐步向各种类型的城镇地域空间集聚；第三，城镇建设促进城镇物质环境改善和城镇景观地域拓展或更新；第四，城市文明和城市生活方式的传播和扩散。同时认为，以上四个方面的主要内容是相互联系、不可分割的。田雪原认为城镇化与城市化还是有本质区别的。我国强调"以小为主"的城镇化将近 30 年，发挥了应有的作用，输送过相当的正能量，可谓功不可没。但是当前我国城镇化在"以小为主"向"以大为主"过渡中已经行程过半，超大城市的地位、功能和主导作用正在日益明显地展现出来，继续沿用"城镇化"的概念已经不合时宜。丁守海认为城镇化是一个颇具中国特色的概念，具有一定的阶段性，在不同的阶段，其内涵也不相同。同时认为，现在的新型城镇化，虽然摆脱了过去对小城镇的片面依赖，但小城镇仍然扮演着重要角色。

笔者认为：城镇化是一种产业和社会变迁的过程，是人口由农村向城市的流动过程，是第一产业向二、三产业转移的过程。因此，城镇化是以最终实现人的城镇化为目标的过程。

（二）我国城镇化现状及其特征

改革开放以来，国民经济快速持续发展，进一步推动了我国城镇化进程的快速发展。2016 年，我国的城镇常住人口已经达到约 7.93 亿，约是 1978 年城镇常住人口 1.7 亿的 4.66 倍；城镇化率也由 1978 年的 17.92% 提高到 2016 年的 57.35%，年平均提高 1.04 个百分点（见表 4-1）。

表 4-1　1978—2016 年我国城镇化率变化情况分析①

年份	总人口（万）	城镇人口（万）	城镇化率（%）	城镇化率年增长（%）
1978	96259	17245	17.92	0.37
1979	97542	18495	18.96	1.04
1980	98705	19140	19.39	0.43
1981	100072	20171	20.16	0.77
1982	101654	21480	21.13	0.97
1983	103008	22274	21.62	0.49
1984	104357	24017	23.01	1.39
1985	105851	25094	23.71	0.70
1986	107507	26366	24.52	0.81
1987	109300	27674	25.32	0.79
1988	111026	28661	25.81	0.50
1989	112704	29540	26.21	0.40
1990	114333	30195	26.41	0.20
1991	115823	31203	26.94	0.53
1992	117171	32175	27.46	0.52
1993	118517	33173	27.99	0.53

① 数据根据《中国统计年鉴 2016》、2016 年《国民经济和社会发展统计公报》计算得出。

续表

年份	总人口（万）	城镇人口（万）	城镇化率（%）	城镇化率年增长（%）
1994	119850	34169	28.51	0.52
1995	121121	35174	29.04	0.53
1996	122389	39449	30.48	1.44
1997	123626	39449	31.91	1.43
1998	124761	41608	33.35	1.44
1999	125786	43748	34.78	1.43
2000	126743	45906	36.22	1.44
2001	127627	48064	37.66	1.44
2002	128453	50212	39.09	1.43
2003	129227	52376	40.53	1.44
2004	129988	54283	41.76	1.23
2005	130756	56212	42.99	1.23
2006	131448	58288	44.34	1.35
2007	132129	60633	45.89	1.55
2008	132802	62403	46.99	1.10
2009	133450	64512	48.34	1.35
2010	134091	66978	49.95	1.61
2011	134735	69079	51.27	1.32
2012	135404	71182	52.57	1.3
2013	136072	73111	53.73	1.16
2014	136782	74916	54.77	1.04
2015	137462	77116	56.10	1.33
2016	138271	79298	57.35	1.25

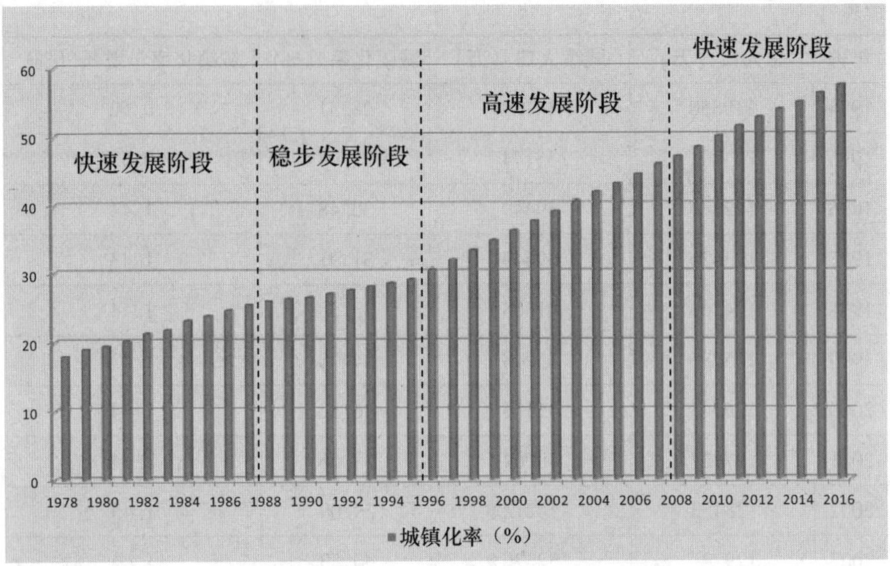

图 4-1　1978—2016 年我国城镇化发展历程

由图 4-1 可以看出：改革开放之后我国的城镇化率在不断提高，2016 年我国城镇总人口量达到 79298 万人，城镇化率达到 57.35%，略高于世界平均水平。

我国在改革开放后的城镇化历程可以分为以下 4 个阶段：（1）1978—1987 年，快速发展阶段。1978 年党的十一届三中全会的召开，拉开了我国由计划经济向市场经济转变的大幕，城镇化的发展得到了更多的关注。城镇化率由 1978 年的 17.92%增长到 1987 年的 25.32%，年平均增长率约为 0.82%。（2）1988—1995 年，稳步发展阶段。随着我国改革开放的深入，城镇化水平稳步上升，城镇化率由 1988 年的 25.81%增长到 1995 年的 29.04%，年平均增长率约为 0.46%。（3）1996—2007 年，高速发展阶段。随着我国综合经济实力的快速提高，城镇化高速发展，城镇化率由 1996 年的 30.48%增长到 2007 年的 45.89%，年平均增长率约为 1.40%。（4）2008—2016 年，快速发展阶段。随着国家“新型城镇化”概念的提出，城镇化稳妥推进，由 2008 年的 46.99%增长到 2016 年的 57.35%，年平均增长率为 1.30%。

虽然我国的城镇化水平在不断提高，但是城镇化质量还处于较低的水平。常住人口的城镇化率与户籍人口的城镇化率之间还有着非常大的差异（见图 4-2）。2016 年我国常住人口城镇化率为 57.35%，而户籍人口城镇化率只有 41.2%，两种不同的统计口径下城镇化率相差 16.15%，说明我国有大约 2.2 亿的城镇常住人口并没有非农业户口，不能享有与城市户籍人口同等的社会福利待遇。

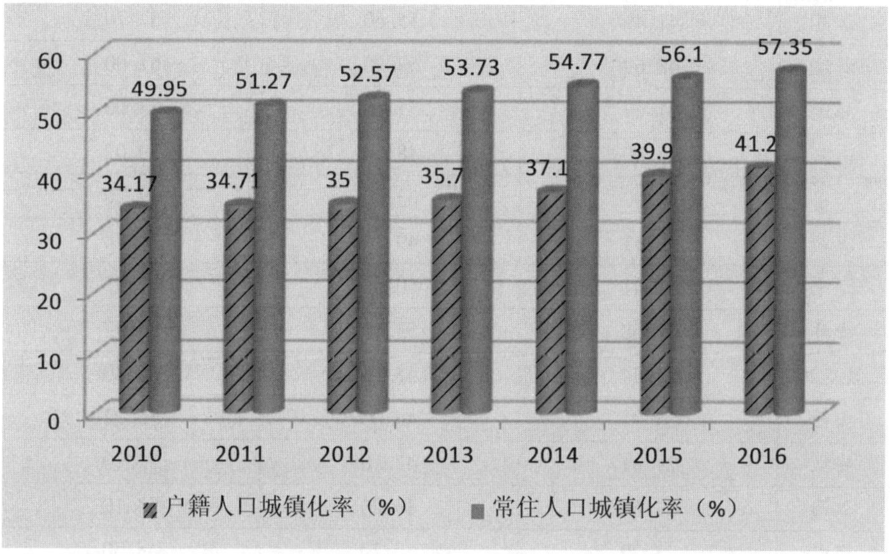

图 4-2　2010—2016 年我国常住人口城镇化率与户籍人口城镇化率对比

我国各地区的城镇化水平呈逐年上升的趋势，但是存在明显的不均衡性，东部、中部、西部和东北地区有着较大的差异。从表 4-2 中可以看出：我国城镇化率呈现明显的东高西低的“阶梯”形特征。上海、北京、天津城镇化水平一直处于第一阵营，而西藏、甘肃、贵州、云南等地区城镇化水平一直处于最低，说明我国的城镇化水平跟地区经济发展状况有着非常大的关系。

表 4-2 2000 年、2010 年、2016 年我国各省份城镇化率对比①

	2000 年常住人口城镇化率（%）	2010 年常住人口城镇化率（%）	2016 年常住人口城镇化率（%）
北京	77.54	85.00	86.50
天津	71.99	78.00	82.93
河北	26.08	43.00	53.32
上海	88.31	88.60	87.60
江苏	41.49	55.60	67.70
浙江	48.69	57.90	67.00
福建	41.47	51.40	63.60
山东	38.00	48.30	59.02
广东	55.00	63.40	69.20
海南	40.11	49.10	56.78
辽宁	52.41	60.40	67.37
吉林	49.68	53.30	55.97
黑龙江	51.54	55.50	58.80
山西	34.91	46.00	56.22
安徽	27.81	42.10	52.00
江西	27.68	43.20	53.10
河南	23.20	30.70	48.50
湖北	40.22	46.00	58.10
湖南	29.75	43.20	52.75
内蒙古	42.68	53.40	61.19
广西	28.15	39.20	48.08

① 数据根据 2000 年、2010 年、2016 年各省（自治区、直辖市）统计公报计算。

续表

	2000 年常住人口城镇化率（%）	2010 年常住人口城镇化率（%）	2016 年常住人口城镇化率（%）
重庆	33.11	51.60	62.60
四川	26.69	38.70	49.21
贵州	23.87	29.90	44.15
云南	23.36	34.00	44.33
陕西	32.26	43.50	55.34
甘肃	24.01	32.70	44.69
青海	34.76	41.90	51.63
宁夏	32.43	46.10	56.29
西藏	18.93	23.80	29.56
新疆	33.82	39.90	48.35

根据2000年、2010年、2016年我国各地区的城镇化水平，兼顾城镇化发展速率，可以将城镇化发展类型分为高城镇化低速发展、高城镇化中速发展、中城镇化高速发展、中城镇化中速发展、中城镇化低速发展、低城镇化高速发展、低城镇化中速发展、低城镇化低速发展八种类型（如表4-3所示）。

表 4-3 我国各地区城镇化发展类型

城镇化发展速率	高	河南、河北、贵州、陕西、云南、四川、甘肃	福建、重庆、山东、湖北	
	一般	青海、安徽、湖南、江西	海南、山西、内蒙古、宁夏	江苏、浙江、辽宁、广东
	低	新疆、西藏、广西	黑龙江、吉林	北京、天津、上海
		低	一般	高
		城镇化发展水平		

通过分析可以发现：大部分省份城镇化发展速度在逐步上升，但是也存在一些地区城镇化发展速度放慢的现象。在2016年城镇化率高于65%的地区中，2010—2016年城镇化发展速度明显低于2000—2010年的地区为北京、上海、天津，主要原因是这3个地区城镇化水平基数较高，城镇化上升潜力较小。同时，黑龙江、吉林、新疆、西藏、广西出现城镇化发展水平不高且发展速度较慢的现象，也是影响国家城镇化发展水平提升的主要地区。

二、城镇化进程中的人口流动

（一）城镇化进程中人口流动的现状

在我国特殊的二元户籍制度背景下，我国的人口流动呈现出与西方国家不同的特征。改革开放以来，我国人口流动日趋活跃，流动人口数量呈逐年上升的趋势，2013年我国流动人口总数已经达到2.45亿。从2000年到2016年，我国的流动人口由1.21亿增加到2.45亿，流动人口占全国人口的比重达17.75%。

2015年，全国人户分离人口及流动人口数量出现首次下降。国家统计局公开数据显示，2015年末全国人户分离人口为2.94亿，比上年末减少约377万，其中流动人口为2.47亿，比上年末减少约600万。

2016年，全国人户分离人口及流动人口数量持续下降。数据显示，2016年末全国人户分离人口为2.92亿，比上年末减少约200万；2016年末全国流动人口为2.45亿，比上年末减少约200万。

受经济条件、社会条件、资源条件的影响，我国东部、中部和西部三大区域经济条件和地理位置各有差异，这是导致我国人口跨区域大规模流动的最主要原因。相关统计数据显示：2015年，我国流动人口总数为2.47亿，其中东部地区流动人口为18451万，占全国流动人口的比重约为

74.7%，比 2000 年提升 17.7 个百分点；中部地区流动人口为 4100 万，占全国流动人口的比重约为 16.6%，比 2000 年下降 3.8 个百分点；西部地区流动人口为 2149 万，占全国流动人口的比重为 8.7%，比 2000 年下降 13.9 个百分点。这说明东部地区现在是流动人口最集中的地方，中部和西部地区占比有所下降。

表 4-4　我国流动人口区域分布情况①

单位：万人

年份	全国	东部	中部	西部
1982	657	253	249	155
1987	1810	792	521	497
1990	2135	1050	619	466
2000	10229	5825	2088	2316
2005	14735	9518	2527	2690
2010	22143	17692	2923	1218
2015	24700	18451	4100	2149

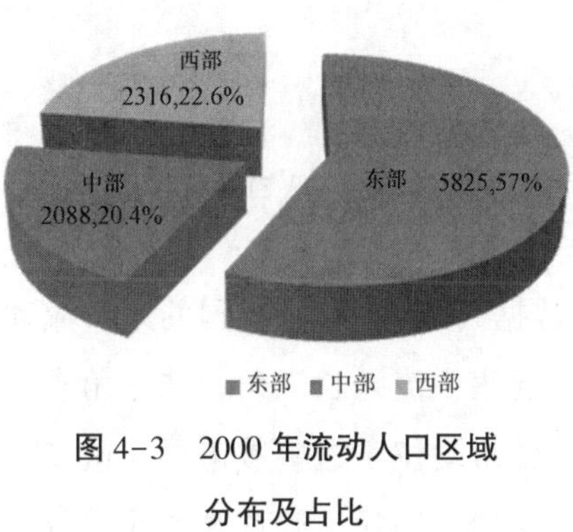

图 4-3　2000 年流动人口区域分布及占比

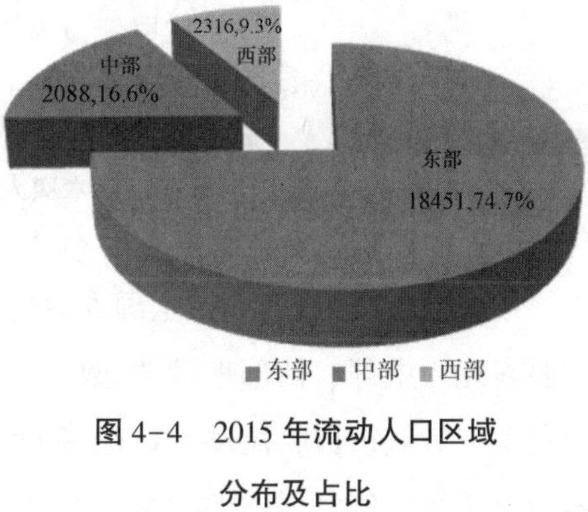

图 4-4　2015 年流动人口区域分布及占比

① 根据《2016 年中国人口发展报告》提供的数据计算。

全国第五次、第六次人口普查数据显示（如图 4-5 所示）：2000—2010 年，全国跨省流动的人口规模从 4241.85 万增加到 8587.63 万，增长 102.40%。其中东部地区由 2000 年的 3315.96 万人增长到 2010 年的 6992.29 万人，增长 110.87%；中部地区由 2000 年的 328.06 万人增长到 2010 年的 554.27 万人，增长 68.95%；西部地区由 2000 年的 597.83 万人增长到 2010 年的 1041.07 万人，增长 74.14%。由此可见，东部地区跨省流动增长最快，西部次之，中部最后。

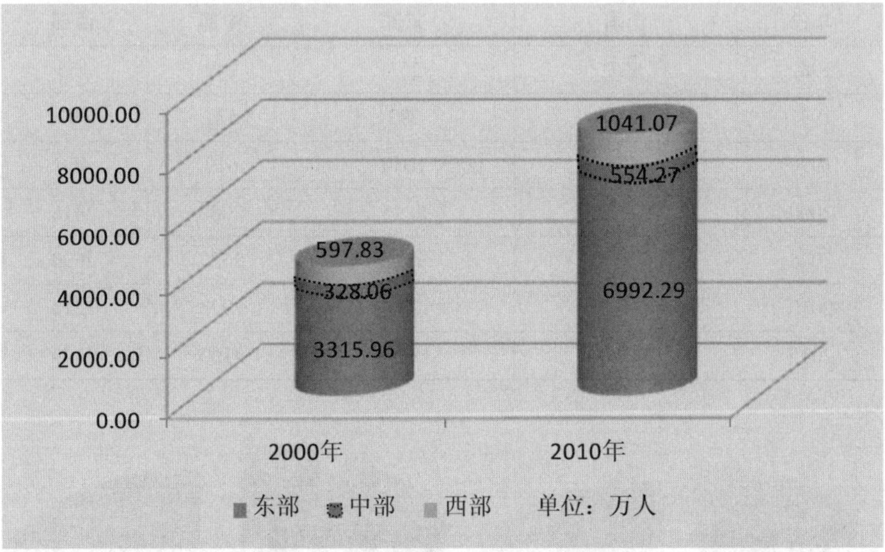

图 4-5　全国第五次、第六次人口普查三大区域流入人口数量

根据 2010 年的第六次全国人口普查数据（表 4-5），我国的人口流动主要表现为中部、西部地区的流出人口主要集中流入长三角、珠三角、京津冀等三大城市群，流动人口最多的七大城市均位于这些城市群。这三大城市群是我国经济增长的引擎，在科技、交通、医疗、教育等方面有着无法超越的优势，因此这三大城市群将持续保持对流动人口强大的吸引力和容纳能力。

表 4-5　第六次人口普查各省区流入、流出人口规模及比重①

省区	流入人口规模（万人）	流出人口规模（万人）	流入人口比重（%）	流出人口比重（%）
合计	22103. 11	22103. 11	100. 02	100. 18
北京	775. 98	98. 97	3. 51	0. 45
天津	343. 94	72. 10	1. 56	0. 33
河北	667. 50	876. 86	3. 02	3. 97
山西	552. 01	567. 17	2. 50	2. 57
内蒙古	612. 87	575. 21	2. 77	2. 60
辽宁	633. 26	556. 01	2. 87	2. 52
吉林	315. 01	406. 65	1. 43	1. 84
黑龙江	421. 48	626. 20	1. 91	2. 83
上海	961. 43	88. 77	4. 35	0. 40
江苏	1566. 63	1134. 59	7. 09	5. 31
浙江	1861. 86	864. 86	8. 42	3. 91
安徽	567. 08	1457. 59	2. 57	6. 59
福建	1024. 41	759. 77	4. 63	3. 44
江西	447. 04	965. 78	2. 02	4. 37
山东	1133. 64	1231. 66	5. 13	5. 57
河南	803. 80	1607. 21	3. 64	7. 27
湖北	732. 63	1220. 25	3. 31	5. 52
湖南	686. 09	1336. 48	3. 10	6. 05
广东	3431. 93	1370. 21	15. 53	6. 20
广西	556. 84	891. 12	2. 52	4. 03
海南	166. 35	135. 08	0. 75	0. 61
重庆	424. 27	680. 44	1. 92	3. 08

① 来源于 2010 年第六次全国人口普查数据。

续表

省区	流入人口规模（万人）	流出人口规模（万人）	流入人口比重（%）	流出人口比重（%）
四川	1038.73	1816.39	4.70	8.22
贵州	414.71	734.24	1.88	3.36
云南	556.00	580.59	2.52	2.63
西藏	26.19	15.17	0.12	0.07
陕西	493.97	592.59	2.23	2.68
甘肃	259.85	375.90	1.18	1.70
青海	99.29	91.66	0.45	0.41
宁夏	129.27	115.01	0.58	0.52
新疆	399.03	249.59	1.81	1.13

通过表4-6分析可以看出：人口流入最活跃的地区分别为广东、上海、浙江、江苏、北京和天津，而人口流出最活跃的地区分别为安徽、河南、四川；人口流入和流出比较稳定的地区有内蒙古、山西、宁夏、青海和西藏。

表4-6 第六次人口普查省内、省级流动人口规模①

省区	省内流动人口规模（万人）	省际流动人口规模（万人）		
		流入	流出	净流入
合计	13515.48	8587.63	8587.63	0.00
北京	71.53	704.45	27.44	677.01
天津	44.78	299.15	27.31	271.84
河北	527.03	140.47	349.83	-209.36
山西	458.84	93.17	108.33	-15.16
内蒙古	468.45	144.42	106.76	37.66
辽宁	454.61	178.65	101.40	77.25

① 来源于2010年第六次全国人口普查数据。

续表

省区	省内流动人口规模（万人）	省际流动人口规模（万人）		
		流入	流出	净流入
吉林	269.36	45.65	137.29	-91.64
黑龙江	370.84	50.64	255.36	-204.72
上海	63.73	828.70	25.03	803.67
江苏	828.70	737.93	305.89	432.04
浙江	679.47	1182.04	185.39	996.65
安徽	495.34	71.75	962.26	-890.51
福建	593.05	431.36	166.73	264.63
江西	387.04	59.99	578.74	-518.75
山东	922.08	211.56	309.57	-98.01
河南	744.59	59.21	862.62	-803.41
湖北	631.27	101.36	588.98	-487.62
湖南	613.59	72.50	722.89	-650.39
广东	1282.15	2149.78	88.06	2061.72
广西	472.66	84.18	418.46	-334.28
海南	107.50	58.85	27.58	31.27
重庆	329.75	94.52	350.69	-256.17
四川	925.88	112.86	890.51	-777.65
贵州	338.38	76.33	404.86	-328.53
云南	432.35	123.65	148.24	-24.59
西藏	9.65	16.54	5.52	11.02
陕西	396.53	97.44	196.06	-98.62
甘肃	216.57	43.28	159.33	-116.05
青海	67.45	31.84	24.21	7.63
宁夏	92.43	36.85	22.58	14.27
新疆	219.86	179.16	29.73	149.43

（二）城镇化进程中人口流动的特征与趋势

人口流动给我国经济带来了巨大的活力，也加快了城镇化的进程。近年来，我国经济发展速度放缓，人口流动呈现出不少新的趋势特征：

第一，人口流动迁移规模仍持续活跃，但后期增速呈现逐渐放缓的趋势。2010—2016 年，我国流动人口年平均增长约 400 万，到 2016 年末达 2.45 亿，比 2014 年、2015 年有所下降。未来一二十年，我国仍处于城镇化快速发展阶段。按照《国家新型城镇化规划》的进程，并根据《2016 年中国人口发展报告》相关数据，预计 2020 年之前，我国的流动迁移人口（包括乡城流动、城城流动及新落户城镇的农业转移人口）每年增长 600 万~700 万；到 2020 年、2025 年、2030 年，我国流动迁移人口总量将增长到 2.82 亿、3.07 亿、3.27 亿左右。随着其中部分农业转移人口逐步落户城镇，流动人口将有所减少，但新落户人口将逐步增多。

第二，东部地区流动人口比重有所下降，中西部地区承载更多省内流动人口。根据第五次、第六次人口普查数据，我国东部地区流动人口约占全国流动人口比重的 2/3。但是从 2013—2015 年统计数据来看，流动人口的区域分布有所改变：2013 年东部地区流动人口占全国流动人口的比例为 75.7%，西部地区为 14.9%；2015 年的相应比例分别为 74.7%、16.6%。同时，相关数据显示，中西部城市的流动人口主要来源于省内，远距离的人口流动较少。由此可见，随着“一带一路”和长江经济带战略的推进，依托省会城市的多个中西部地区省份将成为我国新的人口流动聚集地。

第三，中心城市人口流入比例有所下降，非中心城市人口流入逐渐活跃。直辖市、省会城市等中心城市吸收的跨省流动人口虽然过半，但比例有所下降。中心城市跨省人口占全国跨省流动人口的比例由 2013 年的 56.8%下降到 2015 年的 54.9%，年平均下降约 1%；而中心城市之外的其他城市和地区吸纳省内农村户籍流动人口的比例在增加，人口流入逐渐活跃，流向中心城市之外的其他城市和地区的省内农村户籍流动人口占全国相应人口的比例由 2013 年的 45.6%上升到 2015 年 50.5%，年均上升约 2.5%，这说明受户籍关系、交通区位、生活压力等因素的影响非中心城市对人口流动的吸引力已经开始显现。

第四，人口流动家庭迁徙化趋势加强，流入人口的家庭规模有所扩大。据《2016 年中国人口发展报告》数据统计，2013 年流动人口在流入地的家庭规模为 2.5 人，2015 年则达到 2.61 人，比 2013 年流动人口家庭规模增加了 0.11 人。这说明越来越多的人口流动倾向于家庭一起流动。相关数据显示，人口流动家庭规模只有 1 人的占比为 13.28%，而家庭人口规模为 3 人的占比为 40.94%，说明一家三口流动的趋势更为明显（见图 4-6）。

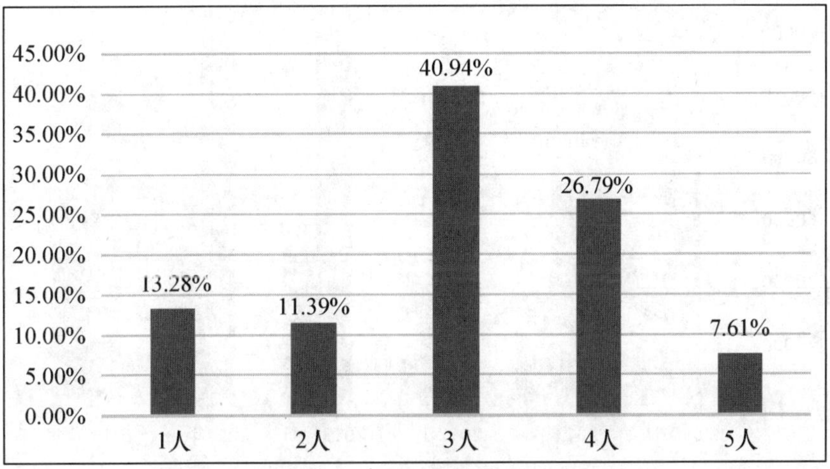

图 4-6 流动人口家庭规模

同时，从流动范围看，省内流动人口的家庭规模大于跨省流动人口的家庭规模。2015 年，省内流动人口的家庭规模为 2.75 人，而省外只有 2.54 人。家庭迁移化的人口流动使流动人口有了更为强烈的留城意愿。

第五，流动人口的居留稳定性持续增强，流动儿童比例相对稳定。

2011 年流动人口动态监测数据显示，新生代的流动人口中约有 70%只流动过一个城市。2016 年流动人口动态监测数据显示，流动人口平均在外流动时间由 2013 年的 4.36 年增加到 2015 年的 4.40 年，说明流动人口在现在居住地的平均居住时间越来越长，流动人口的居留稳定性持续增强。

2010—2015 年流动人口子女中流动儿童和留守儿童的调研数据显示：2010—2013 年流动人口子女总体规模上升，而 2013—2015 年由于流动儿童数量的减少导致流动人口子女规模出现缓慢下降。2010—2015 年，在流动人口子女中，流动儿童占比约为 2/3，明显高于留守儿童占比 1/3，占比数据相对稳定。

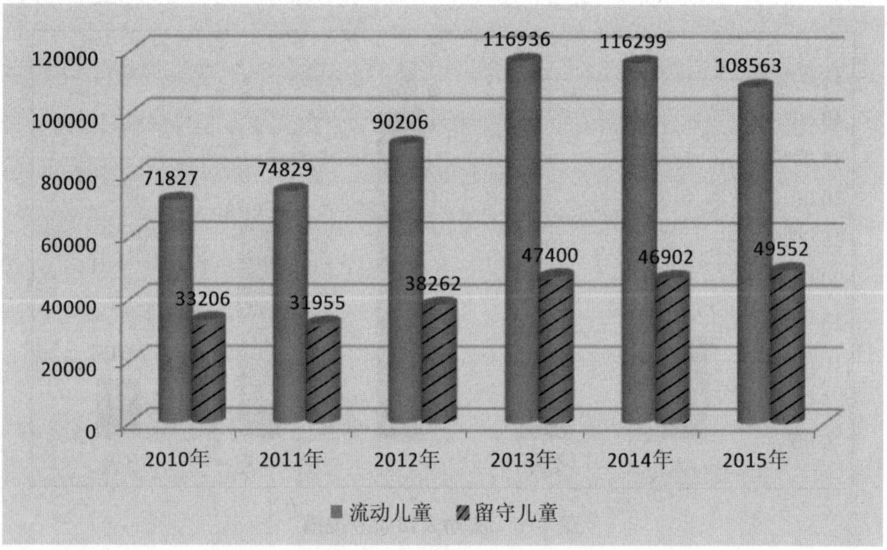

图 4-7　2000—2015 年流动人口子女规模变化

第六，流动老人逐年增加，且在流入地的居留稳定性更强。2010 年第六次全国人口普查数据和 2015 年动态监测数据显示，2010 年 11 月 1 日我国户籍不在原地且离开户口登记地半年以上的 60 岁老人数量达到 934.4 万人，占全部流动人口的5.79%，而到2015年流动人口中60岁以上老人占比达到全部流动人口的7.2%。这说明中国人口老龄化趋势明显，且人口流动更倾向于家庭化流动。老人流动最主要的原因是照顾祖辈和照顾子女（占比约为43%），其次为养老需求（占比约为25.4%），同时务工经商也是老人流动的重要原因（占比约为22.5%）。

2015年动态监测数据显示，流动老人在流入地的居留时间平均为5.5年，且有42.7%的流动老人在居留地的时间长达或超过5年，超过流动人口总体居留年限4.4年，所以总体上来说流动老人的居留稳定性更强。

三、城镇化进程中的贫困流动

改革开放以来，我国城镇化加速发展，农村人口大规模流出。流动人口尤其是农民工成为城镇化发展的重要劳动力资源，促进了我国经济的可持续发展。但是，由于我国特有的“二元制”结构，流动人口基本的生活权利被剥夺，生存和发展状况不容乐观。相关研究表明，我国流动人口中农民工的贫困发生率大约为5%，大约占城市贫困人口比重的40%，是城市新增贫困人口的一大来源。

（一）流动人口的贫困特征

相关研究表明：对流动人口贫困的考察，必须从多个维度进行。流动人口在收入、消费、居住、教育、社会保障等方面都存在一定程度的贫困。

1. 流动人口的收入贫困。流动人口的贫困最主要的表现为收入贫困。随着我国城镇化进程的加速，流动人口贫困成为城市贫困的主要因素之一。相关研究表明，流动人口的贫困发生率为8.3%（低保线）和10.3%（支出上限），比城市贫困人群分别高1.3和1.6个百分点。流动人口的外出流动虽然改善了原本的贫困程度，但是他们的收入水平依旧偏低，与户籍人口的收入差距仍然较大，且低收入比例较高。

2015年流动人口平均月收入4598元，相比2013年、2014年的2883元、3431元，呈逐年增长趋势；但与城镇单位就业人员月平均工资有一定差距，但是呈逐年缩小趋势（如表4-7所示）。而占流动人口比重较大的农民工2016年月平均收入为3275元，比2015年增加203元，低于流动人口月平均收入。

表4-7 流动人口与城镇单位就业人员的工资差异①

年份	流动人口月平均工资（元）	农民工月平均工资（元）	城镇单位就业人员月平均工资（元）	流动人口与城镇单位就业人员差异（元）
2013	2883	2609	4290	1407
2014	3431	2864	4697	1266
2015	4598	3072	5169	571

从不同的收入水平来看，收入水平呈现出“中间高，两头低”的特征，总体上收入差距还是比较明显的（如图4-8所示）。2015年，流动人口的工资水平大多为3000~5000元，占比为34.93%；5000~8000元以上的收入范围的流动人口已属少数，占比为10.87%；8000元以上的仅占5.38%，相比2013年流动人口收入水平虽然有一定幅度的上涨，但是上涨幅度明显低于国内生产总值水平。

由于流入地区经济社会发展程度不同，导致流动人口贫富差异较大。2014年相关数据表明（如表4-8所示）：城镇单位就业人员月平均工资与流动人口月平均工资在不同地区的差距较大，且各地区流动人口月平均工资差距较大。观察表4-8可以得到以下判断：第一，在北京、上海、天津

① 根据2015年流动人口动态监测数据整理。

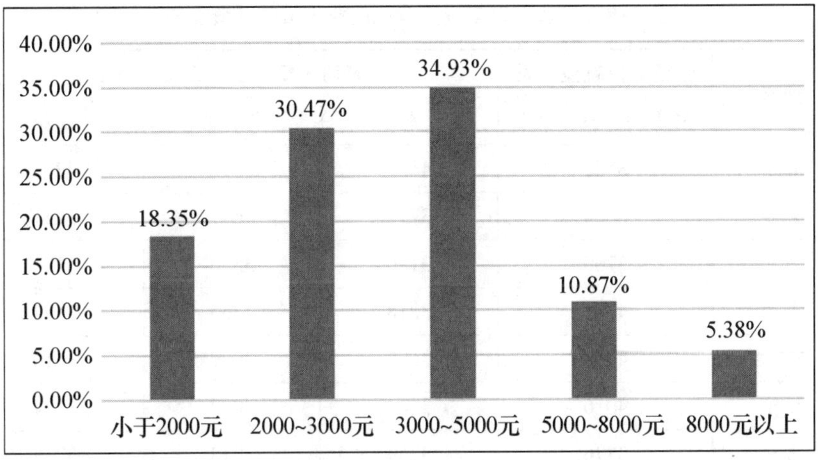

图 4-8　2015 年流动人口平均月收入占比情况

等经济发展水平越高的地区，流动人口的收入水平与城镇单位就业人口收入水平差距越大，其中北京的本地城镇就业人口的收入最高，而流动人口的收入最高地区为上海。第二，全国各地区除了青海和陕西，非农业户口流动人口收入水平都高于农业户口流动人口，而且收入差距超过 1000 元的有 6 个地区，其中上海差距最大，达 4024 元。第三，上海、北京两地的流动人口收入水平最高，其次为西藏、江苏和广东，其余省市流动人口收入呈小幅度递减趋势，黑龙江、四川、河北等地流动人口收入水平较低。第四，非农业户口流动人口收入、农业户口流动人口收入、流动人口总体收入都与流入地区城镇单位就业人口收入有极大的关联关系。其中，流动人口总体收入与流入地区城镇单位就业人口收入相关系数为 0.834，非农业户口流动人口收入与流入地区城镇单位就业人口收入相关系数为 0.798，农业户口流动人口收入与流入地区城镇单位就业人口收入相关系数为 0.693，都表现为较强的关联关系，这说明流动人口的收入水平与流入地区收入水平虽然存在较大的差异，但是都存在极强的关联性（见图 4-9）。

表 4-8 流动人口与城镇单位就业人员的工资差异①

地区	城镇单位就业人员月平均工资（元）	流动人口月平均工资（元）		
		总	非农业	农业
北京	8522	4859	6318	4210
天津	6064	3778	4697	3631
河北	3760	3190	3538	3126
山西	4081	3218	3363	3192
内蒙古	4479	3687	3979	3610
辽宁	4016	3444	4007	3274
吉林	3876	3239	3313	3218
黑龙江	3670	2938	3204	2860
上海	8354	5277	8427	4403
江苏	5072	4292	7090	3907
浙江	5131	3892	4499	3844
安徽	4241	3629	3844	3590
福建	4452	3687	4047	3662
江西	3852	3733	4314	3613
山东	4319	3420	3953	3359
河南	3515	3440	3445	3427
湖北	4153	3752	3945	3714
湖南	3926	3422	3769	3371
广东	4957	4013	5245	3823
广西	3785	3293	3712	3207
海南	4157	3947	4220	3861
重庆	4632	3489	3796	3351

① 根据 2014 年流动人口动态监测数据以及《中国统计年鉴 2015》计算。

续表

地区	城镇单位就业人员月平均工资（元）	流动人口月平均工资（元）		
		总	非农业	农业
四川	4380	3073	3376	3009
贵州	4398	3766	4129	3710
云南	3842	3252	3820	3189
西藏	5103	4458	6397	4233
陕西	4211	3738	3587	3760
甘肃	3913	3879	4270	3794
青海	4757	3846	3726	3859
宁夏	4572	3448	3843	3385
新疆	4456	3506	3866	3426

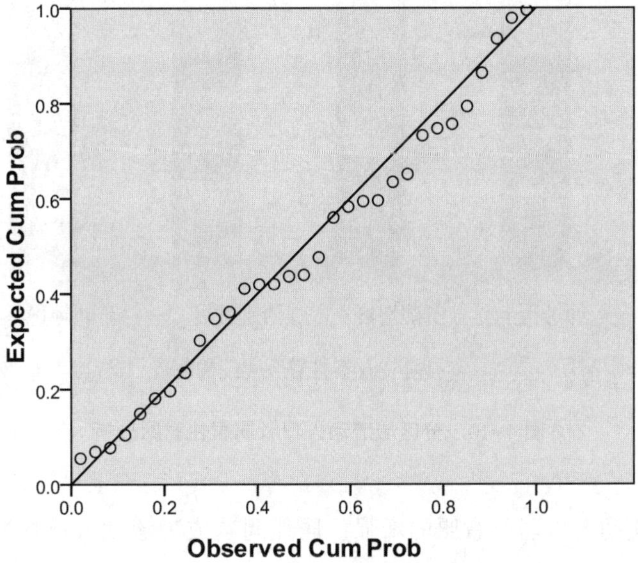

图 4-9 流动人口总体收入与流入地区城镇单位就业人口收入拟合图

总之，虽然流动人口之间由于流入地区的不同，收入存在较大的差异，但是总体来说，流动人口的收入与城市居民的收入相比还是比较低的，贫困发生率略高于城市贫困人群。

2. 流动人口的居住贫困。随着工业化发展和城市化进程的加快，我国已经出现大规模非农化就业转移，但并没有出现大规模的乡城永久定居转移①。近年来，流动人口已经成为城市常住人口的重要组成部分，而且长期定居倾向意愿强烈。2015 年国家流动人口监测数据显示，全国范围内流动人口长期居住意愿（5 年以上）都在 50%以上，东北地区高达 69.18%；而不打算在流入地长期居住的流动人口占比都低于 14%，说明流动人口主观上具有较强的居留意愿（如图 4-10 所示）。

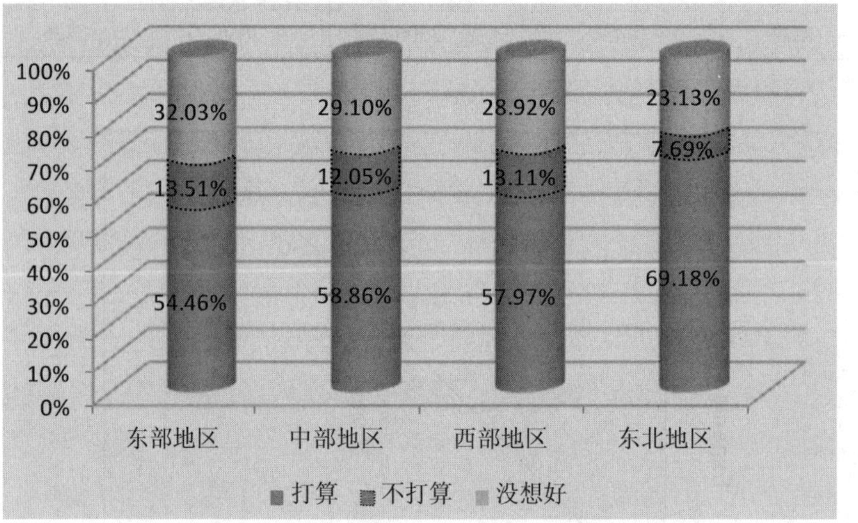

图 4-10 分区域流动人口长期居住意愿分析

由于流动人口居留意愿的增强，居住问题成为流动人口在城市生活中

① 辜胜阻，刘传江．人口流动与农村城镇化战略管理［M］．武汉：华中科技大学出版社，2000.

最紧急、最基础的问题之一。流动人口绝大部分是没有能力购买流入城市住房的，只能租房，而租房开支是流动人口在外生活非常重要的部分。由于他们一般收入较低，所以居住环境一般较差，而且为了工作方便，他们的居住方式往往与职业联系比较紧密。

流动人口的住房主要是以租房或寄居为主，购房定居比例很低（2014年数据显示，流动人口在城市里、城镇上拥有房屋所有权的比例最小，仅为1%）。除了购房定居者，其余流动人口的居住方式主要有三类：一是租住于“城中村”或者城市边缘地区，二是居住在雇主或单位提供的居住场所，三是在城市中租房或寄居在雇主家中[①]。2014年全国流动人口调查显示，大约36.9%的流动人口的居住方式为租赁，28.3%的流动人口居住方式为企业提供的集体宿舍。刘厚莲的相关研究数据表明[②]：2013年在五大特大城市中流动人口住房来源主要为租住私房，租住私房比例最高的为深圳，达到83.4%；而住房自有率最高的为天津，达到13.6%，说明天津流动人口社会融合水平较高；各大城市流动人口住房来源为廉租房、公租房和保障性住房比例较低，说明流动人口基本难以满足获取公租房和保障房的条件。以天津市为例，城镇常住人口家庭住房来源中，租住廉租房比例为2.65%，购买经济适用房比例为2.24%，享受保障性住房政策的比例达到4.89%，远高于流动人口享受保障性住房比例（0.8%），即城镇本地人口和流动人口在享受政府保障性住房待遇方面存在较大差异。另外，城镇常住人口家庭租赁住房占比为24.58%，也远低于流动人口租住比例，即城市本地人口住房稳定性明显高于流动人口。

---

① 梁土坤．现阶段我国流动人口居住的主要特点及其思考［J］．未来与发展，2015（5）．

② 刘厚莲．我国特大城市流动人口住房状况分析［J］．人口学刊，2016（6）．

表 4-9 2013 年五大特大城市流动人口住房来源情况（%）

	北京	上海	天津	广州	深圳
租住单位/雇主房	10.1	7.9	9	10.7	4.4
租住私房	60.4	64.1	58.4	68.4	83.4
政府提供廉租房/公租房	0.1	1.1	0.4	0	0.1
已购政策性保障房	0.1	0.1	0.4	0.1	0.1
已购商品房/自建房	13.2	13.4	13.6	6.5	6.8
单位/雇主提供免费住房、租借房、就业场所	15.9	13	16.9	14.3	4.3
其他非正规居所	0.3	0.4	1.3	0.2	1

2015 年统计数据显示，占流动人口比重较大的农民工大多采用租房居住的方式，购房比重只占到 17.8%（如图 4-11 所示）。与当地居民相比，流动人口居住人均面积小、建筑密度高、基本公共设施和服务差，同时居住区的人文环境很差，往往受到当地人歧视。

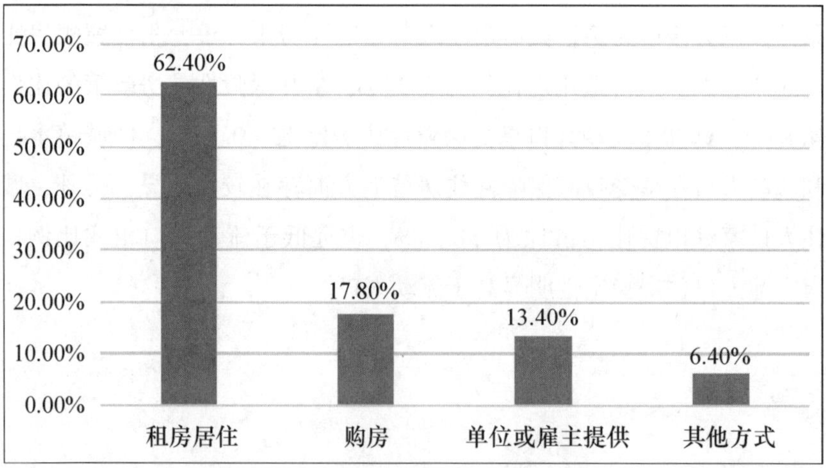

图 4-11 2015 年农民工住房获取方式

与户籍人口相比，流动人口无论是在居住面积和居住质量方面都处于弱势。从人均住房面积上看，2010 年全国人口普查数据显示，占流动人口比重较大的上海、深圳、北京、天津和广州流动人口住房面积仅为 12.5 平方米、16.9 平方米、12.9 平方米、13.5 平方米和 14.1 平方米，远远低于 29.1 平方米的全国城市人口家庭住房平均水平。南开大学课题组 2013 年的调研数据显示，天津市流动人口人均居住面积仅有 12.9 平方米，不仅远远低于当地户籍人口的人均居住面积，而且也低于七大城市 13.5 平方米的平均水平，低于成都（16.47 平方米）、上海（14.31 平方米）、武汉（13.9 平方米）和兰州（13.43 平方米）等城市流动人口人均居住面积。同时相关研究指出，流动人口居住质量也较低。2011 年全国流动人口动态监测数据显示，北京、上海、天津流动人口住房自来水普及水平较高，卫生间和洗澡设施普及水平最低，总体来看，特大城市流动人口住房设施普及率较差，远不如城镇本地人口。北京流动人口住房自来水普及率达到 83.0%，比户籍人口住房自来水普及率低约 12%；而上海与天津流动人口自来水普及率达到 94%，与户籍人口住房自来水普及率相当；上海流动人口住房拥有卫生间的水平达到 67%，比天津、北京高出约 12%，但是 3 个流动人口比户籍人口住房城市拥有卫生间的水平低近 30%；流动人口住房洗澡设施同样低于户籍人口约 20%。

流动人口的居住方式往往与其职业联系比较紧密①。比如在居民服务业、住宿餐饮业和其他服务业的流动人口倾向于居住在雇主家里或者单位提供的宿舍，还有部分会租赁房屋居住；建筑业的流动人口一般多是居住在施工现场并随着项目的变换不断流动于各个工地；制造业等生产性企业的流动人口大多会居住在工厂提供的集体宿舍。总之，流动人口的居住问题与其

① 冯长春，李天娇，曹广忠，沈昊婧．家庭式迁移的流动人口住房状况［J］．地理研究，2017（4）．

就业紧密相连，一旦失业居住问题会变得极其严峻。并且，由于流动人口的职业变动非常频繁，也使他们的居住行为呈现明显的流动特性和不稳定性。

3. 流动人口的教育贫困。流动人口中普遍存在的现象是文化素质偏低，2015 年流动人口动态监测数据显示，流动人口的平均受教育年限为 9.3 年，流动人口中初中教育水平的占比为 45.4%，初中及以上的占比为 71.9%，而流动人口中大学本科及以上的占比只有 10.5%，较高教育程度占比较少与较低教育程度占比较大是流动人口文化素质教育的重要特征。南开大学“流动人口管理与服务对策”课题组相关数据表明①：农业户籍流动人口中初中、高中教育程度的占比高达 55.4%，而非农业户籍流动人口中大专和本科教育程度的占比较高，达 56.6%，说明流动人口中农业户籍受教育程度普遍低于非农户籍流动人口。

从流动人口接受再教育（培训）情况来看，虽然国家投入大量资金对流动人口进行培训，但是实际上流动人口参加培训的比重较低。2009—2014 年《中国流动人口发展报告》数据显示：2009 年，接受过政府培训的流动人口占受访样本的比重为 14.4%；2010 年 5 月调研的 120 个城市中接受过政府培训的流动人口占受访样本的比重为 13.12%；2011 年调研数据显示大约有 33%的流动人口接受过工作技能培训，但是政府培训比例难以获取；2013 年，接受过政府培训的流动人口占受访样本的比重为 13%。总之，流动人口总体接受培训比例较低，再教育问题比较严峻。

从流动人口子女教育来看，由于我国义务教育的前提是户籍人口，所以其子女的教育负担较重。首先，流动人口子女失学现象严重，流动儿童的失学比例每年为 4%~5%，远远高于我国平均水平。相关研究表明，流动人口子女失学最主要的因素是入学机会的不平等。流动人口子女入读公办学校需多个部门颁发证明，如免费进入当地公立学校必须提供“四证”，

① 关信平．中国流动人口问题的实质及相关政策分析［J］．国家行政学院学报，2014（5）．

即一年以上暂住证、就业证、流动人口的计划生育合格证和学生的学籍证明。据一项对 184 名流动人口能够提供“四证”的调查显示，流动人口家长能提供“四证”的比例分别为 48.4%、41.9%、41.3%、43.5%，所有证件都能提供的人仅占 41.3%。这说明，流入地的政府和当地公办学校的这些限制条件严重阻碍了流动人口随迁子女入学。与当地学生相比，流动人口子女入学条件相对苛刻，真正能够在流入地就读公办学校的流动人口子女比例不高①。其次，流动人口子女教育质量偏低，学习能力较弱。大部分流动人口子女就读流入地的民办中小学或者简易民工子弟学校，这些学校往往教育条件有限，教学环境比较差，师资相对缺乏，师生比例失调，与城市公办学校相比有着天壤之别，截至 2014 年我国有超过 205 万的流动儿童在此类学校就读。由于流动子女学习基础比较薄弱，以及随迁后教学方式、教学进度和难度的不同，他们短时间内很难赶上学习进度，而流动人口本身大多素质较低、文化程度较差，对于子女的教育大多难以胜任，导致随迁子女成绩受到一定程度的影响。

表 4-10　城市中公办学校接受义务教育阶段农民工子女总数和比例②

城市	人数	比例（%）	城市	人数	比例（%）
北京	250118	63.00	郑州	97379	84.30
上海	207814	53.88	沈阳	43000	100.00
广州	109200	28.00	义乌	13008	37.78
成都	59904	58.20	顺德	47050	91.20
杭州	96869	68.40	石家庄	107100	100.00
无锡	129256	90.00	乌鲁木齐	71239	86.28

① 赵芬. 陕西省农民工随迁子女义务教育公平问题的研究［D］. 山西财经大学，2011.

② 中央教育科学研究所课题组. 进城务工农民随迁子女教育状况调研报告［R］. 2008.

4. 流动人口的医疗贫困。健康风险是流动人口面临的比较突出的风险之一。虽然流动人口多处在青壮年时期，大部分人的身体状况处于健康状态。但就现状而言，流动人口已成为城市中的贫困群体，因为他们文化水平总体比较低，再加之缺乏专业性技能，在城市多从事职业危险系数相对较高的工作，且工资水平相对较低、工作时间较长，加之缺乏健康知识，同时生活条件差，势必对其健康造成严重影响。流动人口一旦患病，除了沉重的医疗负担，其生活也会受到严重影响。

流动人口患病后医疗服务供给不足，异地报销困难。2013 年流动人口动态监测报告显示，只有约 70%的流动人口患病后会选择到医疗机构就诊，约 30%的流动人口会选择“自行买药”或“忍耐”。由于个体诊所或社区卫生院的就诊费用一般很少，流动人口为避免回乡报销麻烦，因此在就诊医疗机构选择时，大约 60%的流动人口选择个体诊所或社区卫生院等中小型医疗机构，而回老家就诊的比例约占 3. 1%。相关统计数据表明，流动人口患病报销比例较低。只有约 12%的流动人口在大城市患病后看病当场减免，通过城镇职工医疗保险中心报销的占 7. 26%，通过新型农村合作医疗办公室报销的只有 5. 34%，而 72%的就诊流动人口没有得到任何报销，这势必会加重流动人口的经济负担（如图 4−12 所示）。

从流动人口参加医保情况来看，只有 42. 64%的流动人口参加了医疗保险，57. 36%的流动人口没有参加医疗保险，参加医疗保险的明显比没有参加医疗保险的流动人口少。在参加医疗保险的流动人口中，参加新型农村合作医疗（非本地医疗保险）的比重高达 75. 64%，而参加城市基本医疗保险的占比不到 1/4。参保比例和参保类型对于流动人口就医有着明显的影响：相关研究指出，参加医疗保险对于流动人口的就诊率有较大的提高（如图 4−13 所示）。同时，参加城镇职工医疗保险的流动人口到流入地社区卫生站就医的比例为 31. 5%，比没有参加职工医疗保险的流动人口的比例高 5. 8 个百分点；参加城镇居民医疗保险的流动人口到流入地社区卫

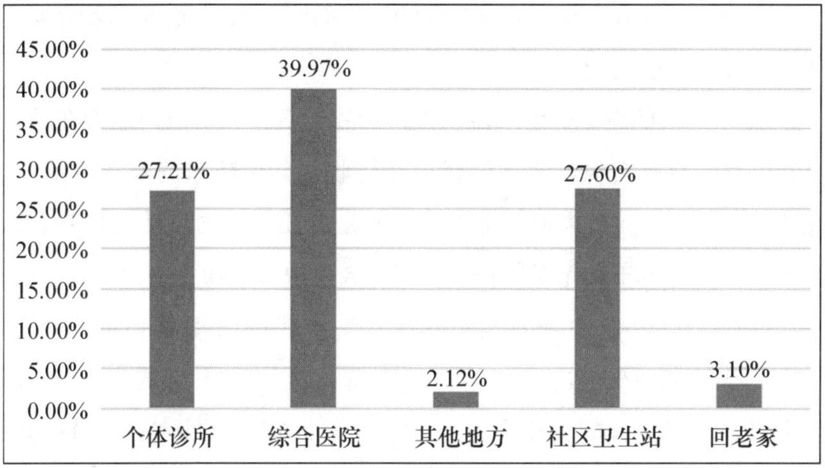

图 4-12 农民工就诊医疗机构选择

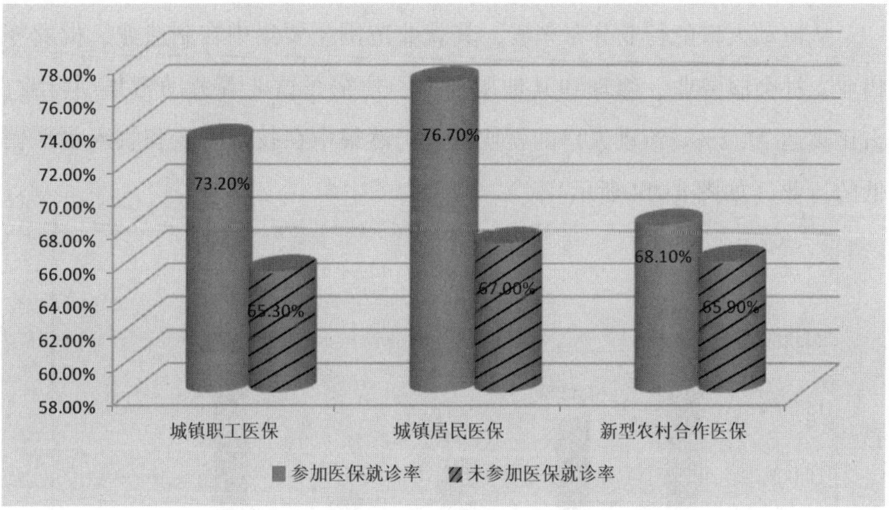

图 4-13 参加医保与未参加医保就诊率对比

生站就医的比例为 40%，比没有参加职工医疗保险的流动人口的比例高 13.2 个百分点；参加城镇医疗保险的流动人口患病时选择“自行买药”或“忍耐”的比例有所降低。这说明，医疗保险对于流动人口的就诊选择有很大的影响，而没有参加医疗保险的 57.36%流动人口患病后会给他们的生活和经济造成很大的影响。

5. 流动人口的就业贫困。流动人口的就业直接关系他们能否在城市中立足和生存，只有实现就业才能获得经济收入，保障家庭基本生活需求，因此就业对于流动人口来说意义重大。但是近几年我国流动人口就业压力持续增大，同时由于文化素质较低，流动人口缺乏就业竞争力。

从流动人口就业率来看，2013—2015 年我国流动人口的就业率由 89.3%下降到 86.1%，连续两年持续下降。从流动人口的失业率来看，2015 年我国流动人口的失业率为 1.52%，比 2014 年的 0.81%有较为明显的上升。流动人口就业压力加大跟我国东南沿海地区的产业结构升级、经济增速放缓、企业经营状况不佳等都有直接关系。

从流动人口的行业分布来看，其就业范围主要集中在制造业、批发零售业、社会服务业、修理和其他服务业、住宿餐饮业等劳动密集型行业，占比高达 77.2%。流动人口的就业行业仍然集中在技术含量和收入水平较低的行业（如图 4-14 所示）。

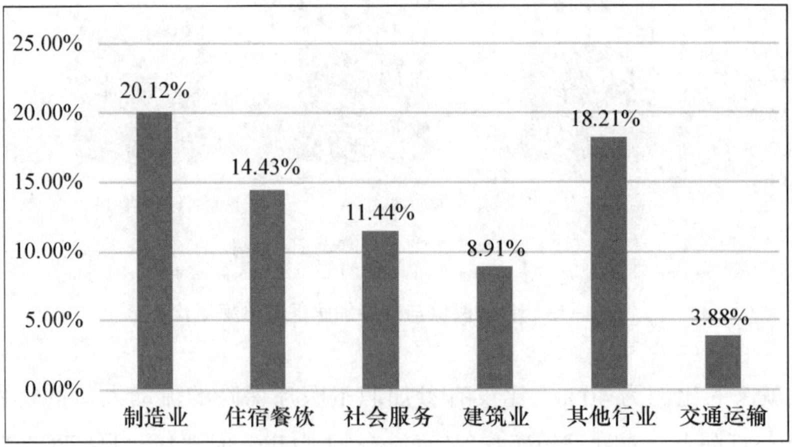

图 4-14 流动人口就业行业类型分布

从职业分布类型来看，流动人口职业分布范围比较广泛，但流动人口在生产第一线行业占比较大，是城市部分资源密集型和劳动密集型行业的中流砥柱，但收入水平属于就业单位工资“垫底”的行业（如图 4-15 所示）。2016 年农民工监测报告数据显示，从事第二产业的农民工比重为 29. 03%，其中从事制造业的农民工比重为 20. 12%，从事建筑业的农民工比重为 8. 91%，；从事第三产业的农民工比重为 41. 22%，其中从事批发和零售业的农民工比重为 23. 01%；从事居民服务、修理和其他服务业的农民工比重为 18. 21%。

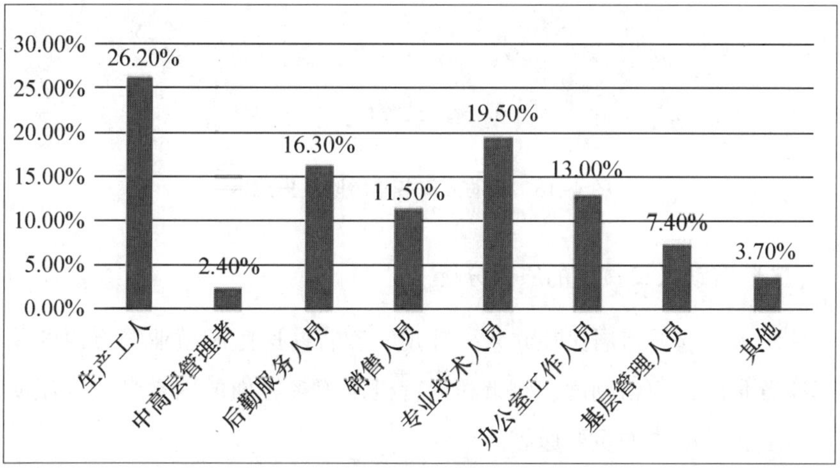

图 4-15 流动人口职业范围分布

从失业情况来看，农业户籍流动人口失业率为 1. 26%，而非农业户籍流动人口失业率为 0. 98%，主要原因可能与非农业户籍流动人口受教育程度较高有关。不同年龄阶段的失业率也不尽相同，失业率最高的年龄阶段为 15~19 岁，而 30~34 岁是失业率最低的年龄阶段，随后失业率数据逐渐趋于平稳，但是 50 岁以上流动人口失业率进一步上升。就参保失业保险而言，2013 年大约只有 12. 15%的流动人口参保。参保比例较低，失业保险的保障作用有限（如图 4–16 所示）。

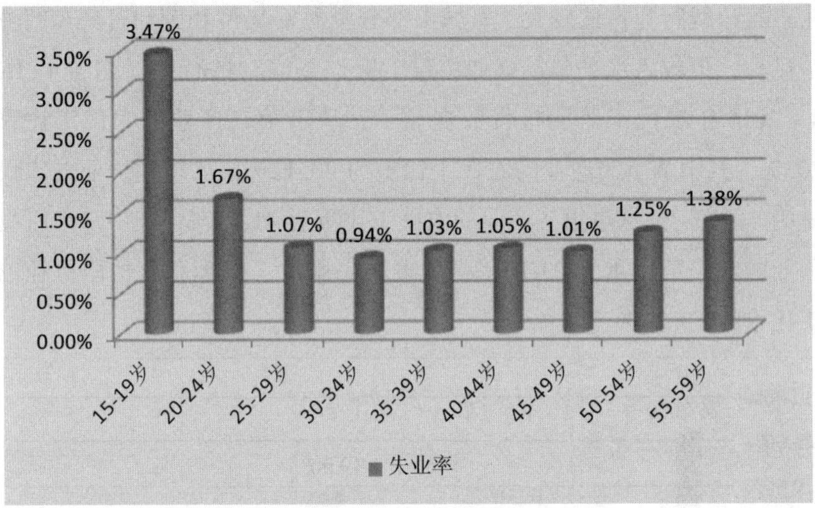

图 4–16 流动人口各年龄阶段失业率

（二）流动人口贫困的原因分析

流动人口与城市居民在收入、住房、教育、医疗和就业等方面的差异是毋庸置疑的，户籍制度、政策和运行机制等多方面的因素是造成流动人口多方面权益缺少的重要原因。

1. 制度排斥。随着我国城镇化进程的加快，流动人口成为城乡二元结构的伴生物。流动人口多方面权益得不到保障的主要原因是我国户籍管理制度、社会保障制度、城乡分治等改革的滞后，学术界对此已基本形成共识。据相关文献统计，隐藏在户口簿背后的流动人口与城市居民的待遇差别竟达 47 项之多①。户籍制度已经成为阻碍农民在工业化进程中向城市集

① 任远，邬民乐．城市流动人口的社会融合［J］．人口研究，2006（5）．

聚和城市化进展的体制性因素[①]。户籍制度是流动人口永久性迁移的直接障碍[②]，流动人口受户籍制度的影响，绝大多数流动人口只能是暂时性的，而大规模的流动人口都停留在留而不迁的状态，无法与城市居民享有同样的就业政策、保障政策和社会服务供给。现行户籍制度按照地理位置和血缘关系确定公民的户籍，常常使流动人口因农村户籍或非本地户籍而遭受歧视，在教育、就业、住房、社会保障等诸多领域，适用与本地户籍人口不同的政策，享受不同的（大部分是不利的）待遇，因而成为城市社会中居于边缘地位的弱势群体[③]。另一方面，户籍制度阻碍农民工群体社会地位的向上流动。在社会地位上升流动的职业渠道、经济渠道、政治渠道、教育渠道、婚姻渠道等方式中，城市农民工的地位变迁都受到了户籍制度的阻碍[④]。

此外，正是因为户籍制度和在此基础上建立的住房保障体系、教育制度、社会保障制度等，形成了城乡之间的壁垒和城市内部的壁垒，使流动人口难以均等化地享受城市发展所带来的经济和社会效益，从而形成对流动人口融入城市的制度排斥[⑤]。在住房保障体系方面，由于流动人口没有稳定和合法的居住环境，一些城市虽将流动人口纳入城市住房保障体系，但限制条件过于苛刻，准入门槛较高。在流动人口子女受教育方面，其子女的教育无法得到保障，同时也会因户口、家庭经济状况等原因造成心理不平衡，从而形成较深的社会隔阂[⑥]。在社会保障制度方面，大多数流动

---

① 侯晋封．中国农民工流动就业问题研究［D］．中共中央党校，2009.

② 刘亚楠．我国流动人口永久性迁移中的户籍制度研究［M］．杭州：浙江大学出版社，2010.

③ 戚阳阳．我国流动人口管理中的公安执法问题与对策研究［M］．北京：中国公安大学出版社，2015.

④ 李强．户籍分层和农民工的社会地位［J］．中国党政干部论坛，2002（8）.

⑤ 李涛，任远．城市户籍制度改革与流动人口社会融合［J］．南方人口，2011（3）.

⑥ 吴京，赵宏燕．城市流动人口子女受教育问题研究［J］．辽宁工程技术大学学报，2013（5）.

人口享受不到养老保障和医疗保障等社会保障，而失业保险和最低生活保障制度是专门针对城市居民的社会保障制度，更是不可能惠及流动人口。

2. 政策缺位。纵观国家在有关流动人口或者农民工问题方面的政策，都没有针对人口大流动格局的管理制度和管理机制。目前，国家劳动政策的缺失和滞后是造成我国流动人口贫困问题出现的重要原因之一。比如，流动儿童教育问题在20世纪90年代初期已开始暴露，但直到2003年9月国务院办公厅颁布《关于进一步做好进城务工就业农民子女义务教育工作意见的通知》后才提出按“以流入地政府为主，以全日制公办中小学为主”的原则解决流动儿童接受义务教育问题。

关于我国流动人口管理的政策、法律体系尚未形成，各级政府之间的法律、规章没有更好的衔接。首先，社会政策缺位问题严重。一是社会政策没有涵盖流动人口，二是虽然涵盖了流动人口但是并没有很好地落实。比如保障性住房政策、公共服务政策、各种补贴政策等并没有涵盖流动人口。有的社会政策涵盖了流动人口，但是流动人口受益不大，比如农民工子女的教育政策、培训政策等①。其次，政策制定部门多头管理现象严重。政策制定和管理部门众多，从出生、上学、婚育、就业、失业、社会保障到死亡，分别由公安、民政、教育、社保等多个政府职能部门管理。各个政府管理部门制定的法律、规章之间的衔接性较差，缺乏专门针对流动人口权利和监督机制的相关法规，容易造成部门之间的相互推诿。第三，法律、法规制定缺乏全国统一的标准。目前我国缺乏全国性的、统一的流动人口管理的法律法规。流动人口的其他管理规定或由公安、劳动与计划生育等部门以部门规章的形式发布，如《暂住证申领办法》《租赁房屋治安管理规定》等；或由省市地方人民代表大会及其常务委员会和地方人民政府以地方性法规和地方政府规章的形式来发布，如北京市人大常委会制定

① 王春光. 中国社会政策调整与农民工城市融入[J]. 探索与争鸣，2011（8）.

的《北京市外地来京务工经商人员管理条例》，北京市政府据此分别就外地来京人员户籍管理、住房租赁、务工经商管理、计划生育管理等各方面均制定了相关管理规定，其他各省也大多如此。这样直接导致的结果就是地方与地方之间对流动人口管理的规定存在地方性差异，各地有各自的管理标准，无法统一起来①。

3. 公共福利待遇缺失。受我国城乡二元结构和户籍管理的限制，我国基于户籍的公共福利保障制度没有专门针对流动人口的制度体系，导致我国绝大部分的流动人口不能享受与户籍人口同等的受教育权利、就医权利、就业权利、失业保障和最低生活保障等公共福利。

第一，政府管理错位导致流动人口公共福利待遇缺失。城市管理者简单地把流动人口视为城市的不稳定因素和城市病的根源，其政策的制定和出台都对城市居民具有明显的保护性，对流动人口主要采取政府主导型的防范式管理。这直接导致流动人口成为城市中的边缘群体，在公共福利待遇中遭到排斥，无法享受与城市居民同等的福利和待遇②。同时，各个城市的政府为当地居民提供各种服务仍以户籍为依据，在政府财力和管理职能过多的情况下，为外来流动人口提供的服务有限，流动人口在子女上学、医疗养老等社会福利、失业保障及最低生活保障等方面，仍无法平等地享受与城市居民同等的待遇，仍被排除在城市管理体制之外③。

第二，流动人口的政治权利空缺也是导致其公共福利待遇缺失的原因之一。首先，由于流动人口长期处于人户分离的状况，在人大代表选举以及其他重要选举活动中，很多流动人口无法在流出地参加选举，制度性的约束又使他们在城市中无法享有或行使选举权，在人大和政协中也没有代表，对于城市管理和城市发展没有参与权和话语权。其次，流动人口没有

① 杜丽红. 中国城市流动人口管理问题研究 [D]. 西南财经大学，2011.
② 宣学柱. 城市流动人口管理现状及问题分析 [J]. 现代商贸工业，2009 (21).
③ 李海燕. 我国城市流动人口管理研究 [D]. 中国海洋大学，2009.

为自己代言的组织，如工会组织、农会组织等，在城市中也被各类正式组织拒之门外，难以依靠集体的力量有效地保护自己的合法权益。最后，尽管我国流动人口数量逐年增多，但由于其血缘和地缘的关系，彼此之间交流较少，缺乏集体谈判的能力，从而导致政府漠视他们的需求。因此，尽管与城市职工从事同样的工作，却享受不到，或者不能完全享受所在单位正式职工和城市居民所应有的服务待遇，以及工伤、医疗、生育、失业和养老保障等公共福利权益①。

4. 自身因素。流动人口贫困的发生除了跟政府、社会等的相关管理制度有关，也跟个人及家庭因素有着非常大的关系。主要表现在流动人口的受教育程度偏低、家庭规模较大、城市社会融入困难等方面。

首先，流动人口总体上受教育程度偏低，缺乏职业技能，工资收入偏低。相关研究认为，一个小学文化程度的就业者可能引起贫困的概率是一个大学文化程度就业者的 1.9 倍。我国的流动人口文化程度大部分集中在初中、高中和高职（技校），进入城市之后只能从事较初级的工作，一般工作时间长、强度大、条件差、收入低。而且，我国大约一半以上流动人口从事的工作并没有签订正式的劳动合同，导致其工资被克扣和拖欠现象时有发生。

其次，流动人口家庭规模较大也是其贫困的主要因素之一。家庭规模中年龄偏大或者年龄偏小的成员越多，就业人口就越少，生活就更容易陷入贫困。我国流动人口的平均年龄在 30 岁左右，流动家庭结构 3 人占比达 40.94%、4 人占比达 26.79%，也就是说流动家庭中除了夫妻流动还有子女流动或老人流动。流动子女在城市中的教育成本、老人在城市或流出地的赡养成本都是导致流动人口家庭贫困的因素。

最后，流动人口在城市中融入困难、思想观念落后。一方面，长期的

① 单晨雪．我国流动人口管理：政府服务的不足与完善 [D]．湖北大学，2007.

乡村生活，使得相当一部分流动人口虽然生活在城市，但仍然保留着传统农村人的生活方式，他们外出的主要目的是实现其“攒钱计划”，是为了回家建房、供子女上学，并没有真正融入城市生活。而另一方面，由于城乡隔离的体制因素，流动人口群体无法取得城市居民的身份和平等待遇，他们没有合理的方式和渠道与城市进行沟通和对话，除了办证、收费外，社区的民主生活并不接纳他们。在一些社区，流动人口的数量可能是户籍人口的好几倍，但他们的意愿难以在社区管理中得到体现。由于社会地位的不稳定，使得流动人口的移民心态一般较为突出，与城市社会的联系和互动较弱，因此，常常被边缘化，无法真正融入城市生活圈，始终处于城市生活的边缘。

（三）消除流动人口贫困的对策建议

流动人口的贫困问题是我国城镇化发展过程中必然会出现的问题。目前，我国已经进入提高城镇化质量的关键阶段，因此，探索建立包括流动人口在内的制度体系改革，推动流动人口市民化，是我国城镇化进程中要考虑的问题。

1. 加强户籍制度改革，推动户籍制度创新。二元化的城乡户籍制度既是造成流动人口贫困发生的主要原因，也是导致流动人口社会融入困难的关键。根据国务院《关于进一步推进户籍制度改革的意见》，户籍改革的关键问题主要包括以下三点：第一，在户口迁移政策方面，放开中小城市的落户限制，控制大城市的落户规模和节奏。第二，在农业转移人口及其他常住人口合法权益保障方面，进一步完善农村产权制度，明确规定“不得以退出土地承包经营权、宅基地使用权、集体收益分配权作为农民进城落户的条件”，建立财政转移支付同农业转移人口市民化挂钩机制。第三，在人口管理方面，建立城乡统一的户口登记制度，建立与公共服务挂钩的居住证制度。

2. 加大法律法规立法，强化部门管理协调机制。我国计划经济体制下的流动人口管理法律制度存在诸多弊端，阻碍着流动人口城镇化进程。只有尽快将流动人口服务与管理纳入法律法规层面，才能缓解当前流动人口管理困境。第一，制定专门针对流动人口的全国统一的法律法规，加大国家层面的立法，并界定相关政府部门、单位的权利和责任，以立法形式保障流动人口权益。第二，在加强户籍制度改革的同时，以立法的形式对长期捆绑在政策之上的各种附加社会职能进行取缔，保障流动人口住房、就业、社会保障等方面的权利和义务。第三，通过相关管理部门规范化的管理和协调，认真总结和分析流动人口管理工作的经验和做法，加强相互之间的信息沟通，明确各个部门在流动人口管理中的责任和作用，提升流动人口的管理和服务水平。

3. 完善流动人口社会保障体系，促进基本公共服务全覆盖。完善流动人口社会保障体系，促进基本公共服务全覆盖是我国现阶段城镇化发展的需要，也是改善流动人口贫困状况的基本措施。首先，顺应城镇化发展趋势，逐步完善流动人口的社会保障体系。一是加快落实流动人口社会保障的转移接续问题，建立全国统一的城乡居民基本养老保险制度，允许灵活就业的流动人口参加当地城镇居民基本医疗保险。二是在推动流动人口城镇化进程中，应为其建立相对独立的失业保险、医疗保险、工伤保险、养老保险、廉租房制度等社保体系。三是逐步缩小地区之间的制度差异，确保流动人口与户籍人口享有同等的最低生活保障权利。其次，扩大社会保障覆盖范围，逐步提高社会保障标准。一是统筹建立城镇居民和流动人口社会保障体系，逐步完善流动人口的基本养老、医疗、就业等保障，实现流动人口基本覆盖。二是将解决流动人口公共服务均等化纳入城乡发展一体化发展中，逐步建立城乡一体的社会福利制度，积极推进公共教育、就业服务、社会保障、医疗卫生、保障性住房等城市基本公共服务向流动人口覆盖，逐步实现农业转移人口享有城镇基本公共服务。

4. 提高流动人口自身素质，加快流动人口融入城市步伐。流动人口是我国城镇化发展的中坚力量，提高流动人口素质，加快流动人口融入城市步伐是经济社会发展的客观规律。首先，将流动人口职业教育和技能教育纳入政府成人教育规划体系，逐步形成政府、企业、流动人口和培训机构共同参与的教育培训机制。以提高流动人口就业能力为目标，采用多样化的办学模式和培训指导模式，为流动人口提供形式多样的培训。其次，提高流动人口子女的教育水平。政府应采取多种形式，接收流动人口子女在当地的全日制公办中小学就读，在入学条件等方面与当地学生一视同仁，不得违反国家规定乱收费。要加强对社会力量兴办的农民工子女简易学校的扶持，将其纳入当地教育发展规划和体系，统一管理。最后，借鉴国内外流动人口城市融入的一般经验，充分发挥城市社区、企业等在流动人口融入中的支持功能，以社区、企业为基本单位，有针对性地为流动人口提供生活、技术等方面的支持，增进户籍人口与流动人口的互相了解，促进流动人口的城市融入。

·第五章·

新型城镇化之路

城镇化将是中国未来十年内发展结构的核心主题，是我国未来经济增长的持久动力。推进新型城镇化之路，是我们立足全局、着眼长远、与时俱进的重大战略决策，也是在我国现代化建设发展到一定阶段，对现阶段突出矛盾的一次求解。

一、新型城镇化

（一）中国城镇化的成就与问题

从 1949 年中华人民共和国成立至今近 70 年的时间里，我国的城镇化走过了曲折发展的道路，大致经历了三个阶段（见图 5-1）：

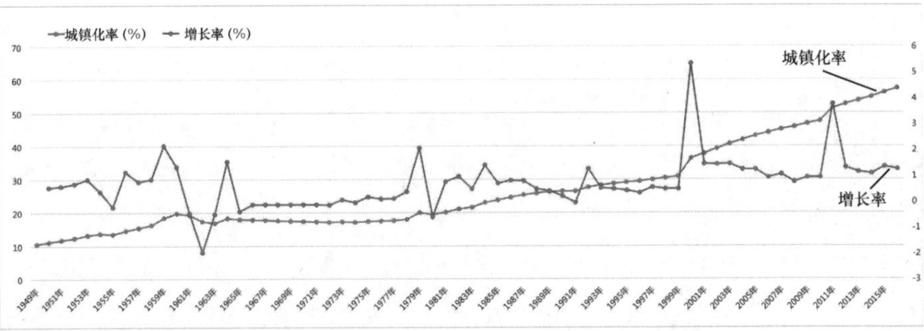

图 5-1 中国城镇化率发展趋势（1949—2015 年）①

① 数据来源于国家统计局网站。

1949—1978 年，城镇化起步与缓慢发展阶段。中华人民共和国成立初期 10 年，我国城镇化进程启动，城镇化率从 1949 年的 10. 64%增长到 1959 年的 18. 41%，年增长 0. 78%。此后，历经大起大落的“大跃进”时期，风雨飘摇的“十年动乱”，我国的城镇化发展基本陷入停滞状态，1978 年城镇化率仅有 17. 92%，多年出现城镇化率增长为负的“逆城镇化”状况。总体来看，从 1949 年到 1978 年的 29 年间，我国的城镇化率从 10. 64%提高到 17. 92%，年均仅提高 0. 25 个百分点；设市城市由 132 个增至 193 个，仅增加 61 个。我国的城镇化进程起步十分艰难。

1978—2000 年，城镇化恢复与加速发展阶段。改革开放后，我国的城镇化逐渐从“文化大革命”的破坏中恢复过来，进程明显加快。具体而言，这一阶段我国城镇化主要经历了返城时期、乡镇企业时期、工业园区和民工潮时期，城镇化率从 1978 年的 17. 92%提高到 2000 年的 36. 22%，年均增加 0. 83 个百分点，增速提升明显；设市城市从 193 个增加至 663 个，建制镇从 2173 个增加至 20312 个，均增加迅速。

2001 年至今，城镇化快速发展阶段。自“十五”计划（2001—2005）开始，我国正式制定了加速城镇化发展的总体战略，城镇化持续进入我国国家战略。2016 年城镇化率达到 57. 35%，2001—2016 年城镇化年均增加 1. 31 个百分点，速度进一步加快。截至 2016 年底，全国城镇人口规模达 7. 93 亿。(见图 5-2)

从 1949 年中华人民共和国成立到 2016 年，中国城镇化已走过 67 年的历程。在这 67 年的时间里，中国的城镇人口由 0. 57 亿增长至 7. 93 亿，年均增长约 1100 万人；城镇化率由 10. 64%提高至 57. 35%，年均增长约 0. 7 个百分点。从数据上看，我国的城镇化进程是人类社会有史以来规模最大的现代化转型过程。在这一伟大的转型过程中，我们取得了许多重大成就，但同样暴露了一些问题。“成绩斐然，问题明显”是我国城镇化进程的突出特点。

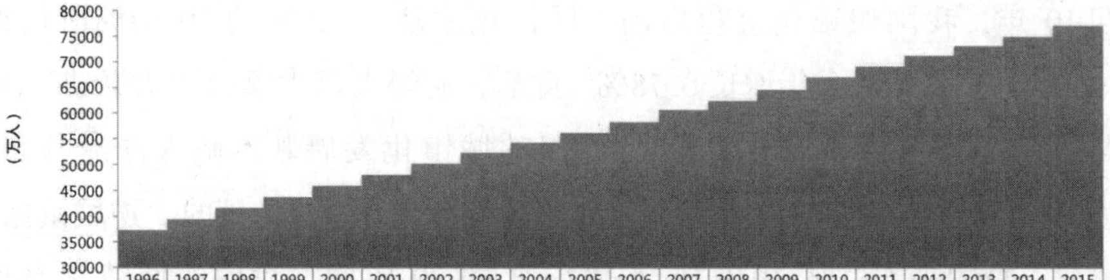

	1996年	1997年	1998年	1999年	2000年	2001年	2002年	2003年	2004年	2005年	2006年	2007年	2008年	2009年	2010年	2011年	2012年	2013年	2014年	2015年
城镇人口(万人)	37304	39449	41608	43748	45906	48064	50212	52376	54283	56212	58288	60633	62403	64512	66978	69079	71182	73111	74916	77116

图 5-2　中国城镇人口变化趋势（1996—2015 年）①

1. 中国城镇化的重大成就。

（1）城镇经济迅速发展，为中国经济做出巨大贡献。城镇化的不断推进直接促进了城镇经济的大发展，使城镇经济在中国经济中的占比不断提高，为中国经济做出了巨大贡献。

一方面，城镇化发展为工业产业集聚提供了稳固的平台，城市产业受惠于规模经济，发展迅猛；另一方面，城镇化发展吸引着大量农村剩余劳动力不断进入城市务工，提高了劳动力资源的利用效率，为城镇工业化和服务业的发展提供了充足的劳动力，进一步推动了城市经济的发展。

城市经济的不断发展奠定了其在我国整个国民经济中的主导地位。2008 年，仅地级以上城市市辖区的经济总量占国内生产总值的比重高达 64.2%。全国大约 60%的工业增加值、85%的第三产业增加值、80%的税收都来自城市。可见，城市经济对中国经济的贡献程度不断增大。

城镇化水平的提高直接推动城镇经济的发展，进而促进中国整体经济水平的提高。从改革开放到 2016 年，中国城镇化率由 17.92%提升至 57.35%，年平均增长 1.04 个百分点。同时，在城镇化的快速发展下，中

---

① 数据来源于国家统计局网站。

国国内生产总值以 9.2%的年均增速高速增长，并在 2011 年超越日本成为全球仅次于美国的第二大经济体。(见图 5-3)

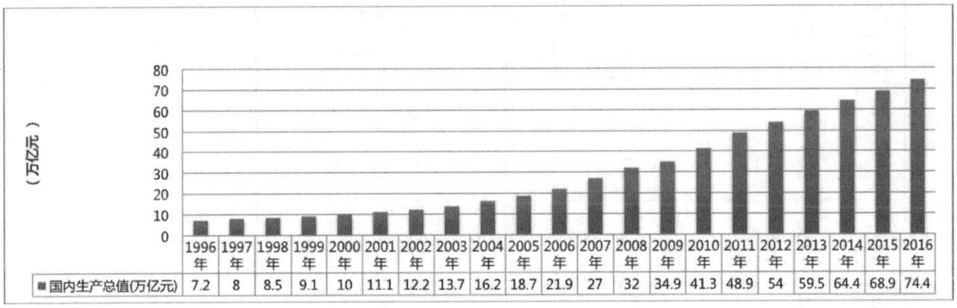

图 5-3　中国国内生产总值变化趋势（1996—2016 年）①

（2）城镇体系日益完善，建成一批中心城市和专业化城镇。我国的城镇人口和城镇数量不断增多。城镇化直接促进了中国城镇人口的增加。从改革开放至今，中国城镇人口从 1.72 亿（1978 年）增加到 7.93 亿（2016 年），年均增长 1600 万。特别是进入 21 世纪后，中国城镇人口的增长速度攀升至年均 2087 万。同时，我国城镇数量不断增加，多层次、多类型、各具特色的大中小城市和小城镇体系基本形成。截至 2011 年，我国已建立设市城市 657 个，县城 1627 个，建制镇 19683 个。(见图 5-4，表 5-1)

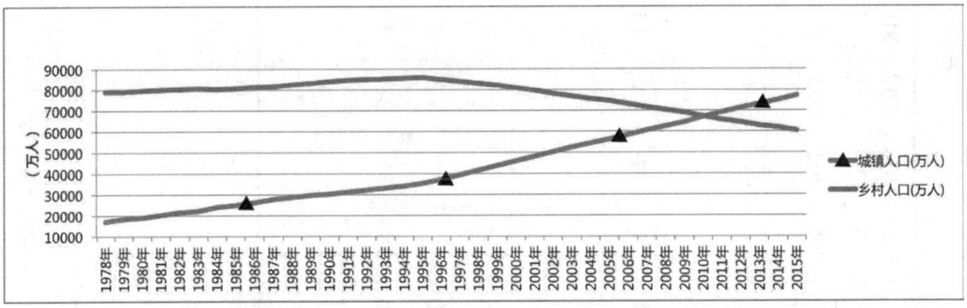

图 5-4　改革开放后中国城镇人口和乡村人口数量（1978—2015 年）②

① 数据来源于国家统计局网站。
② 数据来源于国家统计局网站。

表 5-1　中国地级及以上城市数（2000—2015 年）[①]

年份	2015	2014	2013	2012	2011	2010	2009	2008	2007	2006	2005	2004	2003	2002	2001	2000
全部地级及以上城市数（个）	295	292	290	289	288	287	287	287	287	286	286	286	284	278	269	262
城市市辖区年末总人口为400万以上的地级及以上城市数（个）	15	17	14	14	14	14	14	13	13	13	13	12	11	10	8	8
城市市辖区年末总人口为200万~400万的地级及以上城市数（个）	38	35	33	31	31	30	28	28	26	24	25	23	21	21	16	12

① 数据来源于国家统计局网站。

一批中心城市和专业化城镇在城镇化进程中迅速发展。北京、上海、广州等中心城市国际化水平和全球影响力得到显著提升，成为展示我国国家形象的重要窗口；昆山、义乌、苏州、东莞、佛山等专业化城镇在电子信息和金融商贸领域形成了独具特色的产业体系，成为中国经济乃至全球经济发展中重要的环节；西安、丽江、杭州、成都等城市凭借得天独厚的自然历史文化资源，成为具有重大国际影响力的旅游城市。

另外，以“北上广深”等城市为中心的京津冀、长三角、珠三角三大城市群成为中国发展的主引擎。中国城镇集群初步形成了4个成熟城镇群和11个半成熟城镇群的格局。

（3）城镇现代化水平提高，人居环境条件显著改善。城市建成区面积扩大，人均住房面积增多，住房条件改善。截至2015年，我国城区面积达191775.54平方千米，建成区面积达52102.31平方千米。1978年至2015年，中国城镇人均住宅建筑面积由6.7平方米增长到33平方米以上。且住房保障体系逐步完善，形成了以廉租住房、公共租赁住房、经济适用住房、限价商品住房、各类棚户区改造住房、廉租住房租赁补贴为主要内容的、多层次的城镇住房保障体系。

基础设施建设水平显著提高。2015年我国城市供水综合生产能力达每日29678.26万立方米，用水普及率达98.1%，燃气普及率达95.3%，供热面积达67.22亿平方米。城市道路照明灯数量由2004年的10531538盏增加至2015年的24225203盏。

城市交通建设快速发展。城市人均拥有道路面积由1990年的3.1平方米提高到2015年的15.6平方米，每万人拥有公共交通车辆从2.2标台提高到13.29标台，私人汽车拥有量由81.62万辆提高至14099.10万辆。北京、天津、上海、广州、长春、大连、武汉、深圳、重庆、南京等城市开通运营了轨道交通，2015年运营线路总长度达3195千米，是2011年的近两倍。

城市绿化水平和环境治理效果显著提高。城市建成区绿化覆盖率由

1996年的24.4%提升至2015年的40.1%，污水处理率由1991年的14.9%提高至2015年的85%。城市环境的绿色发展使城市综合竞争力不断提高，城市居民的生活水平得到保障。

2. 中国城镇化的部分问题。

（1）城镇化质量不高，实际城镇化率低。城镇化率有两种衡量标准，包括常住人口城镇化率与户籍人口城镇化率。目前我国城镇化质量不高，主要表现为实际城镇化水平，即户籍人口城镇化率还很低。2015年我国常住人口城镇化率达到56.1%的较高水平，但户籍人口城镇化率仅为39.9%，两者之间存在着16.2个百分点的差距。农民市民化程度低是主要原因。改革开放以来，中国农民工数量从20世纪80年代初的200万人增加至2016年的2.8亿人，外出农民工达1.7亿人。在2012年全国城镇人口中农民工占比已达1/3，成为城镇人口的重要组成部分。城镇化发展吸引了大量农民进城务工，他们虽常住于城镇地区，并被统计为城镇居民，但他们却没有真正融入城市，依然游离于城镇体制外，保留着农民的习惯和特征，无法享受城市居民的优惠政策。(见图5-5，图5-6)

（2）城乡发展不均衡，城乡二元结构突出。城乡发展不均衡，主要表现为城乡收入差距居高不下。尽管近几年来中国城乡收入差距呈现下降态势，但城乡收入比仍有3∶1左右，且城乡绝对差距仍在不断拉大。显然城乡收入差距已经成为我国城镇化发展的一大约束。(见图5-7，图5-8)

城乡二元结构突出，城乡矛盾凸显。在城镇化快速推进的过程中，城乡在土地、人力等资源投入方面竞争激烈，矛盾凸显，特别表现为城镇化进程中城市建设对农地资源的低价征用。2010年中国全社会固定资产投资的86.8%均投向城镇，农村在资源竞争方面处于劣势。另外，二元分化的加剧衍生出一系列非包容性问题。进城的农民工为城镇发展做出巨大贡献，却无法直接享受给予城镇居民的政策优惠，甚至受到城镇居民的诸多歧视，社会阶层分化日益严重。

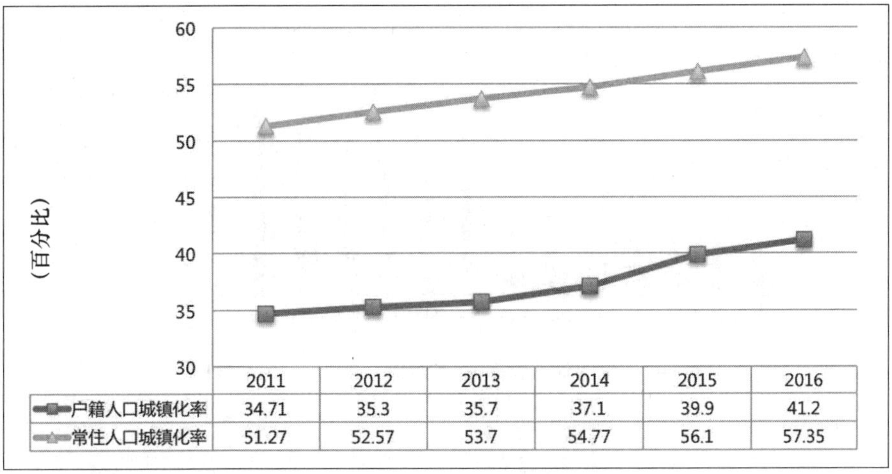

图 5-5 户籍人口城镇化率与常住人口城镇化率比较（2011—2016 年）①

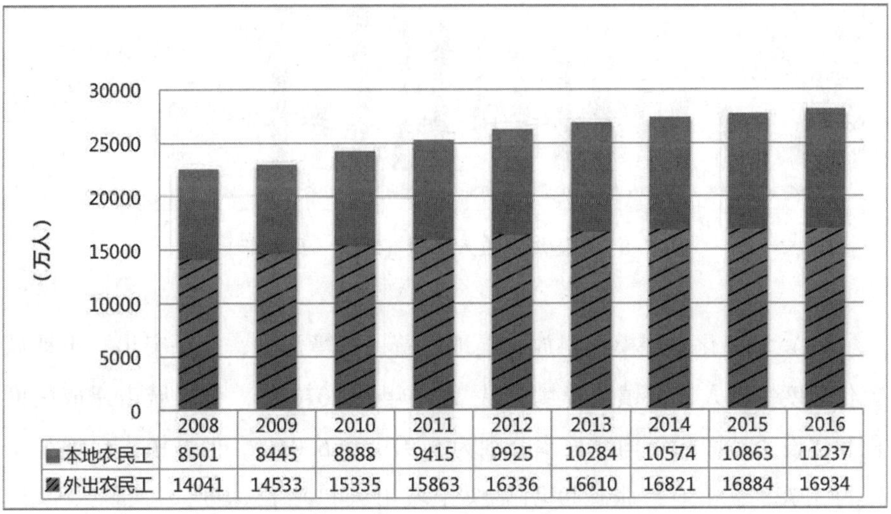

图 5-6 中国农民工规模（2008—2016 年）②

① 数据来源于国家统计局网站。

② 根据 2008—2016 年《农民工监测调查报告》整理。

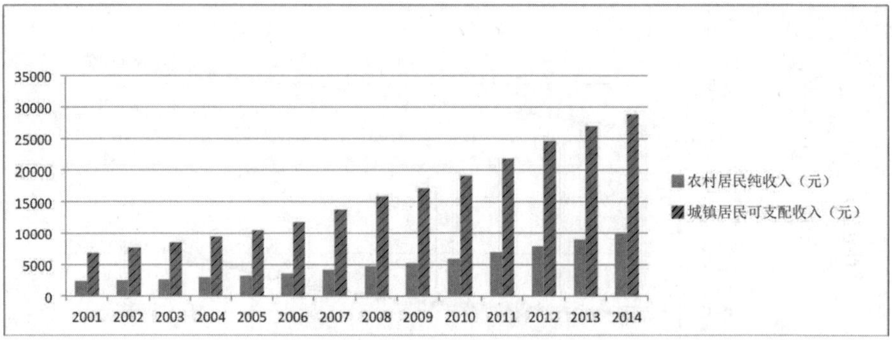

图 5-7 中国城乡居民收入对比（2001—2014 年）①

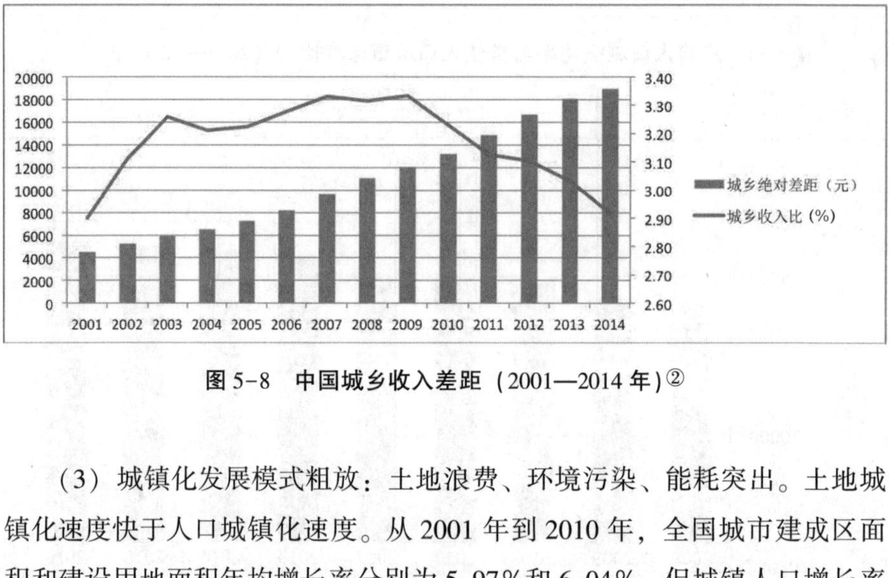

图 5-8 中国城乡收入差距（2001—2014 年）②

（3）城镇化发展模式粗放：土地浪费、环境污染、能耗突出。土地城镇化速度快于人口城镇化速度。从 2001 年到 2010 年，全国城市建成区面积和建设用地面积年均增长率分别为 5.97%和 6.04%，但城镇人口增长率仅为 3.78%，土地扩张速度明显快于城市人口增长速度，一批“新城”“新区”最终演化为规模大、空置率高的“鬼城”，土地浪费严重。

① 数据来源于国家统计局网站。

② 数据来源于国家统计局网站。

城镇化进程中城市污染物排放量增长迅速，生态环境急剧恶化。目前，我国大部分城市普遍存在严重的空气污染、水污染、“垃圾围城”等环境问题。2001 年至 2010 年，全国工业固体废弃物产生量年均增长 11.4%，工业废气排放总量年均增长 14.2%，废水排放总量年均增长 4.0%。另外，全国近 2/3 的大中城市饱受“垃圾围城”的困扰。严重的环境污染问题已经成为城镇化发展的一大障碍。

“高能耗，高排放”是我国城镇化的又一特征。2001 年至 2010 年，中国城镇化率年均增长 3.78%，但全国煤炭、石油、天然气分别年均增长 8.17%、6.69%、16.14%。由于我国目前还处于城镇化和工业化发展的中期阶段，因此城镇未来能耗还将进一步扩大，中国城镇化将面临更加严峻的能源压力。

（二）传统城镇化的转型与新型城镇化道路

1. 中国城镇化转型发展的必要性。

（1）我国城镇化道路具有特殊性。我国城镇化具有“急停急起”的“双阶段”发展特点。

从中华人民共和国成立至改革开放前夕，我国城镇化进程十分缓慢，而工业化势头却十分迅猛。世界各国的城镇化经验表明，在现代建设过程中，城镇化率往往是超过工业化率的。如美国在 1870 年工业化率为 16%，城镇化率高达 26%；到 1940 年其工业化率为 30.3%时，城镇化率则为 56%。在这一阶段里，我国工业化发展十分迅速，但城镇化并未与工业化协同发展，出现了严重的阻滞现象。改革开放后，我国城镇化才进入快速发展时期。

我国国情的特殊性决定了我国城镇化道路的特殊性。

中国的劳动力资源十分丰富，但面临人口分布不均、人口老龄化等问题。根据第六次人口普查的数据，中国人口为 13.4 亿，占世界总人口的

1/5，是世界上人口最多的国家。2015 年底中国人口达 13.7 亿，比第六次人口普查的数据增加约 3377 万人。中国人口是美国的 4.4 倍，英国的 22.3 倍，日本的 10.9 倍，并且中国人口仍然呈现增长的态势，预计到 21 世纪中叶，我国人口将达到 15 亿，将占人类总人口的 1/5。持续增长的巨大人口将给我国城镇化带来持续的压力：城镇化率每提高一个百分点，意味着约 1400 万人进城，相当于一个中等国家的人口数量。另外，中国人口分布区域差异较大。按照地理学家胡焕庸的计算，中国东南侧以 36%的土地养活了中国 96%的人口，西北侧以 64%的土地养活了 4%的人口，人口密度比达到 42.6：1。同时，我国不同区域的城镇化进程也不尽相同：2009 年，我国东部城镇化率为 57.0%，中部是 44.3%，西部是 39.4%，差异显著。目前，我国还面临严重的人口老龄化问题。根据我国第六次人口普查数据，0~14 岁人口占 16.60%，比 2000 年人口普查下降 6.29 个百分点；60 岁及以上人口占 13.26%，比 2000 年人口普查上升 2.93 个百分点，其中 65 岁及以上人口占 8.87%，比 2000 年人口普查上升 1.91 个百分点。数据表明，我国人口年龄结构发生转变，生育率持续保持较低水平，老龄化进程逐步加快。

我国土地资源总量多，但人均占有量少，优质耕地少，且空间分布不均衡。我国国土面积约 960 万平方千米，世界排名第三，但地形地貌复杂。在 960 万平方千米的面积里，33.33%是山地，26.04%是高原，9.09%是丘陵，18.75%是盆地，平原仅占总面积的 11.98%，导致我国的耕地面积相对于我国人口较为短缺。截至 2016 年末，全国耕地面积为 20.24 亿亩，人均 1.5 亩，仅为世界水平的 40%。另外，我国不同区域间国土宜居条件相差很大。若以海拔 500 米以下的地区占本区域面积比例来衡量一个地区的宜居程度，我国东部、中部、西部三地差异巨大。东部比值为 76.6%，中部为 48.1%，西部仅为 5.9%，说明我国土地资源在横向上存在明显的分布差异。地少人多、分布不均已经成为我国城镇化进程中必须考量的问题。

目前，我国城乡二元结构仍十分突出，区域发展存在明显差异。从过去的城镇化路径看，中国城镇化进程中非农人口比例始终低于城镇人口比例，且差距有进一步扩大的趋势。这说明存在这样一个庞大群体，他们脱离了农业部门却未获得城市户籍。同时，非农人口比例与就业结构中二三产业就业人员比重不相匹配，同样存在差距扩大的趋势。另外，城乡间劳动生产率的差别巨大。目前，中国约46%的人口在农村，但第一产业占国内生产总值比重仅为10%；54%的人口在城镇，第二、三产业占国内生产总值的比重却高达90%。另外，城乡间还存在经济体制、公共服务等方面的差别，我国的城乡二元结构问题仍然突出。改革开放后，我国实行东中西部梯度发展的战略，东部地区发展迅速，虽然之后提出西部大开发战略，但目前我国东西部的发展差异仍十分显著。京津冀、珠三角、长三角三大城市群以2.8%的国土面积和18%的人口，创造了我国近36%的国内生产总值。

（2）粗放式城镇化道路不可持续。我国传统城镇化发展的粗放模式主要表现在土地浪费、环境污染、能耗突出三个方面。改革开放以来我国城镇化的高速推进一直建立在高消耗、高排放、高扩张的基础之上，环境资源代价大，但综合收益低。

需要看到，我国城镇化进程的启动和发展背景与欧美发达国家大不相同。一方面，中国城镇化道路具有自身的特殊性，本质上决定了无法延续欧美发达国家的城镇化之路；另一方面，中国城镇化的国际背景与欧美国家城镇化时所面对的国际环境大不相同：全球能源危机、全球环境危机等一系列“危机”逐步加深。虽然这些“危机”大多都是欧美国家城镇化的“副产品”，是西方发达国家上百年工业化进程的结果，但由于目前国际社会对资源利用及环境保护的高度关注，中国粗放式的传统城镇化模式已经没有多少道德资本。中国无法复制多数发达国家“先经济，后社会”“先污染，后治理”的老路。

因此，我国的城镇化发展不能一味追求速度，追求高城镇化率，必须要制定切合实际情况的城镇化水平目标，把握好城市发展、资源利用和环境承载能力之间的关系，尽快实现城镇化模式转型，积极探索出一条资源消耗少、环境友好、集约高效的可持续的城镇化发展模式。

（3）区域发展不均衡的城镇化道路不可持续。传统城镇化过程中城乡发展不协调，由此衍生的城乡矛盾严重影响我国城镇化进程。随着城镇化推进，我国城乡二元结构更加突出，一方面表现为城乡差距不断拉大，乡村地区基础设施建设、公共服务建设仍相对滞后，城乡居民收入差距逐渐拉大；另一方面表现为进城务工的农民工待遇问题一直未得到根本解决，并衍生出广大农村地区失地农民问题、农村主体老弱化问题、留守妇女儿童问题等，给社会稳定留下重大隐患。据统计，2003 年来，中国城镇化发展进入城乡矛盾显现的高速发展期；2007 年以来，全国每年爆发的群体性事件超过 9 万起，又以城镇化过程中征地拆迁、农民收入受损最为突出，我国城镇化发展的社会成本正慢慢腐蚀其经济效益。

我国城镇化发展中区域不协调的局面难以持续。目前，我国工业化与城镇化过度依赖京津冀、珠三角、长三角三大城镇群，造成不少负面影响：第一，国家发展重心过于沿海化，不利于国家建设富有弹性的城镇结构，也不利于国家的战略安全；第二，在沿海地区大规模扩张产业空间，一方面需以国家优质耕地资源为代价，另一方面也会令历史文化资源遭到破坏；第三，城市病的困扰日益显著，住房困难、交通拥挤、空气污染等问题使得市民化门槛越来越高，社会矛盾尖锐，贫富差距被进一步放大。

综上，传统城镇化虽然取得了举世瞩目的成就，但同样暴露出许多问题。这些问题和矛盾如得不到很好解决，势必影响我国城镇化的健康发展，进而影响我国整个现代化发展的进程。因此，对传统城镇化战略进行反思和总结，探索城镇化转型之路具有十分重要的现实意义。从宏观上看，我国的城镇化不仅要延续传统城镇化中的一般规律，还要充分考虑我国国情的特殊性和体制的独特性，走一条具有中国特色的新型城镇化道路。

2. 中国特色新型城镇化道路。

(1) 新型城镇化的丰富内涵。

第一，新型城镇化是以人为本的城镇化。2013 年中央城镇化工作会议上，国家主席习近平提出，城镇化要以人为本，要推进以人为核心的城镇化进程。城镇化是实现“中国梦”进程中至关重要的一个环节，本质上是让每一个中国人生活得更加美好。因此，城镇化的根本目的也应该是服务于人，人应该是城镇化的核心要素。城镇化建设不能“见物不见人”，不能把城镇化与城市建设简单画上等号，更不能牺牲人的利益换取城市建设的发展，尤其不能牺牲广大农民的利益。要紧紧围绕人的城镇化这一核心思想，实现人的就业方式、居住环境、社会保障等一系列相关问题的城镇化转变。

新型城镇化依靠人也是为了人，但绝不是依靠“乡下人”为了“城里人”。城镇化发展离不开广大进城务工的农民，他们为中国的城市建设做出了巨大贡献，却常常在城市中沦为“二等公民”，饱受歧视。因此，“以人为本”的城镇化致力于让城市中的所有人享受与城镇户籍人口均等的公共服务，特别是让刚刚迁移到城市中实现身份转换的“农民市民”群体在新的环境中住有所居、学有所教、劳有所得、老有所养、病有所医。新型城镇化要求，在发动全社会民众为城镇化努力奋斗的同时，合理引导人口流动，有序推动农业转移人口市民化，稳步推进城镇基本公共服务对常住人口而非户籍人口的全面覆盖；同时，不断提高人口素质，帮助农民工加速融入城市社会，进而促进人的全面发展和社会公平正义，使全体居民享受现代化建设的果实。

第二，新型城镇化是四化协调的城镇化。城镇化与工业化同步协调。工业化是城镇化的主动力，要在保持城镇化与工业化同步协调的基础上，利用工业化“引擎”助推中国城镇化发展。改革开放初期，中国的城镇化进程一度滞后于工业化进程，出现所谓“没有城镇化的工业化”，进而导致了一系列经济社会问题。但随着近些年来我国城镇化的快速推进，城镇化滞后的形势得到了极大的改观。新型城镇化要求城镇化继续稳步推进，保持与工业化协调发展的趋势，同时把握第三次工业革命的机遇，努力提高我国工业化水平，进而推动我国城镇化的高效发展。

城镇化与信息化同步协调。信息化是融合器，以互联网和移动通信为载体的信息化，一改传统的空间关系，拉近人与人的距离，降低了交易成本，使过去的工业商业从“集中型规模”向“分散型规模”转变。一方面，将城镇化建设和信息化结合，发挥信息化在公共服务和城市管理中的广泛运用，有助于提高效率，降低成本；另一方面，基于信息化基础之上的新型工业化，具有科技含量高、经济效益好、资源消耗低、环境污染少等优势，能够直接助推城镇化更好更快发展。

城镇化与农业现代化同步协调。首先，农业现代化为新型城镇化提供要素来源。一方面，农业现代化使农民劳动生产率提高，农村劳动力溢出，城市劳动力得到补充；另一方面，农业现代化大幅提高粮食产量，节约土地资源，既为城镇居民提供了充足食物，也为城镇化发展提供了充足土地。另外，农业现代化更有利于农民收入的提高，促进城乡融合，打破城乡二元经济格局，实现资源的有效配置。同时，新型城镇化也为农业现代化提供了优质资源，例如高质量多样化的农用机械设备、领先的农业科技、先进的经营管理理念等。

综上，新型城镇化是坚持“四化协调”的城镇化，是推动工业化和城镇化良性互动、信息化和城镇化深度融合、农业现代化和城镇化相互支持的城镇化。“四化协调”，有利于促进城镇发展与产业支撑、就业转移、人口集聚相统一，促进城乡要素平等交换和公共资源均衡配置，从而形成以工促农、以城带乡、工农互惠、城乡一体的新型工农城乡关系。

第三，新型城镇化是集约高效的城镇化。新型城镇化要求走集约发展之路。中国自然资源虽种类繁多，数量丰富，但人均占有量低，特别是土地资源短缺的现状无法扭转，人多地少是中国无法回避的基本国情。随着城镇化的快速发展和现代化的不断推进，我国对自然资源的依赖程度逐渐加深，资源约束的趋紧成为我国城镇化建设进程中必须迈过的一道“坎”。

城镇化过程中不可避免要占用土地，但传统城镇化中土地利用模式粗放、土地闲置现象突出、浪费严重的情况亟待改善。《2014 年国家土地督察公告》显示，截至 2014 年 9 月 30 日，近五年内，全国批而未供土地达 1300.99 万亩，闲置土地达 105.27 万亩，另有专家指出还有大量的闲置土地未被公开。另外，深圳作为我国单位土地国内生产总值最高的城市，每平方千米土地的产出是 4 亿人民币，而新加坡是其 4.5 倍，东京是其 10 倍；上海是中国所有城市中经济水平和资源利用效率最高的城市之一，但其土地的经济产出率仅为东京的 7%，首尔的 27%，巴黎的 24%。因此，新型城镇化提出，在加快推进城镇化进程的同时，必须处理好经济发展、城镇建设和节约用地、集约用地的关系，提高土地利用效率。一方面用好城镇土地存量，发挥城镇土地的开发潜力，高效利用；另一方面爱护农田，保护耕地，不能让城镇化之路阻碍了农业现代化的发展，更不能以牺牲农业为代价发展城镇化。

新型城镇化要求走高效发展之路。走集约化发展之路的同时，更要对资源配置进行优化，最大限度地发掘资源的可利用潜力。新型城镇化是高效的城镇化，要求在市场的基础作用之上，政府主动发挥调控作用，使生产要素在城乡之间、城城之间以及城市内部优化配置，增强城市的创新能力，从而在有限的资源投入中最大限度地实现城镇化的集聚效应，持续提高城市的生产率。同时坚持优化布局，即根据资源环境承载力构建科学合理的城镇化布局，控制城镇化发展下的用地规模，杜绝一味求速度的发展思想，并优化城市内部空间结构，促进城市紧凑发展。

第四，新型城镇化是环境友好的城镇化。新型城镇化拒绝走“先污染，后治理”的发展之路，也不接受“唯环保，不发展”的保守之路，而坚持“以环保促发展，以发展促环保”的协调之路。自然环境和人类社会发展息息相关，是人类生产生活的重要组成部分。因此，不断恶化的环境必将对人类的生产生活造成不利影响。而新型城镇化既强调大力推进生态文明建设，追求生态优美，又强调实现城镇的经济繁荣，实现生态和经济的协同发展。

习近平主席谈生态文明建设时曾说：“我们既要绿水青山，也要金山银山。宁要绿水青山，不要金山银山，而且绿水青山就是金山银山。”在城镇化进程中坚持生态文明，就是要把生态文明理念全面融入城镇化进程，着力推进绿色发展、循环发展、低碳发展，节约集约利用土地、水、能源等资源，减少对自然的干扰和损害，推动形成绿色低碳的生产和生活方式和城市建设及运营管理模式。

综上，新型城镇化是坚持生态文明建设的城镇化，以生态文明理念为引领，构建绿色产业体系，引导形成绿色消费模式，同时增强绿色保障能力，使自然资源被最大限度的集约利用，使生态环境建设成为城市建设的有机组成部分，从而实现人与自然的和谐相处。

第五，新型城镇化是文化传承的城镇化。自古以来文化和城市就有密不可分的关系。城市的诞生是人类文明形成的重要标志之一，而人类文明的众多成果是依托城市孕育创造并一脉相承保留下来的。直到今天，在绝大多数历史悠久的古城中我们依然能够看到不同历史年代留下的文化烙印，回溯起人类文明演进的宏大历程，感知到蕴含在城市文明中不同民族的文化基因。一座城市的深层内涵由其精神特质决定，而独特的精神气质则由该城市独一无二的历史文化塑造形成。因此，文化是一座城市的灵魂，也是新型城镇化内在的精神力量。

当下，世界正处于大调整、大变革和大发展时期，各国各地区的各种思想文化交流、交融、交锋更加频繁，文化要素在综合国力竞争中的地位更加突出，文化软实力的作用越来越具有现实意义。国家主席习近平曾指出，“提高国家文化软实力，关系‘两个一百年’奋斗目标和中华民族伟大复兴中国梦的实现”。

中华文化源远流长，是每个中国人宝贵的精神财富，是中华民族屹立于世界民族之林的重要支撑。提高国家文化软实力，就是要努力展示中华文化的独特魅力，就是要创造性地保护好中国每一座城市、每一个地区独有的文化遗产，传承好每一座城市、每一个地区独特的历史文脉。只有保护好、开发好、传承好这些自然历史文化禀赋，一座城市才能从“千城一面”的城市群中脱颖而出，才能提升城市形象、增强城市魅力并集聚发展资源。

针对传统城镇化过程中文化构建常常被城镇化的速度和产业发展的效率所湮没的状况，新型城镇化要求，在稳步推进城镇化进程的同时，要根据不同地区的自然历史文化禀赋构建独特的历史文化体系，体现区域差异性，提倡形态多样性，防止城镇化发展中出现“千城一面”的尴尬情形，在各地区大力发展有历史记忆、文化脉络、地域风貌、民族特点的美丽城镇。

二、贫困流动下新型城镇化再定义

（一）关注贫困地区发展的新型城镇化

随着城镇化的不断推进，贫困地区城镇化问题逐渐显现并呈加深态势。从宏观层面上看，我国改革开放前 20 年实行的沿海地区率先发展、“先富带动后富”的发展政策虽取得显著成效，但同样使城镇化发展的区域不平衡特征进一步强化。在我国城市群以外的地区，集聚了全国约 30% 的城镇人口，占我国国土面积的 4/5，几乎包括我国所有的贫困地区。传统的城镇化过度关注我国东部地区，造成位于我国西部的广大贫困地区与之差距不断拉大。虽然西部大开发、中部崛起等区域政策相继出台实施，但区域发展不平衡的宏观局面并未得到根本性的扭转。从微观层面看，每一个贫困地区大多受资源禀赋、地形地貌、人口素质的限制，难以吸引外部投资，加之劳动力资源配置效率低下，城镇化进程十分缓慢。

当前，城镇化严重阻滞已经成为制约贫困地区经济发展、民生改善的瓶颈。贫困地区城镇化、工业化水平落后，聚集功能低，辐射功能不足，一些地区大量劳动力向城市地区转移，另一些地区则出现大量闲置劳动力，直接影响和制约了农业生产率的提高，最终导致农民收入增长缓慢，消费能力不足，甚至成为社会不稳定的诱因。新型城镇化区别于传统城镇化，更加关注贫困地区的城镇化进程，着力解决贫困地区的城镇化问题。

1. 城镇化对贫困地区经济社会发展的影响。改革开放后我国城镇化发展迅速，但贫困地区城镇化水平相对较低。2013 年中国城镇化率为 53.7%，但集中连片特困地区城镇化率平均为 28.91%，比全国水平低 24.79 个百分点。由于贫困地区具有其自身的特殊性，传统城镇化对贫困地区经济社会发展的影响同样具有特殊的“双面性”。

一方面，城镇化进程中要素空间集聚和规模经济为贫困地区创造了大量就业岗位，并通过劳动力价值的回报提高了贫困地区的经济发展速度，改善了贫困地区的公共基础设施，促进了贫困地区生产、生活方式转变。另一方面，生产要素集聚的外部性对部分贫困地区造成诸多负面影响，主要表现在人口结构、土地利用结构等方面。

随着城镇化的不断推进，农村大量青壮年劳动力流入城镇等发达地区，导致贫困地区人口结构发生重大改变，老龄化趋势愈加明显。在发达国家的人口老龄化历程中城市人口老龄化水平一般高于农村，但在中国，目前农村老龄化水平高于城镇 1.24 个百分点，且预测这种城乡倒置的状况将持续到 2040 年。一些年龄较大的贫困农村人口，在当地已经生活了几十年，形成了较为强烈的乡土依赖。他们在心理倾向、生活习惯、劳动技能方面既不习惯也不适应快节奏的城市环境，因此更愿意“留在原地”，不愿背井离乡前往不熟悉的城镇；而年轻的农村人，一般具有较父辈更高的教育经历和文化素质，他们思想活跃，更加开放，具有较强的接受新事物的能力，并且敢于冒险，愿意前往城市获取更高的收入。改革开放后我国东部地区城镇的崛起离不开这些人的贡献，但他们的流失同样导致贫困农村地区的生产能力进一步降低，阻滞了农村的经济社会发展。另外，贫困地区老龄化导致乡村干部、教师等各类人才配置不足，农村经济社会发展的主体日渐弱化。特别在一些贫困地区，党员干部队伍年龄普遍偏大，基层组织后备力量储备不足。而党员干部队伍老龄化问题又会造成村镇经济发展思路不广，有效的管理能力和先进的组织能力较为欠缺，脱贫任务更加艰巨。

贫困地区的人口结构老龄化衍生出土地利用粗放化问题。一方面，弃耕抛荒现象频现。绝大部分青壮年劳动力外出务工，导致在家从事农业生产的农民年龄大多在60岁以上，因此许多农户已经将种粮从“主业”变为“副业”。另一方面，不少农民认为，“弃地”外出打工赚钱快，而且还可以得到国家的种粮补贴，因此宁愿地荒着也不愿转给他人经营，致使弃耕抛荒现象在我国多数农村地区普遍存在。而上述用地废弃和闲置现象为乡村公共基础设施和社会化服务业的优化配置带来了相当大的困难，对乡村地域的生产、生活和生态空间产生了深远影响。

2. 贫困地区城镇化的有利条件。国家宏观政策为贫困地区城镇化保驾护航。2003年后，国家陆续出台1号文件，着力解决三农问题，成效显著。中共十八大以后，中央对扶贫的投入力度空前加大：自2012年底以来，中央接连出台了一系列关于扶贫工作的意见、方案与办法，包括《关于创新机制扎实推进农村扶贫开发工作的意见》《扶贫开发建档立卡工作方案》《建立精准扶贫工作机制实施方案》等。2015年11月，中共中央和国务院共同发布《关于打赢脱贫攻坚战的决定》，这成为中国农村扶贫的新纲领性政策文件。因此，贫困地区要紧紧抓住政策机遇，有效利用政策优惠和政策扶持，建设好电力、交通、通信、水利、能源等方面的配套设施，打好贫困地区城镇化的基础，促进贫困地区城镇化健康稳定发展。

表 5-2 “三农”问题 1 号文件（2004—2017 年）

	“三农”问题 1 号文件
2004 年	《中共中央国务院关于促进农民增加收入若干政策的意见》
2005 年	《中共中央国务院关于进一步加强农村工作提高农业综合生产能力若干政策的意见》
2006 年	《中共中央国务院关于推进社会主义新农村建设的若干意见》
2007 年	《中共中央国务院关于积极发展现代农业扎实推进社会主义新农村建设的若干意见》
2008 年	《中共中央国务院关于切实加强农业基础建设进一步促进农业发展农民增收的若干意见》
2009 年	《中共中央国务院关于 2009 年促进农业稳定发展农民持续增收的若干意见》
2010 年	《中共中央国务院关于加大统筹城乡发展力度进一步夯实农业农村发展基础的若干意见》
2012 年	《关于加快推进农业科技创新持续增强农产品供给保障能力的若干意见》
2013 年	《中共中央国务院关于加快发展现代农业进一步增强农村发展活力的若干意见》
2014 年	《关于全面深化农村改革加快推进农业现代化的若干意见》
2015 年	《中共中央国务院关于加大改革创新力度加快农业现代化建设的若干意见》
2016 年	《关于落实发展新理念加快农业现代化实现全面小康目标的若干意见》
2017 年	《中共中央、国务院关于深入推进农业供给侧结构性改革加快培育农业农村发展新动能的若干意见》

顺应农业产业结构调整的大潮，为城镇化发展提供持久动力。目前的现实情况表明，依靠农产品增产或农产品提价的方式增加收入已不可行，农业产业结构必须根据新的供求关系进行调整。根据当地的地形、气候特点，充分发挥区域比较优势，挖掘资源利用的潜力，调整农业产业结构，提高农产品质量和档次，发展名特优新产品，打造“甘蔗镇”“苹果乡”“葡萄镇”等特色经济乡镇。一方面能够直接提高当地农民收入，促进当地经济的发展，另一方面能够吸引游客前往该地区观光旅游，形成独具地域特色的旅游资源，间接促进当地发展，为当地的城镇化提供动力支撑。

此外，贫困地区发展相对落后，可能成为城镇化建设的一种“后发优势”。东部地区首先开启城镇化进程，既取得了巨大成功，也暴露出许多问题。而这些问题和教训能够作为宝贵经验，为贫困地区的城镇化发展提供参考，贫困地区也因此能在很大程度上避免走传统城镇化的老路，开创一条稳定、合理推进城镇化的新路子。

3. 新型城镇化的对策措施。在体制机制上，加大体制机制创新，进一步推动生产要素在城乡之间的自由流动。当前我国仍然存在部分制度缺陷，特别是横亘城乡之间、阻碍生产要素在城乡间自由流动的制度障碍，使得统筹城乡发展的经济体系无法建立起来，严重迟滞了贫困地区的城镇化进程。因此新型城镇化要求在体制机制上进行改革，推动农村产权改革、深化农村金融改革、加大土地流转力度、强化劳动技能培训，建立起土地、资本、劳动力、技术、信息等资源的有效使用体系，从而建立起合理流动的要素市场，使贫困地区城镇化得到制度上的支撑。

在人才引进上，出台一系列优惠政策，鼓励农民工、大学生、复转军人等各种人才返乡创业。前文指出，在城镇化不断推进的过程中，农村大量青壮年劳动力流入城市，农村地区老龄化趋势明显加重，进而导致农村经济社会发展的主体日渐弱化。因此，大力支持有才华、有能力的农民工、大学生、退役士兵等返乡创业具有十分重要的现实意义。一方面，引导他们返乡创业能够缓解其在大城市不得不面对的巨大就业压力，避免人力资源的无效率配置；另一方面，他们拥有的理念、技术、思路、资金能够激发农村的经济活力，推动贫困地区的经济发展，从而带动地区的城镇化进程。换言之，新型城镇化旨在改变人口的单向流动规律，即乡村人口向城市流动、小城市人口向大城市流动、边缘地区人口向中心城市流动，构建人口双向流动机制，从而达到资源优化配置的目的。

在产业结构上，因地制宜，发展当地特色产业。城镇化没有固定不变的模式或机制，每个地区需要根据自身的实际情况打造适合自身发展的城镇化之路。例如，部分贫困地区历史和文化资源往往富集，只是经济发展相对滞后，那么可以鼓励这些地区利用当地的自然历史文化资源禀赋，积极建设国家魅力景观区，加快发展面向休闲消费需求的旅游经济；同时，在国家政策的帮扶和财政支持下加大公共基础设施建设投入，强化这些地区在服务设施领域的互联互通和承载能力，总体上谋求差别化的特色发展道路，帮助这些贫困地区稳步实现城镇化，从而提升广大人民群众的生活水平。

（二）关注城镇贫困人口的新型城镇化

贫困问题是世界性、普遍性的问题，城市贫困问题同样是世界各国的各个城市在发展过程中普遍出现的社会经济现象。我国的城市贫困问题出现较晚，但出现后呈蔓延快、程度深的趋势，这是因为我国的城镇化经历了“急停急起”的两阶段发展历程。

改革开放前，我国的城镇化水平低，我国贫困人口的主体是那些尚未解决温饱问题的农民，国家的扶贫重点一直放在农村。改革开放后，农村的贫困规模和比重仍然较大，贫困问题仍十分突出，因此政府先后出台并实施《国家八七扶贫攻坚计划（1994—2000 年）》《中国农村扶贫开发纲要（2001—2010 年）》《中国农村扶贫开发纲要（2011—2020 年）》等扶贫政策，农村脱贫成绩显著。但同时，特别是 20 世纪 90 年代后，随着我国城镇化的高速推进，城市数量激增，城市社会结构急剧变迁，城市经济体制改革不断深化，城市贫困问题日益严重。下岗、失业人员的产生，加之大规模农村劳动力向城市流动和转移，进一步扩大了我国城市贫困人口的规模。新型城镇化区别于传统城镇化，是更加关注城镇贫困人口、着力解决城镇贫困问题的城镇化。

1. 我国城镇化进程中的城镇贫困问题。

（1）城市贫困人口数量迅速增加。改革开放后，我国农村扶贫工作成果显著，特别在农村最低生活保障制度和新型农村合作医疗制度的支撑下，越来越多的农民脱离贫困。根据1978年农村贫困标准，1978年我国农村绝对贫困人口约2.5亿，占全国人口的近四分之一，而2007年底我国农村绝对贫困人口已减至1479万（1978年标准）。官方贫困线调整后，我国农民脱贫速度并未减缓：2016年中国农村贫困人口总数为4335万，比2015年减少1240万（2010年标准）。

然而，进入21世纪后，我国城镇贫困问题凸显，主要表现为城市贫困人口数量迅速增加。由数据可知，我国城市居民最低生活保障人数从2000年至2009年均呈现增长态势。2000年我国城市居民最低生活保障人数为402.6万人，2009年达到顶峰，为2345.6万人。虽然该指标在2010年后呈下降趋势，但依然维持在1500万以上的高水平位置。(见图5-9)

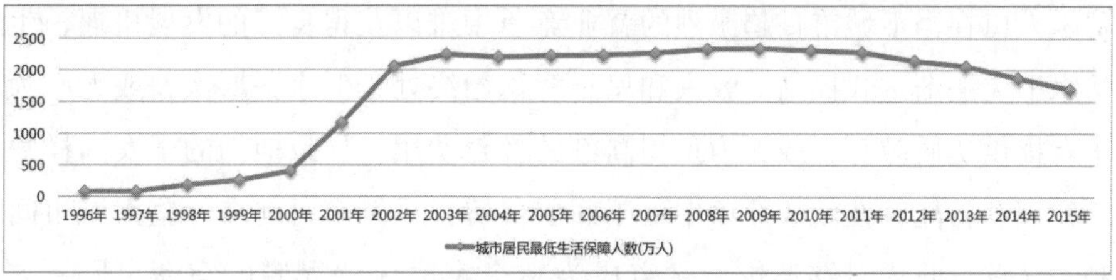

图5-9 中国城市居民最低生活保障人数（1996—2015年）①

① 数据来源于国家统计局网站。

（2）城市贫困人口集聚分布，贫富隔离现象产生。从物质基础上看，传统城镇化的高速发展导致城镇内部人口收入两极分化的情况加重，富人更富，穷人更穷。在此基础上，由于贫困群体无力偿付市区高额的房价与物价，因此被“隔离”在居住条件恶劣、环境较差、基础设施不足的城市边缘地带。另一方面，由此形成的贫困人口“隔离带”区域往往处于规划管理范围之外，建设布局零乱，建筑杂乱无章，流动人口多，存在治安隐患，违法犯罪率居高不下，严重影响城市形象。

从人际关系上看，传统的农村社会中尽管贫富也有区别，但相较于现在的城市，民风淳朴，住在同一地域的人们守望相助，关系密切，富人帮助穷人，相互之间的人际关系更加富有人情味，集体认同感十分强烈。然而，在现代的城镇社会里，人们之间的物理距离虽然被进一步拉近，但相互之间的集体认同感和社区团结感却严重淡化。贫富差距悬殊甚至导致高收入群体对低收入群体的“不耐”，低收入群体也无心与高收入群体交往，最终表现为居住在城市的人们在居住地点和社会交往上往往根据种族和贫富的差别明显地隔绝开来，各方面处于弱势的城市贫困人口在城市内集聚分布，贫富隔离现象产生。

（3）城市贫困状况的代际传递。除城市贫困人口数量迅速增加、贫富隔离现象产生外，城市贫困的“代际转移”倾向同样突出。一方面，城市贫困人口在当下城市日趋激烈的就业竞争中难以获得良好的发展机遇，生活水平无法渐进式提高，收入和思想意识始终处于低水平层次，或无心为子女提供优质教育，或无力负担高额的教育费用，导致他们的子女同样缺乏知识和技能，在就业竞争中处于底层位置，只能盲目地在一些大城市间频繁转移，收入只够温饱，贫穷成为整个家庭无法摆脱的宿命。另一方面，富裕也呈现代际转移趋势。调查显示，父母的收入越高、社会地位越高、权力越大、社会关系越多，其子女越容易获得较高的收入和社会地位。这也导致城镇中贫困家庭的子女通过教育、就业等正常渠道进入更高层次，比如公务员、经理人员、专业技术人员等阶层的难度越来越大。另外，城镇贫困的“代际转移”还导致城镇贫困人口结构发生改变，贫困人口的平均年龄呈降低趋势。

2. 城镇贫困问题的成因及影响。城镇贫困人口作为一个庞大的社会群体，其组成大致可分为两大部分：一部分是城市原住民，他们或是国有企业改革和调整导致的失业群体，或是资源枯竭型城市里具有正常劳动能力的城市居民，或是退休较早、仅依赖退休金生活的老年人；另一部分是1985年后大量流入城市的农村人口。城镇贫困人口组成的相对复杂性反映出城镇贫困问题的成因复杂，影响深刻。

城镇贫困问题产生的直接原因是该群体就业竞争力不足，不能适应社会改革和发展的需求。城镇贫困人口中一大部分城市原住民，包括资源枯竭型城市中具有正常劳动能力的城市居民，由于自身掌握的知识和技能在城市产业转型过程中过时，加之就业观念转变不彻底，在企业改革和调整中“被迫”下岗，且无法获得更好的就业机会，收入来源基本断绝。而退休较早、仅依赖退休金生活的老年人，客观上无法在就业中与充满活力、思想更加开放的下一代竞争。绝大部分来自农村的贫困人口，未接受较高水平的教育，自身文化、技术水平偏低，思想保守落后，更无法与城市居民竞争就业机会。就业竞争力不足导致该群体或失业，或不得不从事一些不稳定、低收入的工作，因此极易陷入贫困。

城镇贫困问题产生的间接原因是社会保障体系不完善。第一，城市社保功能弱化，养老保障、医疗保障等难以发挥应有的保障作用。随着通货膨胀的加剧，虽然国家接连提升养老保险待遇，但养老金替代率仍连年下降，养老金对离退休人员的基本生活保障功能逐渐弱化；医疗保障方面，我国虽加大医疗保障体制改革，但看病难、看病贵的问题仍没有得到根本解决。第二，城市社保覆盖面窄，失业保险制度不健全。一方面，进城务工的农民工群体往往没有被纳入城市社保体系之内，我国的城市社保没有做到百分百的全面覆盖，也没有实现各个群体的覆盖；另一方面，统一健全的失业保险制度缺失，大部分下岗失业人员得不到基本的生活保障。第三，城市社保支出压力大，持续性受影响。随着我国人口老龄化趋势加剧，城市社保面临的支出压力逐年增大，收不抵支的情况逐渐增多，社保功能的持续性受到很大影响。

城镇贫困问题产生的根本原因是收入分配机制不健全。改革开放后我国城镇化进入高速发展时期，城镇的经济社会发展十分迅速，但由于相关政策的不完善，财富分配不均衡问题日益凸显，特别是城镇居民内部的收入差距明显扩大。城镇居民内部收入差距用城镇居民内部的基尼系数来综合反映：1985 年我国城镇居民人均可支配收入基尼系数仅为 0. 259，但随后一直上升，至 2008 年达到 0. 417 的顶峰。近年基尼系数虽呈下降态势，但仍然处于国际公认的警戒线之上，说明我国收入分配机制仍不健全，亟待改进。

城镇贫困问题给我国城镇化发展造成许多不利影响。第一，削弱农民进城积极性，不利于城镇化建设。我国城镇化至今取得的瞩目成就离不开农民工的贡献，但随着城镇贫困群体的不断扩大，不少农民对于进城望而却步。第二，城镇贫困问题直接影响城镇社会的安全和稳定。大多数城镇贫困人口文化水平不高，且因为大都面临艰难的生活处境，便于相互交流和感染，易在认同感、归属感的驱使下形成自身的“圈子”，有较高的整合性，产生矛盾后不易化解，反而可能演化成为激烈的群体行动，将会引发尖锐的社会矛盾和冲突。第三，贫困导致消费紧缩，不利于城镇的经济发展。城镇贫困人口收入普遍很低，消费能力和水平难以提高，同时还会影响其他群体的消费预期和贫困预期，制约消费需求的扩大。

3. 城乡统筹扶贫的对策及措施。

第一，多种措施并举，提升贫困人口素质，增强就业能力。对贫困人口建档立卡，组织参加各类职业技能培训；免除贫困家庭子女的部分教育费用，让每户贫困家庭的子女能够安心上学，得到高质量的教育，避免贫困的代际传递；继续强化再就业岗位培训，并帮助下岗职工联系新的就业岗位，优化劳动力资源配置，避免浪费。

第二，优化城镇产业结构，创造就业机会。不同城镇根据自身的规模和实际情况，确定符合自身特点的优势产业；大城市在由“工业型经济”向“服务型经济”转型升级的过程中，兼顾各类工业的发展，避免盲目腾笼换业，造成大量职工失业；小城镇立足地方资源，发展特色产业，形成专业化、区域化产业布局，既有利于当地经济的迅速发展，提高人民生活水平，也有利于当地人民的就业发展，创造更多的就业机会。

第三，建立贫困群体就业保障体系，对城市贫困群体实行特殊的就业扶持政策。一方面，加大力度研究专门针对城镇贫困人口的就业保障和援助措施，对贫困人口中长期失业的群体在政策上进行帮扶；另一方面拨发专项资金，专门用于帮助贫困人口中失业群体再就业；将帮扶政策落实到街道一级，建立专门负责的机构，针对每一个贫困人员的不同情况逐一落实就业保障措施。

第四，完善城市居民最低生活保障体系。一方面，在增加投入的基础上，优化资金的使用效率：低保所需资金必须全部在各级财政预算中列支，中央、省级财政加大对市县区财政的转移支付力度；积极拓展资金来源，大力开展慈善事业，鼓励社会企业进行福利事业捐助，建立持久的社会捐助机构和体系。另一方面，制定科学的最低生活保障标准，并根据实际情况进行动态调整：在制定标准时，综合考虑经济发展水平、财政支付能力、居民收入水平等要素，并根据收入增长状况和物价水平进行适时调整。同时，建立健全对专项资金的监督管理体制，将资金的安排、管理、使用情况和低保政策向全社会公开，便于社会加强监督。

（三）城乡一体统筹协调的新型城镇化

1. 新型城镇化中城乡一体化的战略意义。

（1）有利于深入落实科学发展观。科学发展观第一要义是发展，核心是以人为本，基本要求是全面、协调、可持续，根本方法是统筹兼顾。大力推进城乡一体化建设，公正平等地对待“村民”与“市民”，体现着“以人为本”；平衡对待“农业”与“二三产业”，兼顾两大产业，体现着科学发展观的协调原则。在城乡一体化建设下，用统一的规划引导城乡协调发展，用配套的政策法规保障城乡健康发展，用雄厚的产业支撑城乡稳定发展，均是深入贯彻落实科学发展观的重要举措。

（2）有利于扩大内需。扩大内需能够直接刺激经济的发展，虽然我国当下倡导加强供给侧改革，但并不等同放弃扩大内需。以“稳增长”为核心，供给侧改革和扩大内需并重将成为我国经济的长期发展战略。新型城镇化中城乡一体化发展能够为扩大内需提供强大动力。一方面，城乡一体化帮助数亿农民迁移到城市，他们的吃、穿、住、用、行形成巨大的消费市场，直接扩大了城市消费需求；另一方面，城乡一体化能够增加农民收入，释放其消费潜力，间接扩大城市的消费需求。

（3）有利于经济协调发展，是全面建成小康社会的必由之路。“中国要强，农业必须强；中国要美，农村必须美；中国要富，农民必须富”“小康不小康，关键看老乡”，这些深刻而又生动的话语阐释着，中国建设全面小康社会的重点在农村，难点在农业，焦点在农民。目前，随着农业现代化的稳步推进，我国农村地区的经济水平已经有了大幅提升，但与城市的差距仍然较大，与建设全面小康社会的目标差距仍然较大。在新型城镇化过程中，推进城乡一体化发展，才能促进农民收入提高，才能让广大的农村地区与城市一同步入小康社会。

（4）有利于全社会的稳定和谐。当下的中国是农民占人口大多数的发展中大国，农民的利益能否得到保障、农村是否能和谐稳定，直接关系到整个国家的和谐稳定。农村稳则大局稳，农村和谐则全社会和谐。传统城镇化过程中，城镇的高速发展导致城乡差距不断拉大，城乡矛盾日益突出，社会治安隐患不断加深，制约着中国和谐社会的建设。城乡一体化过程，是缩小城乡差距的过程，是保障农民利益的过程，是协调城乡利益的过程，也就是建设和谐社会的过程。

2. 新型城镇化的对策及措施。

（1）大力推进农业现代化发展，缩小城乡收入差距。提高农业机械化程度、信息化水平和科技含量，提高劳动生产率和产品价值；大力发展家庭农场、专业合作社等多种经济形式，实施规模经营，向规模化要产值和效益；加大支农惠农富农力度，健全财政投入稳定增长机制，拓宽社会资本市场化投入渠道，优化农业补贴政策，创新信贷、保险等支农措施。

（2）建立健全联结城乡的产业链。通过建立跨越城乡的商业网络，农村的产品可以更加畅通地进入城镇，城镇的产品同样可以更加便捷地“下乡”，双向互动过程中的环节数量减少，成本大大降低。特别是，以县城为中心建立上述商业网络尤为可行。

（3）实现城乡规划一体化。通盘考虑城乡发展规划编制，协调城乡规划，避免资源浪费，避免出现差距拉大的情况；特别在乡村规划工作中要做到五项创新，即坚持建设决策先行、坚持县域乡村建设规划主导、建立相关部门统筹协调的编制机制、创新村庄规划编制内容、创新村庄规划编制机制。

（4）大力改善农村基础设施状况，加快农村基础设施建设。积极推进交通、垃圾处理、污水处理、燃气、热力等基础设施一体规划、同步建设、综合管理，努力构建市域一体的基础设施体系。特别注重通信与交通状况的改善，使城乡之间在物流、人流、信息流等方面的联系与交往更加通畅。

案例

山东省宁阳县鹤山乡多措并举助力新型城镇化

（一）背景。

鹤山乡位于山东省泰安市宁阳县西北部，北依泰山，南邻曲阜，西邻梁山，总面积99平方千米，人口5.6万，耕地8.8万亩，下辖45个村和1个社区居委会。鹤山乡东部为冲积平原，西部为山地丘陵，北部有大汶河穿越乡境。2016年2月4日，经山东省政府批准，宁阳县鹤山乡撤乡设镇，新设立的鹤山镇行政区域范围和政府驻地保持不变。

2010年以来，全乡紧紧围绕“打造特色之乡，建设优雅鹤山”总体目标，大力实施“立人兴业、富民强乡”发展战略，以建设九皋文化社区城为统领，解放思想，极点定位，竭力拼搏，全力推进农村新型城镇化进程，取得了全国瞩目的成就和影响。

改革开放后，包括鹤山乡在内的我国广大农村地区在享受家庭联产承包责任制、乡镇企业、市场经济改革、国家强农惠农政策等红利之时，同样面临着农业生产方式落后、农民增收困难、农村生态环境恶化及衍生出的城乡矛盾、社会治安状况差等种种问题。传统城镇化过程中，鹤山乡主要面临以下问题：

第一，经济体制问题。农村集体和农民家庭有了一定的财富积累，但分散经营的小农经济难以与市场接轨，不能适应经济全球化、市场化的要求，农村经济需要转型升级。

第二，人口结构问题。城乡经济的发展提供了大量的就业机会，吸引着农民工外出务工。但对于农村来说，农民大量外出务工，导致农村空心化问题突出，留守儿童、留守妇女、空巢老人等弱势群体以及由此产生的社会问题日益增加。

第三，人居环境问题。传统城镇化过程中，农民的环保、生态、卫生意识都有了较大提高，但村落脏、乱、差的情况仍屡见不鲜，特别是垃圾回收和污水处理设施不完善，导致“垃圾围乡”和污水问题一直以来困扰该地区的发展。另外，村庄建设缺乏统一规划，农民住房质量不高，水、电、网、管、气等设施建设有待改进，乡镇公共文化场所中娱乐健身器材等配套设施不完善，人居环境亟待改善。

第四，公共服务问题。优质公共服务难以从城市向乡镇延伸，农村居民难以享受到优质的就学、就医、信息、社会保障等资源，社会矛盾尖锐。

（二）鹤山乡多措并举践行新型城镇化。

1. 推进社区化进程，鼓励农民向社区聚集居住。具体落实“五位一体”：坚持社区建设、社区经济、社区文化、社区管理和社区党建全面推进。

推进社区建设。坚持高标准规划，在综合考虑行政区划、地理位置、风土人情、文化传统、人口面积等实际情况的基础上，科学规划“七区九片三中心”的新型农村社区建设布局；坚持高质量建设，将每栋房子、每栋楼打造成为让群众住得放心、安心的精品工程、放心工程；坚持高性能配套，大力推动水、电、气、暖等各个方面的高性能配套建设，确保一流品位。

发展社区经济。一个社区发展1~2个主导产业，大力倡导全民招商，推动社区招商，创意招商形式，工厂向社区配置，创出一条“社区+工厂”的新路子；紧紧围绕服装加工、核桃加工、木材加工等产业优势，着力打造纺织服装集群、现代特色农业集群；通过召开社区招商新闻发布会，深化“访老乡、拜客商、寻信息、上项目”活动，开展“家乡建起新工厂、把信捎给农民工”活动，先后引进了8家规模企业。

繁荣社区文化。加强公共文化服务设施建设，每个社区都健全完善了包括“八室、四站、两栏、两超市、一广场”在内的公共服务设施；每个社区成立了社区教育中心，面向社区全体党员群众开展文化科技知识培训，加大培养适应农业和农村发展需要的专业人才；每个社区突出一项文化元素，大力发展旅游文化、生态文化、休闲文化、传统文化、历史文化、民俗文化，打造“文化鹤山”。

创新社区管理。先后投入 2000 多万元，健全完善了“乡便民服务大厅、社区便民服务中心、村为民代理服务站”立体化服务网络，推进由管理为主向服务为主转变；设立“助学扶贫厚德基金”和“慈善积分榜”，加大对贫困学生和贫困户的资助，定期开展好媳妇、好婆婆、致富能手等评选活动；开展“捎信”活动，发布企业的招工信息，让农民工返乡创业就业，彻底解决农村留守儿童和空巢老人问题。

抓好社区党建。深入实施动态管理，依托基层组织建设“大屏幕”，采取“三类九档”管理法，督促社区党组织和下属村党支部进位升档，确保一类班子不少于 15 个，三类三档班子不能超过 3 个；扎实推行基层“三三制”工作法，严格落实班子成员分管社区、联系村户制度，开展群众工作“面对面”活动，要求班子成员每个月三分之一的时间处理本职工作和搞好学习，三分之一的时间对上争取帮扶支持，三分之一的时间深入社区、村、户，察民情、访民意、聚民智。

2. 多措并举加快土地“全流转”。制定引领规划。制定“东菜西果北生态”农业产业规划布局，把全乡分为三大片区，引导村级搞好土地流转和种植结构调整。

深入宣传发动。坚持组织引导、群众自愿原则，采取算好账、现场看、反复讲等形式，充分调动党员干部和农民群众广泛的参与性和强烈的发展欲望。

出台奖励政策。对早行动、早部署的村给予政策倾斜和资金奖励，对新建成连片现代高效农业示范区、连片高标准设施农业示范区和实现土地

"全流转"的村给予现金奖励。

典型示范引导。在全乡范围开展调度会、推进会，认真总结推广王卞社区流转土地富民强村的经验，发挥示范引领作用。

提供高效服务。成立乡土地流转中心，规范流转合同，及时汇总、发布土地流转及项目建设等信息，提供全方位、综合性、一站式服务。

强化分类指导。全面推行百亩集体经济试验田，并着重推广集体与公司合作经营、集体与党员群众合作经营和企业化经营三种经营模式。

3. 多措并举培育新农民。培养有文化、懂技术、善经营、会生活的新型农民，重在搭建好四个载体。

设立新农村课堂。对农民进行形势政策、思想道德、实用技术、精神文明和健康安全等方面的培训，使全乡农民的科技文化素质有大的提高。全乡开办创业夜校、开设新农村大讲堂200余次，培训创业青年农民2400人次，培训种植、养殖、加工等20多项技术；乡党委自主创办报纸《九皋有约》，并由乡财政出资订阅1000份农村大众报，使群众熟悉了解支农惠农扶持政策，不断提高群众的科学文化水平和创业致富能力。

搭建全民健身赛场。成立体育办公室，由文化旅游办牵头，举办运动会、社区节，开展丰富多彩的登山运动、水上运动、广场健身等体育活动，精心组织各类比赛，并组织队伍参加上级赛事，强健体魄，展示形象。

打造文明之约奖台。持续开展以创业约、孝约、信约、状元约、义工约、慈善约等为主题的文明创建活动，广泛开展各类群众性评选，并在各级评选的基础上，择优进行表彰，促进乡风文明。

构筑文化惠民舞台。广泛开展各类文化活动，繁荣文学艺术创作，把先进文化送给农民。组建各类文艺团体，并要求每个社区都要成立一支文艺演出队伍，建设一处文艺演出场所。

4. 多路并行发展大文化。大力推进"文化立乡"战略，不断提升鹤山的旅游产业竞争力，努力打造有区域竞争力的生态文化旅游目的地。

科学谋划旅游风景区建设。依托颜子庙和颜林、皋山卧龙山、中皋岛和琵琶湖，将全乡看作整体，作为一个旅游景区来谋划；极点定位，科学规划，尽早谋划，努力打造一个30平方千米的旅游区；提出了“社区旅游”的构想，并成功举办宁阳鹤山乡社区旅游新闻发布会，对外重点发布了古典庄园项目、中国农民工馆项目和王卞社区农业生态旅游项目。

加强文化设施建设。大力实施有线电视和宽带网络“村村通”工程，有线电视用户超过5000户；深入实施文化惠民工程，全乡46个村均建成文化书屋；建成一批社区服务中心、文化广场等配套设施。其中，皋山社区文化广场占地面积约为1.9万平方米，设置了健身广场、舞台、门球场、篮球场、儿童乐园、民俗园等功能区。

强化生态文明建设。投资2600万元建成西引汶水五支渠石砌工程，全长14千米，贯穿21个行政村，基本解决了全乡近3万亩农田的灌溉用水问题；开展荒山绿化工作，实行班子成员“包山头”制度，重点做好鹤山、皋山、穗山等山脉的绿化造林工作。

（三）鹤山乡新型城镇化的成效及启示。

1. 成效。

（1）经济水平得到极大发展。成功引进8家大型企业（云汇变压器、宏润纺织、泰安宏邦制衣、泰安斌龙服饰、关关工贸、金艺发制品、泰安绿洋洋蔬菜食品有限公司、泰安盛佳烽）“入乡”，总投资超3亿元，解决了3000多人的就业问题，且将为乡镇带来近3000万元的税收收入。另外，从经济指标上看，全乡财政收入2009年657.32万元、2010年766.25万元、2011年996.15万元、2012年1328万元、2013年上半年已达1080.7万元，呈现逐年攀升趋势。

（2）社区建设成果颇丰。2014年，全乡全面启动7个新型农村社区的建设工作，共建成社区居民楼50栋，入住1500户，在建居民楼36栋，可入住1080户。特别是皋山社区经过2年的建设，已建成居民楼22栋，在建10栋，已有300多户群众搬入了新社区，其社区服务中心占地5700平方米，配套设施齐全，呈现出独特的文化魅力。另外，社区建设推动着土地“全流转”：截至2014年，全乡成功流转土地2.8万亩，发展各类合作经济组织26家，先后发展薄皮核桃10000亩，有机蔬菜6000亩，苗木花卉5000亩，其他经济作物5000亩，培植规模农业龙头企业4家，占地100亩的现代养殖小区5处。

(3) 基础设施不断完善。近年来，鹤山乡各种设施“网络”不断丰富。投资500多万元建设完成了王卞、泗皋、鹤山前湖、山前社区引水项目，构建了“水网”；投资1053万元，修建鹤洸路、中小路北延伸、中小路、西复线等8条道路，总长度18千米，畅通了“路网”；此外，“学网”“医网”“电网”“信息网”等民生保障网也有了较大改善。

(4) 群众生活水平得到极大提高。通过新型农村社区的建设，鹤山乡的人民由分散的自然村转移到聚集的新型农村社区里居住，由远走他乡漂泊打工到在家门口“门对门”实现就业，变一家一户为单位的农业组织方式为规模化、集约化的经营方式，彻底改变了当地农民“脸朝黄土背朝天”的生活方式，“过上城里人的生活”，甚至是“让城里人羡慕的生活”。

2. 启示。鹤山乡的新型城镇化之路为我国广大农村地区的城镇化建设提供了宝贵的经验财富。第一，社区化建设是农村向城市转变的必由之路。我国农村地区普遍存在经济欠发达、人口数量多、农民教育文化素质不高、基础设施和公共服务欠账较多等共性问题，因此无法实现从乡到市的跳跃性转变，需要寻找一种过渡阶段，即农村社区。农村社区化建设既符合当前农村的实际，有序推动了城镇化，又遵循了客观规律，不至于因步子迈得过大而增加政府和农民的负担。另外，农村社区能够为农民群众真正融入城市、融入市场打下牢固基础，且土地的全流转、工作的非农化，加速了农民市民化、市场化的进程。第二，在社区化的基础上发挥比较优势发展当地特色产业。社区化为农村经济的集聚打下了坚实基础，因此，在社区化的基础上，发动群众大力发展当地特色产业，能够最大限度调动群众积极性，发挥当地资源禀赋优势，促进当地经济又好又快发展。第三，农村地区新型城镇化离不开文化的支持。既要努力提升农民群众的科学文化，帮助农民群众掌握现代农业科技，推动农业现代化进程，又要严抓思想文化建设，注重社会主义核心价值观的培育。第四，农村地区城镇化必须伴随着管理体制的改造与升级。当下，农民群众居住形式和生产生活方式的巨大变革，使传统农村的社会管理模式不再适用。因此，在农村地区推进城镇化的过程中，管理体制必须变革，如：引入楼宇管理、网格化管理、慈善救助、业主委员会、流动人口服务站、便民服务中心等“城市元素”，发挥好居委会的作用，在创新社会管理中努力为居民提供优质服务。

三、新型城镇化经验总结

城镇化建设是我国发展的重头戏，在追求较高的城镇化建设速度的同时，还要更加注重城镇化质量的全面提升。走具有中国特色的新型城镇化道路，就是要从中国国情和各地实际情况出发，坚持以人为本的全面协调可持续发展理念，走渐进式、生态型、集约型、融合型、和谐型、多样型城镇化之路。其核心就是全面提高城市化质量，促进城市化健康发展。以上各地区的新型城镇化建设都取得了良好的成果，为我国的新型城镇化建设积累了宝贵的经验。具体的措施主要分为以下三个方面：

（一）实现精准扶贫，推动经济发展

进行新型城镇化建设，推动经济发展、实现全面脱贫是第一步。首先

要建立完善的识别体系，摸清当地的贫困户，将扶贫帮扶工作落实到人，保证扶贫对象的精准。其次，发展区域经济要充分利用当地的资源禀赋优势，调动当地民众的积极性，从事当地特色产品的生产和加工，形成具有地理标识的品牌。同时，还需要引进相关加工企业，一方面可以对特色产品进行深度加工，增强产品的规格化、标准化和包装化，提高产品的附加值和市场竞争力，增加经济收入。另一方面，能够增加就业岗位，吸引外出务工人员返乡就业，改善人口结构。最后，还要注重对当地生态环境的保护，依靠当地优良的生态环境开展乡村旅游业，进一步拉动当地的经济发展。在脱贫发展过程中，政府部门要注意统筹兼顾，合理分配各种资源，灵活运用政策，帮助民众实现脱贫致富。

（二）完善基础设施，改善人居环境

对居民的住房进行统一的规划和改造，保障居民的住房安全。加强道路、水、气和电等基础设施的建设，解决民众的行路难、吃水难等问题，满足居民的基本生活需求。推进农村的信息化建设，普及互联网以及4G网络的应用，帮助农民通过网络了解世界，加强与城市的联系。做好农村网络的建设也是农村经济发展和未来发展的需要。此外，由于农民的环保和卫生意识都相对较差，村落脏、乱、差的现象屡见不鲜，严重影响了农民的居住环境和身体健康。因此要格外重视农村地区的卫生环境问题，明确公共卫生责任，配备齐全的卫生设备等。此外，还要推进社区建设，保证每个社区都能够配备超市、综合服务中心、休闲娱乐广场等基本的生活设施，方便居民的生活，全面改善农村人居环境。

（三）完善公共服务，培育新农民

完善社会保障制度，提高农村地区的医疗、学校教学条件等，使农村居民也能够享受到优质的就医、就学、社会保障等资源。此外，还可以

针对农民的实际需要开设技能培训、文化培训和夜校等，全方位提高农民群体的科学文化素质和技能技术等，从而提高农民的支付能力。其次，还应该在社区开展文化活动，组建各类文艺团体等，从而丰富农民的文化生活。最终将农民培育成有文化、懂技术、善经营、会生活的新型农民。

·第六章·
新型城镇化与可持续减贫

改革开放以来，我国农村 7 亿人口脱贫，减贫事业取得了巨大成就。但近年来，新城市贫困问题和贫困人口反弹问题加剧，对扶贫制度和政策的反思和探索成为又一焦点议题。尤其伴随着我国工业化、城镇化进程的不断加快，人口流动和迁移已经成为中国社会经济转型的重要阶段特点。在规模庞大的流动人口大军中，一个被称为“农民工”的社会群体逐渐形成并发展壮大。他们户籍仍在农村，却长期在城市从事非农业生产，成为联系城市和乡村的纽带，为中国的经济发展做出了巨大的贡献。然而，他们的基本生存权利却长期被忽视，在城市中面临着住房、教育、医疗和公共卫生、就业、社会保障等多种权益的缺失的困境。因此，如何解决在新型城镇化进程中出现的扶贫难题，实现城乡统筹的可持续发展，是我们迫切需要解决的问题。

本章共三节，第一节分析了我国“十三五”时期流动人口变动趋势，并在此基础上论述了我国新型城镇化进程中流动人口的扶贫问题；第二节探讨了可持续减贫的含义、成效与障碍，并通过案例分析进一步理解可持续减贫的内涵，提出了可持续减贫的政策建议；第三节研究了新型城镇化与传统城镇化的区别，并提出以新型城镇化推进可持续减贫的战略构想和实施方案。

一、新型城镇化进程中流动人口的扶贫

(一)“十三五”时期人口流动变动趋势

改革开放以来，我国传统的户籍制度逐渐被打破，引发大规模的人口流动。据国家卫生计生委流动人口司发布的《中国流动人口发展报告2016》有关数据显示，“十二五”时期，我国流动人口平均每年增加约800万人，2015年末达到2.47亿，占总人口的18%，相当于每六个人中有一个人是流动人口。“十三五”时期，流动人口规模预计将进一步扩大，但流动人口的增长速度、空间分布、人口结构、人口素质、发展模式将有所改变。总的来说，我国“十三五”期间流动人口呈现出以下变动趋势：

1. 流动人口规模持续扩大，但增速逐步放缓。自20世纪90年代中期以来，我国进入快速城镇化时期。国家统计局的数据显示，2010年流动人口为2.21亿，到2014年增长到2.35亿，年均增长800万，年均增长率达到3.39%。根据城镇化、工业化进程和城乡人口变动趋势预测，到2020年，我国流动人口将逐步增长到2.91亿，年均增长600万左右。[①] 这也就意味着“十三五”时期我国流动人口总数仍呈现出扩大的趋势，但与前十年相比增速明显放缓。(见图6-1)

2. 人口继续向东南沿海集中，但空间分布发生局部调整，中西部城市群将成为人口流动新增长极。第六次人口普查（以下简称为“六普”）数据显示，2010年流入东部地区的流动人口占56.86%，流入东部地区的跨省流动人口更是高达81.42%。近年来，随着长江经济带、长江中游城市群、成渝城市群等多个国家级城市群规划的相继出台，中西部城市群成为

① 数据来源于国家卫生计生委流动人口司《中国流动人口发展报告2015》。

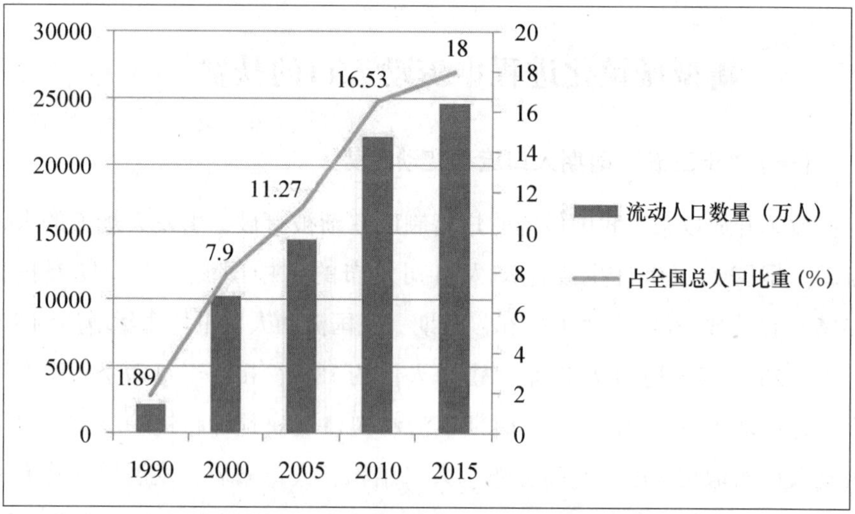

图 6-1 1990—2015 年流动人口数量变化状况①

全方位深化改革开放和推进城镇化的重点区域，流动人口的吸引力明显上升。“六普”数据显示，从 2005 年到 2010 年，西南地区和黄河中游地区的流动人口所占比例均上升了 3 个百分点左右；在以流动人口规模排序的城市排名中，重庆上升 4 位，成都上升 13 位，武汉、郑州、西安、长沙、合肥等中部和内陆城市吸纳流动人口数量和比例大幅度增长（见表 6-1）。

表 6-1 流动人口最多的前 5 位城市的流动人口占全国流动人口总数的比例（%）②

城市排序	2000 年		2005 年		2010 年	
	城市	百分比	城市	百分比	城市	百分比
1	深圳市	5.61	深圳市	6.48	上海市	4.35
2	东莞市	4.55	东莞市	4.68	深圳市	3.72

① 根据 1990 年第四次全国人口普查、2000 年第五次全国人口普查、2005 年全国 1%人口抽样调查、2010 年第六次全国人口普查和《中国流动人口发展报告 2016》数据计算。

② 数据来源于国家卫生计生委流动人口司《中国流动人口发展报告 2015》。

续表

城市排序	2000 年		2005 年		2010 年	
	城市	百分比	城市	百分比	城市	百分比
3	上海市	4.14	上海市	4.45	北京市	3.51
4	广州市	3.11	北京市	3.17	东莞市	2.94
5	北京市	2.53	广州市	3.15	广州市	2.37

3. 流动人口结构发生变化，儿童和老年人群体规模不断增长。

一是流动劳动力呈现老化趋势。据普查数据分析，我国流动人口的平均年龄由1982年的28.22岁上升到2010年的30.80岁。流动人口动态监测数据显示，从2010年至2014年，流动人口的平均年龄由27.83岁上升到28.13岁，45岁以上的流动人口占全部流动人口的比重由9%上升到12.9%。(见表6-2)

表6-2 2010年、2014年流动人口年龄构成指标①

	所属年龄段	2010 年	2014 年
年龄构成（%）	0~14 岁	18.5	21.1
	15~24 岁	17.5	13.8
	25~34 岁	29.8	29.3
	35~44 岁	25.2	22.9
	45~54 岁	7.3	10.9
	55~64 岁	1.4	1.8
	65 岁及以上	0.3	0.2

二是流动儿童规模增长迅速。“六普”数据显示，2010年0~17周岁

① 数据来源于国家卫生计生委流动人口司《中国流动人口发展报告2015》。

流动儿童占全国流动人口的比例为 16.2%，比 2000 年增长了 80.58%。流动人口动态监测数据显示，2010—2014 年，流动儿童规模占全部流动人口比例持续增长。

三是流动老人群体总量超千万，将进入快速增长时期。随着独生子女家庭的父母逐渐步入老龄阶段，未来可能会有更多的父母随着子女流动，流动老人群体将进一步扩大。

4. 流动人口受教育程度显著提高，素质结构不断优化。从 2000 到 2010 年，流动人口平均受教育年限从 8.66 年增加到 9.92 年，10 年内增加了 1.26 年。流动人口动态监测数据显示，2010 年到 2014 年，高中、大专以上文化程度的流动人口比例不断提高，平均受教育年限也从 2010 年的 9.36 年提升到 9.84 年。(见表 6-3)

表 6-3 15~64 岁流动人口的受教育程度构成（%）①

	2010 年	2014 年
未上过小学	2.40	1.75
小学	16.99	13.41
初中	53.33	52.15
高中	19.67	20.57
大学专科	4.94	7.70
大学本科	2.44	4.03
研究生	0.23	0.38
平均受教育年限（年）	9.36	9.84

5. 人口流动模式进入转型期，流动人口的居留稳定性增强。

一是流动人口家庭结构保持“核心化”趋势，“扩展化”特征初显。

① 数据来源于国家卫生计生委流动人口司《中国流动人口发展报告 2015》。

流动人口动态监测数据显示，近90%的已婚新生代流动人口是夫妻一起，其中，与配偶、子女举家流动的约占61%，且越来越多的流动家庭开始携带老人流动。

二是部分流动人口由务工型向创业型转变。流动人口动态监测数据显示，2011年至2014年，从事制造业的流动人口比例由37.4%下降到31.2%，自己创业的比例由2013年的31.8%增加到2014年的33.2%。

三是流动人口生存状况得到改善，居留稳定性提升。数据显示，流动人口收入水平连年增长，2014年月均收入为3534元，较2013年增加了12.6%；流动人口的自购房比例也逐年上升，2014年达到9.8%。

（二）新型城镇化进程中流动人口扶贫的政策困境

2015年，党的十八届三中全会明确要求，坚持走中国特色新型城镇化道路，随后召开的中央城镇化工作会议进一步强调“走中国特色、科学发展的新型城镇化道路”。2016年3月，《国家新型城镇化规划》（以下简称《规划》）正式出台。《规划》指出，以人为本，公平共享。以人的城镇化为核心，合理引导人口流动，有序推动农业转移人口市民化，稳步推进城镇基本公共服务常住人口全覆盖，不断提高人口素质，促进人的全面发展和社会公平正义，使全体居民共享现代化建设成果。由此可见，党和政府高度重视流动人口问题的解决。重视并做好占全国总人口约1/6的流动人口的服务管理，是“十三五”时期积极稳妥推进城镇化、落实科学发展观、建设全面小康社会、构建社会主义和谐社会的一项重要任务。

然而，中国长期以来的一系列政策都是以“城乡两个区域、城乡居民两个群体”为前提设计的，目前中国的宏观减贫政策和专项扶贫政策体系在应对流动人口这一群体时存在不足，其主要表现是政策体系的城乡分割。具体来说，当前中国在流动人口扶贫政策方面面临着以下困境：

1. 非包容性的城镇化模式使农村流动人口难以共享城镇化发展成果，

这种“非包容”性突出表现在与户籍制度相伴随的歧视性就业及福利制度。经过多年探索，我国户籍制度改革已经进入“深水区”，涉及经济社会领域的深度变革，如教育、就业、住房、医疗、社保、土地、财政等。尽管我国已经出台《国务院关于进一步推进户籍制度改革的意见》，大多数地区也制定了具体可操作的户籍制度改革措施，但目前社会福利城乡分割和区域分割的状况没有根本改变。大城市的落户门槛依然居高不下，小城市的农民进城意愿不强，落户积分制、居住证制度、城乡统一的户口卡等措施往往流于形式。

与户籍制度相伴随的歧视性就业及福利制度无疑弱化了流动人口共享城乡一体化发展成果的机会，不利于降低流动人口的脆弱性。

2. 流动人口基本公共服务供给与需求之间存在矛盾。从基本公共服务的供给能力来说，流动人口的空间分布十分集中，东南沿海省份中心城市承担的流入人口基本公共服务压力较大；我国目前的公共服务支出分摊机制存在着与事权不相符的状况，地方政府缺乏足够的财权来承担大部分的基本公共服务责任，跨区域的转移支付体系尚不健全，使得部分流动人口集中地的地方政府没有足够的能力承担责任。从基本公共服务的供给动力来说，目前我国的财税体制不利于引导地方政府主动接纳流入人口，地方政府收入主要来源于增值税、企业所得税等间接税，与包括流动人口在内的常住人口的居住、消费关联性较弱，这使得地方政府没有积极性主动接纳流动人口。

3. 城乡分割的专项反贫困政策难以将转型贫困人口纳入专项贫困监测和支持系统。目前，负责农村扶贫工作的各级扶贫办和社保部门是按照行政区域设置的，它们只能针对本地农村的贫困人口开展专项扶贫活动，无力对流动人口进行帮扶；而城市低保体系只针对城镇贫困人口提供最低生活保障，流动人口并未纳入进来。可见，城乡扶贫体系的设置具有很强的“属地”性质，致使广大的流动人口被排斥在现有扶贫体系之外，成为

“制度外”贫困群体。

4. 中国的贫困标准和贫困监测体系也是城乡分割的，不能衡量和监测流动人口中的贫困问题。这将在很大程度上影响中国贫困监测的质量，从而影响反贫困政策的制定。

（三）新型城镇化进程中流动人口扶贫政策建议

我国已经进入以提高城镇化发展质量为核心的新时期，这就要求我们认真审视现有的政策体系，并根据实际情况，与时俱进，不断调整和完善政策方案。根据以上的分析，可对新时期流动人口的扶贫提出以下政策建议：

1. 加大就业促进政策对流动人口的扶持力度，逐步建立城乡一体化的劳动力市场。从短期来看，劳动力市场的城乡分割可以维护城市的眼前利益。但是从长远来看，这种制度会明显地降低劳动力市场配置资源的效率，影响就业的扩大，损害企业的竞争力，使城市以及整个社会付出巨大的经济和社会代价。

此外，要建立流动人口权益保护制度，健全流动人口权益保护机制。首先，要帮助流动人口选出自己的权益代表，为其提供表达权益和要求的制度渠道和平台，提升其维权的意识和能力。如让流动人口加入工会并积极参与工会维权行动，通过集体谈判的方式来平衡劳资关系和确保劳动者权益。其次，国家应制定反就业歧视法，从法律上保障流动人口的平等就业权利。最后，政府应强化执法监督力度。各地区、各部门要及时清理和取消各种针对农民工的歧视性规定和不合理限制，保障农民工的平等权益。

2. 推进流动人口享有基本均等的公共服务，将流动人口纳入城镇社会保障体系，加强城乡基本公共服务的统筹规划。按照中央十八大三中全会要求，加快推进户籍制度改革，全面放开中小城市中心城区、县城和建制城镇落户限制。把进城落户农民全部纳入城镇住房和社会保障体系，将在农村缴纳的养老保险和医疗保险规范转入城镇社保体系。积极推进城乡要素平等互换和公共资源均衡配置，维护农民生产要素权益，保障农民工同工同酬。

此外，鼓励各地开展统筹城乡基本公共服务制度改革试点。有条件的，应将城乡基本公共服务的范围标准统筹设计实施；暂不具备条件的，要注重缩小城乡服务水平差距，预留制度接口。统筹城乡基础设施建设和社区建设，建立公共服务向县以下延伸机制。

3. 充分发挥社区这一平台在流动人口社会融合方面的作用，健全流动人口社会融入机制。应创新流动人口服务模式，通过社区活动促进流动人口和本地市民的交往与互动；应搭建流动人口参与社区事务的平台，拓展参与的途径，鼓励他们承担社区管理角色或社区志愿服务角色，共同履行社会管理与服务的责任。

此外，媒体要积极培育、大力倡导公平观念，帮助营造友善的社会氛围。通过正面的社会舆论，积极传扬流动人口的先进事迹，激发他们的荣誉感和责任心，推动本地市民对流动人口的理解和尊重，以及对他们在创造城市财富、美化城市面貌、保证城市生活正常运转过程中所做贡献的感恩，从而加快推动流动人口更好、更快地融入城市生活。

二、可持续减贫

（一）可持续减贫含义及评判标准

1. 可持续减贫的含义。可持续，是指一种可以长久维持的过程和状态。人类社会的可持续包括生态可持续、经济可持续、社会可持续三个方面，这就意味着要实现可持续发展，必须将环境保护、经济增长、社会福利三者有机地结合起来，同步推进。具体到扶贫开发领域，可持续减贫的内涵可界定为：在不伤害、不破坏区域生态环境的前提下，合理开发利用区域内各种资源，如土地资源、矿产资源、森林资源、人文资源、旅游资源等，同时借助外部力量，逐步解决贫困人口的温饱问题，增强扶贫对象的自我发展能力，促进社会保障、教育、医疗卫生等基本公共服务的均等化，并能长时间地维持扶贫开发成果，避免出现返贫现象，实现区域内生态效益、经济效益与社会效益的协调统一。

可持续减贫的内涵要求我们在扶贫开发的过程中，要做到：第一，必须在贫困地区实施可持续型、环境友好型扶贫开发项目。狭义的可持续发展环境指自然的生态环境，广义的可持续发展环境还包括人文的生态环境。经济发展是贫困地区脱贫致富的关键因素，但不是唯一目标。以牺牲生态环境、破坏资源为代价的经济发展是粗放式的、不可持续的，一旦超出环境所能承载的限度，极易出现返贫现象，陷入“贫困恶性循环”。此外，当贫困人口的温饱问题逐渐解决之后，人民要求的便可能是一个更加舒适优质的生存环境。而环境一旦被破坏，修复的难度很大，为之所付出的时间和经济成本将难以估量。第二，扶贫模式要逐步由以“输血式扶贫”为主转变为以“造血式扶贫”为主，充分发挥贫困地区生态环境和自然资源优势，培育特色支柱产业，走农业产业化和新型工业化道路，大力推进旅游扶贫。第三，以人为本，强调人的发展是扶贫的目的和归宿，广泛动员群众参与到扶贫建设中来，提高群众社会参与的意识和能力。消除贫困不应当只是国家和政府的工作目标，也是每个公民的共同职责。扶贫要先“扶人”，只有增强了贫困人口的自我发展能力和主体责任意识，才能为贫困地区的发展提供源源不断的动力和智力支持。第四，必须推动贫困地区的社会发展，促进基本公共服务的均等化。当前，我国已经基本解决了大部分贫困人口的温饱问题，但是多数贫困人口仍面临着不公平的教育、医疗卫生、社会保障等问题。因此，在促进当地经济发展的同时，也要注意提高贫困人口的社会福利水平。

2. 可持续减贫评判标准。依据上述对于可持续性减贫的界定，评判一种扶贫模式是否具有可持续性应该参照以下标准：

一是贫困人口数量持续稳定减少，返贫率低。评价扶贫政策效果的最直接方式就是测算政策实施前后贫困人口数量差和返贫率，返贫率往往需要等政策实施较长一段时间后再测量。若政策实施后贫困人口减少数大，返贫率低，则该政策具有可持续性，可达到政策目标。若一项扶贫政策只能够在短时间内降低贫困人口数量，且具有很高的返贫率，则该政策不具有可持续性。

二是区域环境、资源和经济实现协调发展。具体来说，可持续减贫应当把经济活动对生态环境的破坏控制在环境承载能力范围内，不削弱自然资源基础，不出现严重的资源短缺。同时，利用经济发展带来的资金和技术积累，改善区域内部生态环境，实现自然生态系统的良性循环。

三是贫困人口就业机会增加，社会福利水平提高。就业是解决贫困的根本途径，通过创造稳定的就业岗位，贫困人口获得固定的收入来源，实现劳动致富。此外，可持续减贫也应当提供更公平的教育、医疗、社会保障等资源。

四是抗风险和抗灾害能力强，受外部环境条件限制较小。经济衰退、市场波动、自然灾害等其他外部环境的变化都可能成为贫困地区返贫的诱因。因此，可持续减贫应当最大程度上提高贫困人口应对风险和自然灾害的能力，并且建立贫困地区风险和灾害应对机制，以抵御潜在风险。

（二）可持续减贫成效及障碍因素

1. 可持续减贫成效。改革开放以来，伴随着中国经济的高速增长及大规模的扶贫开发，我国农村 7 亿多贫困人口摆脱贫困，取得了举世瞩目的伟大成就，谱写了人类反贫困历史上的辉煌篇章。中国也成为全球第一个实现联合国千年发展目标中减贫目标的发展中国家，为全球的减贫事业做出了重大贡献。

(1) 农村贫困人口大规模减少。国家统计局有关数据显示，按当年评价现行农村贫困标准衡量，1978 年农村居民贫困发生率为 97.5%，农村贫困人口规模 7.7 亿。2010 年以来，我国农村贫困人口下降速度显著加快。2010 年，农村贫困发生率为 17.2%，贫困人口规模为 1.66 亿。2014 年，全国农村贫困发生率为 7.2%，贫困人口规模为 7017 万。2010 年到 2014 年，全国农村贫困人口共减少 9550 万，年均减贫人口规模 2388 万；贫困发生率下降 10 个百分点，年均下降 2.5 个百分点。1978 年到 2014 年，农村贫困人口减少 7 亿，年均减贫人口规模 1945 万；贫困发生率下降 90.3 个百分点，贫困人口年均减少 6.4 个百分点。据 2015 年《国民经济和社会发展统计公报》数据显示，按照每人每年 2300 元（2010 年不变价）的农村贫困标准计算，2015 年农村贫困人口 5575 万，比上年减少 1442 万。[①]（见表 6-4）

表 6-4 2010—2014 年全国农村贫困状况[②]

年份	贫困发生率（%）	贫困人口规模（万）	比上年减少（万）
2010	17.2	16567	-
2011	12.7	12238	4329
2012	10.2	9899	2339
2013	8.5	8249	1650
2014	7.2	7017	1232

(2) 贫困地区农村居民收入持续增长。《中国农村扶贫开发纲要（2011—2020 年）》实施以来，中央和地方各级政府不断加大扶贫开发工

① 数据来源于国家统计局 2015 年《国民经济和社会发展统计公报》。

② 数据来源于国家统计局《中国农村贫困监测报告 2015》。

作力度，创新扶贫机制，实施精准扶贫战略，加强财政投入保障。贫困地区（包括14个集中连片特殊困难地区和592个国家扶贫开发工作重点县）扶贫开发事业取得显著成就，农村居民收入增速高于全国农村平均水平，贫困人口规模稳步下降，基本公共服务与较发达地区的差距不断缩小。（见表6-5）

表6-5 2012—2014年贫困地区农村居民收入增长情况①

年份	农村居民人均纯收入（元）	农村常住居民人均可支配收入（元）	收入名义增速（%）	收入实际增速（%）
2012年	4732	–	–	–
2013年	5519	6079	16.6	13.4
2014年	6221	6852	12.7	10.7

（3）贫困地区生产总值较快增长，居民储蓄明显增加。2011—2013年贫困地区生产总值分别约为3.7万亿、4.2万亿和4.8万亿。2012年、2013年按照现价计算分别增长16%和12.4%，平均增速为14.2%。此外，公共财政收入增速大于支出；居民储蓄存储金额明显提高。（见表6-6）

表6-6 2011—2013年贫困地区财政金融状况②

财政金融数据	单位	2011年	2012年	2013年
地区生产总值	亿元	366337	42491	47773
公共财政收入	亿元	1833	2345	2987
公共财政支出	亿元	10427	13023	14612
居民储蓄存储金额	亿元	23414	28729	33710

① 数据来源于国家统计局《中国农村贫困监测报告2015》。
② 数据来源于国家统计局《中国农村贫困监测报告2015》。

2013年贫困地区地区生产总值增速明显高于全国国内生产总值增速。其中，第一产业增加值1.1万亿元，增长8.9%；第二产业增加值2.1万亿元，增长12.1%；第三产业增加值1.6万亿元，增长15.5%。2013年贫困地区第一产业、第二产业、第三产业增加值占地区生产总值的比重分别为23.3%、44.1%和32.6%。与2011年相比，第一产业增加值占比下降1.2个百分点，第二产业增加值占比上升0.4个百分点，第三产业增加值占比上升0.8个百分点。（见图6-2）

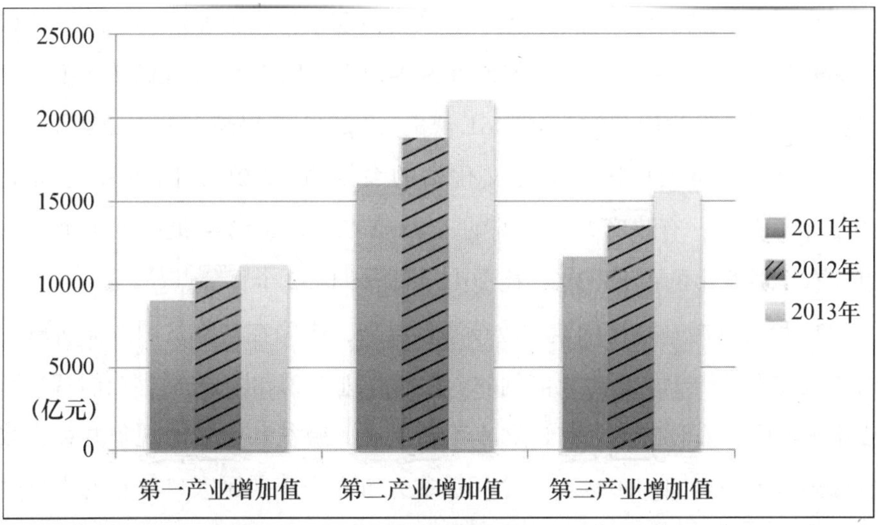

图6-2　2011—2013年贫困地区三大产业增加值状况①

（4）贫困地区农村住户条件改善。2014年与2012年相比，贫困地区农村住户条件有所改善：2014年居住竹草土坯房的农户比重为6.6%，与2012年相比下降1.2个百分点；2014年，82.3%的农户不存在饮水困难，在饮水前进行净化处理的农户比重与2012年相比增长14个百分点；2014

① 数据来源于国家统计局《中国农村贫困监测报告2015》。

年，使用水冲式厕所的农户比重为14.3%，无厕所农户比重与2012年相比下降2.6个百分点。[①]

（5）贫困地区农村基础设施逐步完善。2014年，贫困地区通电的自然村比重达到99.5%，比2012年提高1个百分点；通电话的比重为95.2%，比2012年提高1.9个百分点；通有线电视的比重为75%，比2012年提高6个百分点；主干道经过硬化处理的比重为64.7%，比上年增长3.8个百分点；通客运班车的比重为42.7%，比上年提高3.9个百分点。

2014年，贫困地区行政村中，有文化活动室的比重为81.5%，比2012年提高7个百分点；有卫生站的比重为94.1%，比2012年提高7.5个百分点；有小学且就学便利的比重为61.4%，比2012年提高3.3个百分点。

2014年，贫困地区有综合文化站的乡镇占97.2%，比2012年提高10.2个百分点；有政府办卫生院的占98.2%，比2012年提高6.1个百分点；有全科医生的占83.2%，比2012年提高14.2个百分点。[②]

2. 可持续减贫障碍因素。改革开放以来，中国在消除贫困方面所取得的成就在人类历史上是史无前例的。然而，进入21世纪之后，全国减贫速度逐渐放慢，农村贫困人口返贫率不断提高，脱贫和返贫的现象并存，减贫成果得不到巩固。1994年，全国返贫人口占当年贫困人口总数的十分之一，而到2000年底，这一比重达到三分之一。到2003年，中国新增贫困人口80万，其中仅河南、安徽、山西、黑龙江四省返贫人口就超过了200万人。在我国现有的贫困人口中，有三分之二属于返贫性质，十分脆弱，处于十分不稳定的状态。经济波动、市场冲击、自然灾害都是贫困人口返贫的重要外部因素。排除上述外部因素，贫困人口返贫有其深层次的内部原因，主要表现为人口素质的不可持续发展、扶贫资源的不可持续发展和

① 数据来源于国家统计局《中国农村贫困监测报告2015》。
② 数据来源于国家统计局《中国农村贫困监测报告2015》。

自然生态的不可持续循环。

（1）人口素质的不可持续发展。人口素质的不可持续发展是指贫困人口的受教育程度、思想观念、身体健康状况、科学文化素养等综合素质不能得到持续有效的提高，从而导致贫困人口不能充分发挥主观能动性，缺乏基本生存能力，即使在短时间内借助外部力量实现脱贫，仍然很容易返贫，不能从根本上脱贫致富。这主要体现在以下几个方面：

第一，贫困地区人口受教育程度普遍偏低，缺乏足够的科学文化知识。从客观条件来说，我国农村贫困地区教育资源的数量和质量与城市相比有较大差距，教学的硬件设施和软件设施都相对缺乏，这不利于贫困地区的青少年通过受教育来丰富知识、拓展视野。贫困儿童即使有主动学习的愿望，囿于当地落后的教学资源，也不能充分满足自己的求知欲望。此外，贫困人口往往呈现出代际传递的特点。一些贫困儿童的家庭主要通过务农来获取收入，孩子从很小开始就跟着父母做农活，父母对于送孩子去学校接受素质教育并不重视。这种态度直接影响着孩子对受教育重要程度的认识和对自己未来的人生规划。

第二，农村贫困地区基础设施薄弱，交通不便、现代化信息化程度不高，导致信息相对闭塞，无法与外部世界实现有效的沟通和信息交换，跟不上现代化的步伐。此外，在信息封闭的条件下，贫困地区常常为了发展经济、解决温饱问题而不注意保护生态环境和节约资源，进行短期粗放式开发，导致生态环境的破坏与自然资源的过度开发，从而陷入恶性循环。

第三，贫困人口由于收入水平低，生活条件较差，儿童容易营养不良，使健康受损，而农村地区医疗卫生水平条件一般，加上医务人员业务素质有限，长此以往则容易落下病根。健康状况变差会导致生产率降低，进一步拉低收入水平。对于年龄稍大的人群来说，身体健康状况变差容易导致“因病致贫”“因病返贫”，最终加剧贫困。

（2）扶贫资源的不可持续发展。扶贫资源的不可持续是指外部经济、社会环境的不平等，导致农村贫困地区得不到持续有效的资源供给，主要体现在以下几个方面：

第一，扶贫资金的投入不足。我国政府虽然在逐年加大对贫困地区的财政扶持力度，但是由于农村贫困人口的分布越来越趋于分散化，扶贫资金被机械地进行条块分割，加上资金利用不合理及监管力度不够等原因，导致扶贫资金流失严重，扶贫资源没能真正进村到户。

第二，扶贫观念的落后。自我国实行大规模的扶贫行动以来，尽管扶贫战略已经历了由“救济式扶贫”到“开发式扶贫”的转变，但许多地方干部并没有意识到扶贫方式的转变，把扶贫工作看作是一种人道主义的帮助，实行平均发放扶贫资金和物资，帮助贫困人口解决温饱问题，没有从可持续发展的角度来考虑如何合理使用资源，改善生态环境，加强基础设施建设，发展文化教育事业，从根本上改善贫困人口的生存环境，提升他们的基本生存能力，打造贫困地区的“造血机制”。

第三，基础设施建设滞后。近年来虽然我国在贫困地区的基础设施建设方面做出很大努力，但由于长期缺乏资金投入，交通、水电等基础设施仍然是制约贫困地区发展的主要因素。

第四，素质教育、职业培训资源不足。由于农村教育资源的供应不足，贫困地区的基础教育、职业教育和技术培训普及率很低。

第五，医疗保障制度不够健全。改革开放以后，传统的农村合作医疗体系因失去了集体经济的支撑逐渐瘫痪，而新型合作医疗体系又尚未完全建立，致使农村医疗卫生机构被推向市场，呈现出过度市场化的趋势。结果导致医疗费用的涨幅过高，贫困农户看不起病、吃不起药，就医可及性很差。正是由于贫困人口缺乏必要的医疗保障，贫困地区的“因病致贫”“因病返贫”现象非常严重。

第六，养老保障制度不完善。我国城乡养老保障制度发展水平存在较大差异，农村地区保障的层次和社会化程度较低，覆盖范围小，目前还仅限于在一些经济发达或较发达省份的农村地区试行。此外，养老保险的实施标准偏低，其中最低的可选档次为2元/月，缴费15年后可以领取9.9元/月的社保金。显然，这样低的养老金标准很难调动农户的投保积极性。

（3）自然资源的不可持续循环。我国的贫困地区主要集中在地理环境差、自然生态相对脆弱的地带。特殊的地理环境使长期贫困的农户养成了对自然资源的过度依赖，形成了“靠山吃山，靠水吃水”的局面。出于对富裕生活的强烈追求和脱贫致富的巨大压力，贫困人口不得不伐薪取火、毁林倒木、乱开滥采，使生态环境急剧恶化，进而侵蚀了贫困农户的生存基础，使贫困地区陷入恶性循环。

案例

湖南石门村可持续减贫成果

1. 湖南省涟源市石门村基本情况介绍。湖南涟源市石门村位于涟源市西南边境，是个典型的山村，四面环山，地形闭塞，交通不便，过去只有一段崎岖不平的土公路，延伸到村委会，土质贫瘠，是南方典型的红壤地带。1988年前，全村人口1843人，541户，拥有耕地500亩，人均0.3亩，年人均纯收入低于120元，自产口粮200千克的农户有153户，占全村居民总数的28.3%。绝大部分村民居住条件十分简陋，主要是泥瓦房屋；家用电器对石门村是一个新鲜事物，全村仅有9台电视机，当时村民还不知洗衣机是何物。劳动工具极为落后，农业机械稀少，全村只有抽水机1台，基本没有动力打稻机，灌溉和打谷子几乎全部依靠人力。村民勤劳淳朴，文化水平较低，高中以上文化程度的村民72人（高考上大学的未计入其中），小学文化程度很普遍。农民的收入主要来源于种植和小规模的家禽养殖业，手工业者50多人，大都是篾匠，还有一拨小商小贩转徙于大江南北。

1992年，村支书发现同村人在外地做生意经济效益很好，开始主动探索新的扶贫方式：在组织上实施责任扶贫，在生产经营上实施产业扶贫，带领同村人集资办厂，生产家庭日用工业品。1994年，村人以这里的特殊土石为原料，开办陶瓷小厂，之后又开发了以废塑为主要原料的仿瓷硬塑和保温器材产品。

1996年，涟源市向石门村派驻扶贫开发小组，决定由吴奇修（现任职国家财政部）担任石门村支部书记，具体指导已有零星工业的石门村的整体发展。吴奇修首先摸清村里的基本情况，决定创办村级文化活动中心，打开村民的眼界，又发动群众出工出力，争取政府的财政扶持，修好了通向四面八方的村级公路，还改造了农田水利基础建设。由于改善了农业生产条件，优化了发展工业的投资环境，吸引了小商小贩返乡投资，弥补了村里企业资金的不足，村级企业得以生存下来。企业的主要产品是餐饮仿瓷、陶瓷等家庭日常用品，市场广大又极其畅销，经济效益好，激发着股东投资的积极性，不断扩大生产规模。目前，全村企业中有技术工人和技术人员3000多人，其中村民占600多人，2011年全村人均纯收入达15000多元。石门村成为涟源市第一村，也是湖南五江集团发展的摇篮。

2. 贫困原因分析。

（1）自然条件差。石门村土地贫瘠，人均耕地少，仅为0.3亩，远远低于全国人均耕地1.35亩。土地是稀缺资源，耕地面积不具有自身扩张的能力。在不新垦耕地的情况下，要扩大人均耕地面积，一定是不可能的。即使能新垦出一些耕地，那也是有限的，而且提高单位产量也是极其有限的。因此，对于依靠种植为生的家庭来说，自然条件差是一个依靠自然条件来摆脱贫困的制约性因素。

（2）科技文化素质低。在石门工业小区开发前的贫困户都是纯种植户，既没有外出务工的劳动力，又没有一点手工技艺，文化水平很低。而一般来说，家庭主要劳动力文化层次越低，平均收入就越少，家庭就越困难。

(3) 有的因无劳动力导致贫困，鳏寡孤独家庭的贫困都属于此类；有的因家人长期生病，收入大部分被用作医疗费，使家庭经济崩溃，家庭成员生活艰苦。总之，贫困的家庭情况各不相同。

3. 石门村扶贫体系评价。

(1) 救济扶贫方式效率低。自1986年国务院实施农村扶贫开发计划以来，涟源市政府按照国务院的农村扶贫指示，开展了给贫困户送衣物、送钱粮、送温暖的“三送”活动，试图解决他们的生活困难。在10年时间里，给石门村153户贫困户送去钱物折价在10万元以上，然而没有从真正意义上帮助贫困户富裕起来，缺钱少粮的仍有百余户。

(2) 对点扶贫责任明。我国政府对扶贫开发的总体要求是“责任到省，任务到省，资金到省，权力到省”的“四到省”的原则。涟源市政府根据总体要求总结了扶贫开发事业的工作经验，吸取救济扶贫低效的教训，制定了“机关对村镇，干部对群众，先富对后富”的点对点扶贫方针，建立健全干部扶贫绩效考评机制和激励机制，形成了责任明、任务明、方法明的“三明”扶贫机制。

(3) 产业项目扶贫步伐快。扶贫必须有个依托，没有依托便飘浮不定，产业项目是石门村的依托。石门村具备发展加工工业的有利条件：第一，虽然地处群山之间，但地势不高，地形平坦，宜于建厂；第二，长年累月在外地经营家庭日用品的小商小贩分布很广，对市场的需求信息和产品结构及其变化情况十分了解，并且积累了一定的资金，特别是有几位富商能为投资办厂提供重要资金来源；第三，劳动力资源充足；第四，家庭日用产品生产技术难度不高，易于生产和开发，风险系数低；第五，日用陶瓷、仿瓷等产品原料丰富，来源极广，不受原材料限制。

(4) 保障性制度扶贫社区稳。石门村坚持全面规划、循序渐进、整体推进的扶贫开发步伐，在扶贫开发步入良性发展轨道时，开始着手建立对特困户的社区保障制度，包括特殊人群福利制度、医疗互助制度和慰问困难户制度。为了做到“幼有所长，老有所终，鳏寡孤独者皆有所养”，石门村管委会从3条渠道筹集资金：第一，村办企业的利润预算，每年15万元；第二，民间自愿捐款捐物，每年折价约2万元；第三，政府救济慈善基金，近2000元。建起能容纳50人生活的福利中心，把失去劳动能力的困难户安置到福利中心，饮食起居全由管委会包办。

4. 启示。

(1) 坚持政府主导扶贫和群众创造精神相结合。没有农村扶贫引路人，让广大群众各自为政，就不能发挥群众的整体优势而产生“整体大于部分”的总和效应。尊重群众的劳动，尊重群众的创造是政府主导扶贫工作的出发点和立足点，是政府主导和群众主动的有力结合点。

(2) 坚持物质扶贫和精神扶贫相结合。“授人以鱼，不如授人以渔”。给贫困地区和贫困户一定物质帮助，固然能够解决物质缺乏方面的困难，但公共扶贫财政资源总是有限的，依靠政府扶贫资金全面彻底消灭贫困是不可能的，也不现实。唯有在以财政扶贫资金帮助贫困人口解决基本生存问题的同时，在智力上给予开发，在脱困方法上给予示范和培养训练，在精神上给予鼓舞与鞭策，使贫困地区和贫困人口获得永不枯竭的智力支持和精神动力，才是消解贫困的力量源泉。

(3) 充分发挥本地优势、积极利用外地优势。石门村发展工业最重要的优势是有一条完善而覆盖面广阔的家庭日用产品销售链，有一个深谙管理技术的市场信息分析中心。在这个有利条件的支持下，有选择地引进了城里先进的加工制造技术和具有专长的工程技术人员。

(4) 实施当前利益与长远利益合理兼顾的经济发展战略。石门村人最初考虑到龙山下开采陶土，通过建造制瓷企业来创收。这样做投资规模小，建设周期短，资金回报快，能给村民在短期内带来可观的经济效益。

然而山体最终将变得脆弱不堪，难以抵挡住泥石流的侵袭。石门村管委会认为陶土资源有限，依靠过度消耗自然资源并非长远之计，于是开始压缩陶瓷生产规模，转移投资方向，学习仿瓷硬塑制造技术，建起了以废塑料为主要原料的仿瓷硬塑工业和保温器材加工工艺，转型取得成功。这样，村民的财源也就源远流长，青山绿水得以保住，子孙后代需要的稀缺的土地资源也因此得以保存。

案例

广西天等县可持续减贫成果

广西壮族自治区天等县是国家扶贫开发重点县。2013 年全县贫困人口 11.38 万人，有 33 个贫困村，资源稀缺、生产条件恶劣、生活环境艰苦一直是天等县面临的发展难题。

2007 年以来，天等县根据自治区、崇左市扶贫办关于开展参与式扶贫工作的要求，以扶贫项目为载体，以贫困村为平台，以贫困群众为主体，赋予贫困群众知情权、发言权，充分激发贫困群众的参与意愿、参与热情、参与动力。从解决群众最基本、最紧迫的要求和最关心、最直接、最现实的切身利益问题入手，选择贫困群众急需的事来扶，选择贫困群众关心的热点、难点问题来扶，使扶贫开发内容源自民意、合乎民心，增强了扶贫开发的针对性。各个项目按时、按质、按量完成，项目的效果不断显现，实现了社会效益和经济效益双丰收。

在扶贫开发过程中，天等县的参与式扶贫创新模式得到了自治区的充分肯定。2013 年，在参与式扶贫模式下，天等县着重做好扶贫工作“新三篇”，实现了由做好基础设施建设、产业扶贫开发、扶贫技能培训“旧三篇文章”到特色产业升级、提高“造血”功能、拓宽扶贫渠道“新三篇文章”的转变。

桃永村耕地面积2604亩，有854户3511人。由于地少人多，村民长期挣扎在温饱线上。2012年，在自治区党委办公厅的对口帮扶下，村里发展起了水果产业。“农村要发展，产业支撑是关键”。针对桃永村葡萄、桂花梨、高山柑橘等产业已有一定发展基础的情况，桃永村协调扶贫办投资140万元开发种植葡萄等特色产业项目，并发展“协会+基地+农户”的经营模式。目前桃永村形成了葡萄1200多亩、桂花梨800多亩、高山柑橘300多亩的主导产业格局，可为群众带来1500万元的收益，有超过一半的种果农户年收入在2万元以上，成功找出一条发展优质水果致富之路。

桃永村是天等县实施特色产业升级，成功开展产业扶贫的一个缩影。产业扶贫打头阵。为了打好新一轮开发扶贫攻坚战，天等县按照“造血为主、输血为辅”的方式进行产业化扶贫，通过扶持发展资金，重点发展特色效益农业产业，拓宽贫困地区增收渠道，促进贫困地区农民增收。

2013年，全县农民人均纯收入为6054元，比2010年的4087元增长了48%；全县贫困人口113884人，相比2010年减少91984人，扶贫开发工作成效显著。在全县人民的努力下，天等县先后获得“广西科学发展十佳县”“全国农村留守儿童工作示范县”“国家石漠化治理示范县”等称号。

案例

贵州六盘水可持续减贫成果

1. 借助地方部门确定扶贫对象。六盘水市位于贵州省西部，交通较为闭塞。该市下辖4个县（区），其中有3个为国家级贫困县。在开展金融扶贫的过程中，六盘水分行主动加强与地方相关部门的沟通合作，积极探索可持续的金融扶贫方式。

目前，为扶贫对象提供信贷支持是一种较为直接、有效的扶贫方式。但找准扶贫对象、寻找扶贫途径、强化风险控制等环节，都离不开地方相关部门的大力支持和积极参与。六盘水分行以农户小额贷款为依托，加大与各地方部门的沟通协作，积极探索“农行+扶贫工作站+农户”“农行+社保+风险补偿金+贴息+农户”等模式，取得了较好的成效。

为提高商业化金融扶贫的精准度，让更多农户尽快脱贫致富，六盘水分行利用“农行+扶贫工作站+农户”模式，借助地方扶贫工作站、乡镇干部、村组负责人、协管员和乡镇劳保所工作人员，充分发挥他们人熟、地熟、情况熟的优势，由他们带领，深入乡镇、农村和农户家中调查摸底，了解农村市场和农户情况，并结合第一手资料，开展有针对性的扶贫工作。

通过加强与当地社保局的合作，六盘水分行利用“农行+社保+风险补偿金+贴息+农户”模式，支持返乡农民工、无业青年创业。当地乡镇劳保所调查并收集相关资料，对准入第一次把关，列出清单推荐给农行；农行按照农户小额贷款管理办法和操作流程，对资料进行第二次核查，严格控制风险。此外，六盘水分行还引进小额就业贷款风险补偿机制，社保部门按照贷款金额的20%存入贷款风险金，按季向财政部门申报贷款贴息。2013年，六盘水分行为当地500户农村青年发放创业贷款1500万元，覆盖37个乡镇，帮助1500余人就业。

2. 借助龙头企业以点带面扶贫。近年来，六盘水市以发展猕猴桃、茶叶、核桃、蔬菜、中药材种植为重点，加快推进农业现代化进程。

产业化龙头企业能够促进周边农民就业，带动农产品销售，同时还为农户带来新的观念和发展思路，依托企业扶贫的带动作用越来越明显。在此背景下，六盘水分行在企业周边乡镇和村寨推动开展“公司+农户”“订单农业+农户”的经营模式，将具有一定规模、经济效益较好、对农民有带动示范作用的农业产业化龙头企业作为扶持重点，在助力企业发展的同时，也使大批农民增加了收入，加速了当地农户脱贫致富的步伐。

截至2014年6月末，六盘水分行涉农企业贷款余额35.79亿元，今年新增4.49亿元。贷款支持的食品工业企业、农业综合开发企业等多家企业，现已发展为地方知名企业，带动了大量农民就业。

（三）可持续减贫深化方向与前景展望

1. 产业。要促进贫困地区的可持续发展，关键是加快产业转型与升级。小微企业是产业升级的主力军，以小、微企业为纽带，有助于构建我国扶贫脱贫新模式。

要脱贫致富，建立可持续发展机制，必须从贫困地区的实际出发，培植内在的经济增长点，走农业产业化道路。由此，一要在准确分析当地资源条件和市场需求的基础上，围绕区域经济发展、农业产业结构的调整，在专业技术人员的科学指导下，统一规划，因地制宜，确定有特色、有市场、有潜力、关联性强的扶贫开发项目作为本地的经济增长点。二要注意产业链的延伸。要加强各类农业生产、科技服务、农产品加工、流通等组织建设，完善产前、产中、产后服务体系，使产业链条不断延伸，实行产业化经营，为提高农产品的附加值、转移农村剩余劳动力奠定基础。三要加强政府的组织和引导。农户分散经营的特点，使农业在产业发展上很难形成合理分工、相互协作的产业化经营。因此，必须由政府进行组织和引导，通过宏观规划，点上示范，由点向面辐射，形成点面结合，连片开发的产业化格局。

2. 社会。建立健全农村贫困地区的教育、医疗、养老等社会保障体系，全面发展农村公共事业。一方面，政府应当加强引导，鼓励动员多方筹资，巩固和发展“大病统筹、兼顾小病”的新型农村合作医疗制度。与此同时，要在贫困地区设立村级卫生义务医疗站，为贫困农户提供最基本的医疗服务，不断完善政府拨款和社会各界自愿捐助等多渠道筹资的贫困人口医疗救助制度，对患大病的家庭农村五保户和贫困家庭实行医疗救助。另一方面，全面落实农村五保供养政策，完善农村最低生活保障制度及受灾群众救助制度，逐步推广新型农村社会养老保险制度，加快健全农村社会保障体系。针对生态环境不断恶化、自然灾害频繁发生的全球性生态危机，我们应当在灾害频发地区成立防灾减灾、灭害机构，提供灾害预防和减灾灭害服务，并且努力发展防灾避灾产业，适当加大设施农业的投入比例，加强农村防灾减灾能力建设，积极探索扶贫开发与灾后重建、防灾减灾相结合的新机制。

3. 教育。要实现贫困主体素质的可持续发展就必须坚持“扶贫先扶智，治贫先治愚”的基本原则，通过“教育扶贫”手段来提升贫困人口的人力资本水平，从根本上解决返贫问题。

（1）加大对农村贫困地区的教育资金投入。加强教学设施建设，保证农村教师队伍的质量。根据当地实际情况，尝试“基础教育和职业教育相结合，职业教育与技术培训相结合的”发展思路，加强对农村贫困地区的青壮年劳动力进行职业技能培训和农村实用技术培训工作。推行“基础教育职业化”的模式，在实行九年制义务教育的基础上，逐步将短期培训转向职业教育，积极稳妥地推进移民扶贫，达到既能提高农村基础教育普及率，又能提高农村劳动力的职业技术水平的双重目的。

（2）引导和刺激贫困人口进行人力资本的自我积累和自我投资。一方面，开展针对贫困地区的宣传教育工作，帮助农户培养竞争意识，树立教育投资的效益最大化理念。采用各种优惠措施，激励贫困农户积极参加各项职业技能培训，并且为农民提供就业和创业的资金和技术支持。另一方面，逐步建立“政府主导、社会参与，城乡教育资源有效整合，流出、流入双向协作”的农村劳动力培训体系，完善政府主导、多方筹集的投入机制和城乡统筹、突出农村的资源整合机制，打造一个多渠道、多层次、多形式的农村劳动力职业技术培训格局。

4. 生态。实现自然生态的可持续循环与发展，坚持走综合开发和可持续发展的道路。按照建设生态文明的要求，发展集约型农业、循环农业、生态农业，加强生态环境保护，把扶贫开发与环境治理、生态保护相结合。

（1）控制人口数量和提高劳动力素质，缓解人口对资源和生态环境的压力，使人口的变动和发展同经济、社会、资源、环境的变动和发展相适应，促进人与自然、人与社会的和谐发展。

（2）统一规划，系统开发，综合治理。限制乱砍滥伐的不合理开发行为，加强对森林植被的保护，积极开发林木产品，壮大森林产业。保护和优化生态环境，发展生态旅游和休闲农业，实现农业的生态效益和经济效益相统一，人与自然相和谐，促进农业与生态的可持续发展。

（3）加快建立生态补偿机制，培育生态环境保护主体的积极性。按照谁开发谁保护、谁受益谁补偿的原则，实现补偿主体由政府一元化向政府+市场的二元化转变，通过政府和市场的双向调节、双重补偿，共同完成生态补偿工作。通过对可持续扶贫模式的贯彻实施，在反贫困过程中实现经济、社会和环境效益最大化，促使贫困地区人口、环境、经济、社会协调发展，把农村贫困地区建设成为经济持续、生态持续和社会持续完美统一的社会主义新农村。

5. 金融。商业金融精准扶贫的可持续更多建立在农村产业发展的前提下，只有农业产业水平及收益持续提高，商业金融扶贫才可能持续。在扶贫方面，商业金融要给予更多的“包容性”，即对贷款对象门类的包容性，对较低利润的包容性以及对一定不良贷款的包容性。由于当下监管政策的要求，商业金融推动精准扶贫尚具有一定的难度，尤其是对利润的要求以及不良贷款的严控。

三、新型城镇化背景下的可持续减贫

（一）传统城镇化与新型城镇化

城镇化是实现减贫目标的重要途径之一。在中华人民共和国成立到改革开放前的城镇化缓慢起步阶段，城镇化进程几乎停滞，对减贫的效力不大，并形成了城乡二元结构；改革开放后至21世纪初期，我国城镇化进入快速发展阶段，并有力推动了减贫事业的发展，但城乡差距也被拉大；2013年以后，新型城镇化战略的实施，标志着我国进入以新型城镇化引领扶贫开发、由“减贫”向“脱贫”转变、全面建成小康社会的新阶段。新型城镇化是一种与传统城镇化既有联系又显著不同的新型发展方式。其主要特征可以概括为四个关系：

1. 新在人与城的关系上。突出人的城镇化这个核心，把人在城市更好地生存与发展作为城镇化建设的首要目标。

2. 新在城与乡的关系上。城镇发展由外延扩张为主向内涵提升转型，尽可能不以牺牲农业、农民、农村为代价。注重城乡、区域协调互动，实现以城带乡、以工促农、以城富民。

3. 新在人与资源环境关系上。更加注重能源资源集约节约，最低限度地消耗能源资源，最大限度地发挥其效能。尽可能不以牺牲生态环境为代价，实现人与自然和谐共存。

4. 新在产业与城镇的关系上。更加注重产业和城镇的相互支撑与相互依托，把产业发展潜力和成长性作为城镇化的基本依据，抑制城市空间的盲目扩张。

（二）新型城镇化对扶贫开发的影响

党的十九大报告指出，实施乡村振兴战略，建立健全城乡融合发展体制机制和政策体系，加快推进农业农村现代化；深化农村土地制度改革，构建现代农业产业体系、生产体系、经营体系，发展多种形式适度规模经营，培育新型农业经营主体，促进农村一二三产业融合发展。在深入推进农业供给侧结构性改革，加快培育农业农村发展新动能的新阶段，土地流转和田园综合体建设理应成为乡村振兴战略的主抓手与主平台。

新型城镇化本质上是破解城镇化发展过程中出现的结构性难题（质量与效率之间、部门之间、城乡之间、环境恶化与资源环境承载力之间等）和区域不协调问题（东中西部之间、发达地区与欠发达地区、富裕地区与贫困地区等）的有效手段，在此基础上对我国城镇化发展进行科学规划和有序引导。因此，新型城镇化为贫困地区的扶贫开发提供了全新的发展空间和要素组织平台，为破解传统城镇化过程中出现的突出问题创造了条件。

1. 新型城镇化有序推进人口市民化，为破解城乡发展转型过程中贫困地区乡村衰退问题创造了条件。新型城镇化的核心内涵是“人的城镇化”，农业转移人口市民化是新型城镇化的核心内容之一。由于我国特殊的城乡二元的户籍制度以及外出务工人员在子女教育、就业、社保等公共服务方面与城镇居民的巨大差异，使农民工不敢转让承包地的经营权，也不愿放弃已经闲置的宅基地使用权。“城乡双栖”的不完全城镇化局面是造成我国贫困地区社会发展主体弱化、土地利用粗放、农业生产资料投入不足、农村土地流转困难、公共基础设施配置不足、农村社会组织弱化等一系列乡村衰退问题的根源。农业转移人口市民化，要求建立和完善农民进入城镇后的社会保障体系，确保产业发展、就业培训等相关配套措施及时跟进，有效预防人口过度城镇化可能引发的城镇贫困问题。

2. 新型城镇化能优化城—镇—村空间布局，为贫困地区产业发展和公共基础设施的配置提供空间载体。城镇化以要素的空间集聚为典型特征，城镇化的推进促使大量生产要素向行政级别较高的中心城市聚集，其结果导致中小城镇发展相对缓慢、地域功能相对不完善，对广大农村腹地和区域经济发展的牵引、辐射和带动能力有限。“城镇等级结构不合理”“城镇空间结构失衡”是我国快速城镇化进程中普遍存在的问题，优化城镇化的空间布局是科学推进新型城镇化的必要条件。对贫困地区而言，考虑到现阶段伴随人口大量流失出现的乡村聚落空间布局的分散化和“空心化”现象，以及由此造成的基础设施难以配置、公共资源的投资缺乏效率、生产要素流动耗在途中等现实困境，在新型城镇化背景下，贫困地区应统筹布局城乡地域空间系统，优化城—镇—村不同层级的空间体系，为贫困地区实现区域经济发展提供空间支撑，为农业转移人口市民化和城乡发展一体化提供有效载体。

3. 新型城镇化推动城乡发展一体化，为促进贫困地区呈现要素平等交换和公共资源均衡配置提供基本保障。城乡关系是最基本的区域关系、经济关系和社会关系。城乡关系割裂，一方面造成城市资源的过度集聚以及由此引发的“城市病”；另一方面，伴随工业化与城镇化的快速推进，引起农业生产要素高速非农化、农民社会主体过快老弱化、农村建设用地日益空废化、农村水土环境严重污损化等“乡村病”。由于受自然条件、生态环境的影响，贫困地区基础设施薄弱、公共服务供应不足，就医难、上学难、看病难、产业配套不足、企业营运成本高等突出问题，是造成区域性贫困的主要原因之一。新型城镇化背景下城乡一体化的战略目标为加快贫困地区基础设施和公共服务向农村延伸，促进贫困地区城乡间物质、资金、技术、信息的双向流动提供了基本保障，对推动城乡教育、医疗卫生、社会保障、文体事业、劳动就业等公共服务均等化意义重大。

（三）以新型城镇化推进可持续减贫

1. 以新型城镇化引领扶贫开发战略实施。

一是吸取我国城镇化进程中第二阶段的宝贵经验和教训，瞄准连片特殊困难地区城镇化短板，克服现有弊端，发挥新型城镇化对减贫的重大作用，大力推进新型城镇化引领扶贫开发战略的实施。

二是以生态文明理念为价值指引，加快连片特殊困难地区绿色城镇化战略发展布局，进一步提升城镇化的水平和质量，使城镇化由非均衡向均衡（区域协调）方向发展。

三是以统筹城乡发展为突破口，实现城乡要素合理化流动，推进公共产品供给均等化、一体化。高度重视新型城镇化进程中人的城镇化，发挥城镇化在产业聚集、吸纳农业人口等方面的重要作用，使连片特殊困难地区部分农村人口合理、有序地转移到城镇，加快实现部分农民向市民的转变。

四是实现连片特殊困难地区属地城镇化和就近城镇化。以《中国农村扶贫开发纲要（2011—2020 年）》《武陵山片区区域发展与扶贫攻坚规划（2011—2020 年）》《国家新型城镇化规划（2014—2020 年）》等为依托，高度重视连片特殊困难地区城市群、中心城市、县域城镇以及小城镇的建设，推进连片特殊困难地区经济发展，以此推进扶贫开发。

五是进一步优化城镇形态，完善提升城镇功能，促进人口与产业集聚，扩大就业渠道，带动连片特殊困难地区人民增加收入，改善生活条件。

2. 着力推进连片特殊困难地区，统筹城乡发展中的小城镇建设。

一方面，小城镇作为我国底层城镇化，既能配合中心城市的建设，又能形成城乡比例协调的城镇化空间结构；既能凸显中心城市的战略意义，又能在连片特殊困难地区内部形成城镇化战略支点，缓解城市群、中心城市的压力，发挥链接农村与城市、加强新农村建设、统筹城乡发展的重大作用，为区域发展和扶贫开发提供强大发展动力。另一方面，小城镇的聚集效应能有效引导各种生产要素，如劳动力、资金、技术、信息等向连片特殊困难地区聚集，带动基础设施、公共服务以及三大产业的协调发展，增强连片特殊困难地区内生比较优势和发展能力，为减贫和区域发展提供支撑，形成推进连片特殊困难地区扶贫开发的良好态势。因此，在国家宏观布局新型城镇化的战略背景下，连片特殊困难地区应不断增强内生发展能力，大力推进小城镇建设。

一是基于连片特殊困难地区资源禀赋结构以及区际差异选择和发挥比较优势，发展特色产业，使之成为优势产业，具有竞争优势，并不断培育发展壮大，为连片特殊困难地区小城镇建设建构坚实的产业支撑体系。

二是依托城市群、经济圈建设以及“西部开发”“中部崛起”“一带一路”“长江经济带”等国家重大战略，着力推进连片特殊困难地区县域城镇和小城镇建设，真正发挥连片特殊困难地区县域城镇和小城镇在链接城乡、带动减贫以及破除城乡“二元”体制和转变“二元”扶贫治理模式中最为关键一环的重大作用，打通城镇化引领减贫的“最后一千米”，实现属地城镇化和以人为核心的城镇化。

三是结合连片特殊困难地区特点，着力培育、建设一批旅游型、边贸物流型、历史文化遗产型、特色产业型、生态休闲型等特色典型示范城镇，以此带动相关产业发展，推进扶贫开发。

四是将生态文明融入连片特殊困难地区小城镇建设之中，保留城乡文化遗产，使连片特殊困难地区新型城镇化朝着绿色化、资源节约和环境友好的方向发展。

3. 建立和完善以新型城镇化推进减贫的政策支撑体系。

一是加大转移支付力度，精准投入人力、财力和物力，为连片特殊困难地区新型城镇化提供强有力的资本支撑。

二是深度推进户籍制度改革，在当前户籍开放政策背景下，建立中小城市及小城镇居民双向流动渠道，保障进城居民和城镇居民享有同等社会保障服务。

三是推进教育体制改革，使教育教学资源向连片特殊困难地区尤其是基层一线倾斜；加大基层继续教育和农民职业教育改革力度，大力培育新型职业农民。

四是制定城镇规划建设支持政策，进行土地管理制度改革，建立城乡一体化的土地管理机制，实施发展连片特殊困难地区新型城镇化的土地利用优惠政策，在土地出让金等方面给予更多的支持空间。

五是完善城乡治理的体制机制，尤其是理顺县和乡镇两级的管理体制，赋予乡镇一级更多的发展权，增强其发展活力。

六是将生态文明融入连片特殊困难地区新型城镇化建设中，建立健全连片特殊困难地区绿色城镇化的考核机制，把提高贫困人口生活水平和减少贫困人口数量作为主要指标，并建立动态的新型城镇化与扶贫开发效果质量评估和监测体系。

·第七章·

可持续减贫下新型城镇化机制设计

近年来，我国的扶贫开发工作已经进入从结果上巩固温饱成果、加快脱贫致富和从战略上改善生态环境、提高可持续发展能力、缩小空间发展差距相结合的可持续减贫的新阶段。城镇化是实现减贫的重要途径之一，而不同于传统城镇化的新型城镇化则在结构上为扶贫开发提供了全新的空间和平台。通过新型城镇化带动扶贫工作，不仅能够为贫困人口带来更多的脱贫机会，而且能够从改善城乡二元结构的根本问题出发，实现城乡统筹可持续发展。

一、可持续减贫下新型城镇化发展机制

（一）新型城镇化进程中的贫困问题

1. 城镇化过程中的失地农民贫困问题。随着城镇化进程的不断推进，大量农民已经或正在失去赖以生存的土地。在快速城镇化过程中我国农村改革发展面临的重大问题是农民转市民的问题，即人的问题。[①] 因而在可持续减贫工作中，除了流动人口，失地农民也是可持续减贫工作中非常重要的对象之一。

农民不仅失去了土地，也随之失去了依附土地而形成的各种权益，如就业岗位、居住房屋、生活保障以及集体资产等，进而失去了维持全家生

① 陈锡文．当前我国农村改革发展面临的几个重大问题［J］．农业经济问题，2013（1）．

存、发展的低成本生活方式和发展方式。失地农民的损失是全方位、综合性的。失地农民游离于“农民”和“市民”，“城市”和“乡村”之间，只能是社区游民、社会流民。失地农民失去的不仅仅是土地，在城镇化过程中，以土地为生的农村人口的权益被侵害，包括经济权利的渐进性缺失，农地流转中的权利缺失和农地非农化中的权利缺失，以及由此带来的政治权利的剥夺性丧失和社会权利的弱化性消失。具体表现如下：

（1）20世纪90年代以来，我国耕地面积占国土总面积的百分比由1991年的13.3%下降到2014年的11.3%。[①] 我国现有失地农民超过四千万，已成为庞大贫困或准贫困社会群体，46%的失地农民失地后生活水平下降。尽管我国出台了对失地农民相应的补偿政策，但是根据调查，土地增值部分的收益中，失地农民补偿款占5%~10%，甚至更少，政府占20%~30%，而开发商、企业则占40%~50%。[②]

（2）失地农民失去土地之后，户口从农村转入城市，身份也由农民转为城市居民。但是，失地农民的市民化并非是主动的，而是“被城市化”的。转为城市居民的失地农民往往享受不到城市居民应有的公共服务，在住房、就业、医疗、子女教育方面仍然难以实现真正的城镇化，如最低生活保障制度、城镇居民医疗保险制度、经济适用房等政策无法及吋覆盖失地农民。

（3）失地农民原本生活在农村，习惯了在土地上日出而作、日落而息的生产方式，而失去土地之后，他们不得不改变原有的生产生活方式，往往需要经历从农业生产到亦工亦农或亦商亦农的兼业过程，再到完全从事非农产业的转变。部分失地农民可能转向小本生意或进入保洁、维修等门槛较低的服务业，而更多人因为既无技能也无经营场地而无所事事，生产

① 数据来源于世界银行公布的数据。

② 文晓波．城镇化进程中的失地农民权益保护研究［D］．重庆大学，2007.

方式不同于以往农村，发生了根本变化。[①] 因而，从经济生活到社会生活各个方面，失地农民的权益被削弱甚至剥夺，失地农民成为贫困人口的一大群体性来源。

2. 集中连片贫困地区的城镇化问题。2011 年，《中国农村扶贫开发纲要（2011—2020 年）》正式颁布实施，标志着我国扶贫开发进入了新的历史阶段。根据我国贫困人口的区域分布，纲要明确将六盘山区、秦巴山区、武陵山区、乌蒙山区、滇桂黔石漠化区、滇西边境山区、大兴安岭南麓山区、燕山-太行山区、吕梁山区、大别山区、罗霄山区等区域的连片特困地区，以及已明确实施特殊政策的西藏、四省藏区（西藏、青海、四川和云南）、新疆南疆三地州等 14 个片区列为我国集中连片的贫困地区，是我国未来十年脱贫攻坚的主战场。[②] 这 14 个连片特困地区里面，有 7 个位于西部地区，有 2 个位于中部地区，有 2 个位于中部-西部地区，各有 1 个位于东部地区、东部-西部地区、东北地区。这 14 个连片特困地区里面，有 9 个是少数民族地区，有 8 个是革命老区，有 3 个为边境地区，全部是生态功能区或者生态脆弱区。2020 年前后，我国集中连片特困地区的人口将达到 2.5 亿。我国集中连片特困地区城镇化有以下基本特征：

（1）与全国相比发展水平极其不平均。集中连片特困地区的城镇化率和经济发展水平远远落后于全国的平均水平，这些地区所占的国土面积是我国国土总面积的 40.81%，承载着我国 23.79%的县镇和 17.67%的人口。国家确定的 592 个国定贫困县中，有 440 个在连片特困区域内，集中连片特困地区的人均 GDP 和人均财政只达到了全国平均水平的 26.39%和 11.13%。因此，集中连片特困地区将是今后我国城镇化和经济社会发展任

---

① 周毕芬．社会排斥视角下的失地农民权益问题分析［J］．农业经济问题，2015（04）：59-65，111.

② 余吉玲．集中连片贫困地区少数民族贫困原因探析——基于甘肃片区的调查及数据分析［J］．云南社会主义学院学报，2015（04）：88-94.

务最繁重、最艰巨的区域。

（2）自然条件恶劣，资源局限。我国的集中连片特困地区耕地面积非常有限，存在着水资源严重短缺或为水源地两种情况，均无法通过大规模的工业化来带动城镇化的发展。此外，集中连片特困地区自然条件恶劣，大多数是山区、戈壁和沙漠，甚至很多地区不适宜人类居住，对人口的集聚能力较低；同时恶劣的自然条件也使得这些地区交通极不便利，进行基础设施建设难度较大，位于这些地区的中小城市或者城镇缺乏产业发展机会，不利于城镇化，也不利于经济活动的开展。

（3）发展方式粗放。在集中连片特困地区中部分城市依靠投资拉动发展的模式，有力支撑了本地区的经济快速发展，但也造成了城镇土地利用粗放、资源消耗率大、环境问题严重、地方特色和文化丧失等问题。另外，很多富含特有矿产资源和能源的贫困地区过度依赖所拥有的资源，产业结构单一，资源开发极其粗放，既造成了经济结构单一且不可持续，还破坏了生态，污染了环境，使该地区的自然发展环境变得更加恶劣。

（4）集中连片地区城市数量少，分布密度低。城市数量是反映一个地区城镇化发展潜力的重要指标。设市城市数量少、分布密度低表明一个地方城镇化滞后且发展潜力相对有限。11 个连片特困区辖 545 个县（市、区），设市城市（含县级市）只有 112 个，其中中心城市 39 个、地级以上城市 28 个。有 10 个及以上设市城市的连片特困区为 6 个，分别为秦巴山片区、六盘山片区、大别山片区、滇桂黔石漠化片区、武陵山片区和乌蒙山片区，其余 5 个片区设市城市个数低于 10 个，吕梁山片区和燕山-太行山片区尚没有地级或县级区域性中心城市。连片特困区总体上城市数量少，城市密度低。[①] 下表反映了 11 个集中连片特困区的城市密度情况：

① 游俊，冷志明，丁建军．中国连片特困区城镇化进程、趋势与发展思路（2014—2015）[M]．北京：社会科学文献出版社，2015.

表 7-1 11个集中连片特困区的城市密度情况①

片区	中心城市（省份）	土地面积（万平方千米）	中心城市数（个）	设市城市数（个）	县(市、区)总数（个）	城市密度（个/万平方千米）
大别山片区	六安(安徽)、信阳(河南)、麻城、黄冈(湖北)	6.7	4	12	36	1.79
大兴安岭南麓片区	乌兰浩特市(内蒙古)、白城(吉林)	14.5	2	5	22	0.35
滇桂黔石漠化片区	百色、河池(广西)；六盘水、安顺、凯里(贵州)；文山(云南)	22.8	6	12	91	0.53
滇西边境片区	保山、丽江、普洱、临沧、楚雄、大理、芒市(云南)	20.9	7	8	61	0.38
六盘山片区	天水、白银、平凉、庆阳、定西、临夏(甘肃)；海东(青海)；固原(宁夏)	16.6	8	15	69	0.90
罗霄山片区	赣州(江西)	5.3	1	9	24	1.7
吕梁山片区	-	3.6	-	4	20	1.11

① 游俊，冷志明，丁建军．中国连片特困区城镇化进程、趋势与发展思路（2014—2015）[M]．北京：社会科学文献出版社，2015.

续表

片区	中心城市（省份）	土地面积（万平方千米）	中心城市数（个）	设市城市数（个）	县（市、区）总数（个）	城市密度（个/万平方千米）
秦巴山片区	十堰（湖北）；巴中（四川）；汉中（陕西）	22.5	3	20	80	0.89
乌蒙山片区	毕节（贵州）；昭通（云南）	10.7	2	10	38	0.93
武陵山片区	怀化、张家界、吉首（湖南）；恩施（湖北）；黔江（重庆）；铜仁（贵州）	17.18	6	11	71	0.64
燕山-太行山	-	9.3	-	6	33	0.65
片区合计/平均	-	150.08	39	112	545	0.75

总体来说，我国集中连片特困地区受资源禀赋、区位条件的约束，缺少平等的发展机会和必要的投入，发展一直较为滞后；同时，这些地区的现代化程度相对较低，工业化发展处于初期阶段，工业化任务还远没有完成，相当一部分地区不适合发展工业，生态环境非常脆弱，有效拉动城镇化的能力很差。这些地区地域广阔、人口密度小、少数民族聚居，让大部分人集中到大城市居住的可能性较小。另外，小城镇缺乏公共服务能力，基础设施不完善，难以形成完备的城市功能，不仅在脱贫致富的道路上步履艰难，而且在城镇化的进程中也属于较为边缘的地区，城镇化进程缓慢甚至停滞，由此更加加剧了这一地区的贫困现状。目前这些地区的城镇化

率仅有 28.91%，与全国平均水平差距较大，如图 7-1 所示：

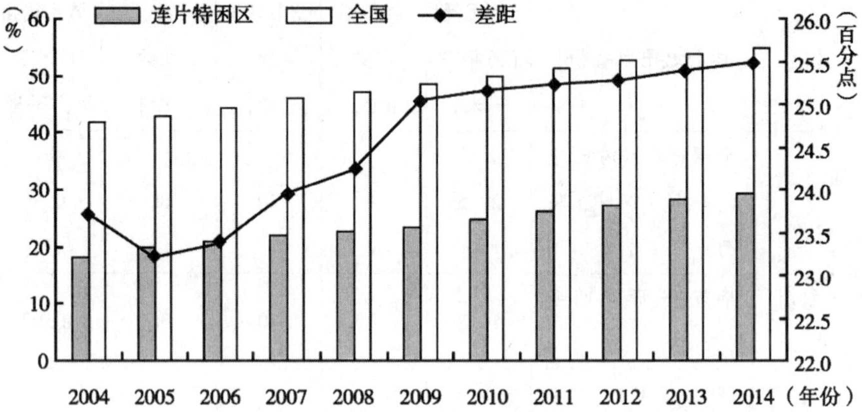

图 7-1 2004—2014 年连片特困区城镇化率与全国水平的对比情况①

即使届时该地区的城镇化达到 40%，也将会有超过 3000 万的农村人口转移到城市。集中连片特困地区的城市数量、布局、吸纳能力如果无法满足这样的要求，必将引发一系列新的经济和社会问题。②

（二）可持续减贫下的新型城镇化发展机制设计

如前章所言，我国的可持续减贫战略和新型城镇化战略同之前的相关战略相比，均突出强调以“人”为核心。新型城镇化可以在一定程度上有助于推进我国减贫工作，包括转换贫困人口就业、破除城乡二元结构等。以可持续减贫为目标的新型城镇化可以实现在科学发展观指导下脱贫与城镇化的双赢。

---

① 游俊，冷志明，丁建军．中国连片特困区城镇化进程、趋势与发展思路（2014—2015）[M]．北京：社会科学文献出版社，2015.

② 王军．集中连片特困地区的城镇化选择 [N]．中国社会科学报，2013-04-18（002）.

1. 路径设计。

(1) 以人为本的路径设计。在可持续减贫的目标下，以农村流动人口和失地农民为重点，推进人口的城镇化。首先，要因地制宜，推进农民工和失地农民的城镇化和市民化，做到尊重意愿、分类指引、有序推进。“尊重意愿”就是要充分尊重失地农民和农民工意愿，给他们充分的选择自由。“分类指引”就是要根据不同区域、不同类型城市的实际情况和承载能力，因地制宜，制定门槛高低不同的落户条件，着力解决已转移到城镇居住的失地农民落户问题和市民化问题，尽量保障失地农民在看病、住房、社会保障、子女教育等基本公共服务方面平等地享受市民待遇，提高人口城镇化质量。“有序推进”就是要尽力而为、量力而行、有条件地分批推进，按照存量优先原则，逐步推进，优先有本地户籍、有稳定工作和长期居住在城镇的失地农民和农民工，要为他们提供平等参与的机会与平台，引导失地农民与农民工以及城镇居民共同参与城镇公共事务管理，促进他们在生产生活方式、思想观念、行为习惯、文化素质等方面向城镇化转变。其次，稳定就业是失地农民和农民工稳定的收入来源。要稳定就业需要从提高农民工的职业技能和就业能力着手。现阶段，我国农民文化水平普遍较低，很少有人拥有一技之长，在城镇化过程中农民工和失地农民只能从事重体力活或简单劳动，就业不稳定，生活来源也就不稳定。针对这种情况，一方面将贫困人口的就业和城镇化建设结合起来，通过各种公共设施和公共服务建设等多个渠道为低水平劳动人口提供就业机会；另一方面，整合劳动、教育、企业、社会等各方面的教育培训资源，多途径加强职业培训，将新生代贫困农民的职业技能培训和鉴定纳入政府工作范围，同时可以建立政企合作培养机制，切实增强农民的职业技能和就业能力；加强金融和财政对乡镇企业的支持力度，鼓励和引导农民工自主创业。

江苏省淮安市淮阴区古寨乡就是整合社会、政府资源对低教育水平农民和农民工进行职业技术培训从而实现脱贫的典型案例。淮阴区古寨乡位于淮阴区北部，距城区 35 千米，与涟水县、沭阳县交界，为刘老庄片区五个乡镇之一。古寨乡面积 38.95 平方千米，下辖 8 个行政村，人口 2.2 万，耕地 3.51 万亩，是江苏省卫生乡镇、国家级生态乡镇。“十二五”期间，古寨乡建档立卡的低收入农户共 1441 户，低收入人口 6385 人，占总人口 29%。

古寨乡贫困的主要原因在于农村劳动力普遍缺乏非农就业技能，缺乏产业依托。年轻人大都选择外出打工，无法依靠知识技能实现就地创业就业，支撑家庭脱贫致富。省委工作队结合当地村民实际，在尊重当地干群意见的基础上，确立了以技能培训扶持就业创业，促进低收入农户脱贫致富的工作思路。针对经济薄弱村劳动力情况，帮扶工作队与古寨乡政府协调，依托江苏“城乡结对、文明共建”帮扶单位江苏食品药品职业技术学院和淮安信息职业技术学院，发挥师资优势，定制“两后生”培训计划、精心组织管理、严格实训考核。2014 年 11 月 25 日上午，首届“两后生”职业技能培训班正式启动。课程设置上以理论讲授为基础，以实训操作为重点，以职业技能考核为导向，配备专业老师，其中淮扬菜烹饪专业由国家级淮扬菜大师张胜来和朱红星担任培训指导。班级管理方面，每个班级分别由一名学校老师和一名乡镇干部担任班主任和辅导员，学员签订培训守则，班级实行每日考勤。引入激励机制，学完全部课程的学员给予一定生活与交通补助，通过国家技能考核的学员给予一定奖励。后勤保障方面，校方免费安排学生宿舍住宿，办理学生食堂就餐，开放图书馆、实训车间等教学设施，学员进入大学校园学习。

2014 年 12 月底，培训班完成全部教学计划，并组织技能考核。学员全部获得结业证书，并获得相应的资格证书和从业资格。参加烹饪专业培训的学员中有 13 名获得中级资格证，8 名获得初级资格证。参加汽车维修专业培训的学员全部获得从业资格证，其中邓方等 7 名学员被评为优秀学员。结业典礼上，古寨乡政府向院校 7 名专家颁发了“扶贫助创烹饪技术策划创业指导专家”和“农民创业导师”聘书，乡镇与院校建立长效合作机制。帮扶工作队、院校和乡镇还开展了后续就业指导和创业支持。参加烹饪专业培训的邓方夫妇，已经在淮安市区开设了社区饭庄，每月营业额上万元。汽修专业的张彬、程兵正在装修门面，300 平方米的汽车修理店即将开业。也有学员被酒店或汽车 4S 店聘用，月工资 2000 多元。古寨乡政府在此基础上进一步开展就业指导和创业支持，为低收入农户脱贫致富搭建平台。

（2）强化产业支撑，提升贫困地区自我发展能力的路径设计。可持续减贫的新型城镇化离不开良好的产业发展支撑，只有形成良性的产业循环，才能够有效推动减贫工作的可持续发展。特色产业的选择和培育是开发式扶贫的根本举措。贫困地区产业发展模式的选择应建立在对区域优势和外部市场需求的深入分析基础上，凸显自然资源、人力资本、历史文化等区域优势。现阶段为适应经济新常态下，我国消费市场向个性化、多样化转变的需求，产业培育一方面应适度集中发展体现本地特色的农产品加工、生物资源加工、矿产资源综合开发利用等劳动密集型产业；另一方面应积极探索养老产业、养生产业、生态旅游产业等现代服务业体系的建设。部分地区尤其应发挥当地气候、土壤、耕作传统的比较优势，充分利用优质、绿色、生态农产品潜力巨大的市场前景，重点支持特色农产品良种繁育、产业基地建设、产后加工、市场流通和品牌培育，通过扶持一批产业带动能力强、发展潜力大的扶贫龙头企业，并统筹相关资金渠道建设一批与龙头企业有效对接的生产基地，建立龙头企业、农民合作社与农户紧密联结的利益机制，将产品生产、加工和销售有机结合，实现农业生产经营的现代化、专业化、标准化和规模化，使其真正成为带动农民增收致富的区域性主导产业。政策层面上，国家可以考虑继续加大产业配套投入，加大对各类市场主体的扶持力度，进一步优化区域投资环境，提供有利于产业发展的土地使用、税收减免、授信贷款、利率优惠、基础设施配套等优惠政策。针对近年来部分地区产业发展中出现的“扶产业未扶经济”“扶农业未扶农民、未扶农村”的现象，地方政府在招商引资和产业选择上，应基于企业对农户增收的带动作用和对当地经济发展的引领作用，科学评估工商资本进入的社会、经济和资源环境效应，并探索建立农户与企业公平合理的利益联结机制，警惕纯粹的外地产业资本和工商资本进入造成的收入和利润的大量外漏。

江西省会昌县高排乡就在乡长刘小灵的带领下走了一条发展生态特色旅游的新路子，成功迈出了脱贫的重要一步。高排乡素有会昌“西南大门”之称，与临近的安远天心镇、长沙乡交界，距县城 39 千米，省道周版线、县道珠高线穿境而过。2015 年全乡人口 14760 人，农业人口 13972 人，建档立卡贫困户 789 户 2466 人，其中五保户 44 人，低保户 138 人，缺劳动力的 219 户，丧失劳动能力的 92 人。高排乡 2015 年人均纯收入为 4100 元，有 3 个省定扶贫重点村，2015 年计划脱贫人数为 1031 人。如何在山区乡、农业乡、基础设施差、信息闭塞等条件下实现脱贫成了乡长刘小灵的一块心病。在对高排乡山口村狮子寨进行仔细考察后，乡长刘小灵发现 1856 年太平天国年间为躲避战乱而建立的八角寨旧址城堡、古塔保存完好，而且还有天下庙、真君庙、填坑祖庙、空中祖师等庙宇群等相对较高质量的人文旅游资源，加上狮子寨民风淳朴，山清水秀，并且位于“两镇四乡”交会地方，交通方便，自然风光、客家人文、宗教历史、果蔬采摘等条件都具备，是个非常有潜力的钟灵毓秀之地。结合会昌县“旅游强县”战略，在乡长刘小灵的带领下，高排乡开始根据自身优势发展生态乡村旅游业。

狮子寨的中心村庄——寨脑村民小组有村民 23 户，全为饶姓。刘小灵首先组织各户派出代表，推选成立了理事会，负责乡村旅游点的建设及协调工作。面对群众的观望、担忧，在 2015 年 3 月，他带领理事会成员去安远三百山、车头镇等地参观卧龙山庄、官溪桃源等乡村旅游示范点，组织规划设计单位做出了详细的规划设计，并将效果图公示出来。面对群众没有钱建房的现状，他在争取土坯房改造1.5万元/户的补助政策的同时，积极动员群众办理会昌县的农民住房产权抵押贷款，用银行的钱撬动了群众的资产。到目前为止，23户共计从银行抵押贷款246万，全村已建设供游客居住的农家客栈23栋，全部统一为客家装饰，农家菜馆、特色小吃店3个。

面对无水泥路，无配套设施的现状，他多方筹集资金。为开通至省道周版线500米长的水泥路，他同理事会一起勘察路线，做群众工作。有个山脚下的村民饶文学，新浇水泥路要挖掉他家的10棵脐橙树，占到10平方的田，他当时大开口，直接要3万元，少一分都不肯。刘小灵了解到这一情况后，前后4次找到饶文学，把山上狮子寨的困难、发展乡村旅游的好处、实际补偿标准苦口婆心地和他谈，他才最终答应下来。面对资金缺口，他经常带着理事会会长饶阿六一起到农工部、扶贫办、发改委等单位要资金、讨项目。3.5米宽的路总算修通了，三角班农民舞台搭起来了，5千米的循环山路硬化、引水工程、蓄水山塘等项目正在建设中，下一步，将完成儿童乐园、四季采摘园、户外运动场、八角寨旧址等景点建设。

（3）加强生态友好、资源友好的绿色城镇化建设的路径设计。从区域层面来看，各地区特别是集中连片贫困区要从自然条件和城乡发展现实状况出发，合理确定禁止建设区、限制建设区、适宜建设区，划分区域生态功能区，制定生态保护与建设的具体实施策略。在建设生态文明的大方针指导下，政府需要对城镇布局、建设规模、发展形态、产业结构和开发利用方式进行分区控制，合理开发与利用自然资源，切实加强对重要水源涵养地、自然生态资源保护区、历史文化保护区、基本农田等的保护，形成与本地生态环境相适应的城镇化发展格局。

贵州省册亨县是一个资源富饶的地方，也是一个贫困的地方。册亨作为珠江上游的生态屏障，一直以来肩负着珠江生态的保护任务。册亨的发展，离不开绿色。在册亨大地，造林运动时刻在进行着，让该县在发展中实现绿色崛起。近年来，册亨县实施“153工程”，打造林业产业带，实现景观绿化和生态发展有机统一。目前，该县实施退耕还林1.8万亩，封山育林及人工造林3.16万亩，治理岩溶55平方千米，治理石漠化23.38平方千米。在冗渡镇冗贝村，石漠化综合治理工程已进入最后阶段，标志着涉及坡妹、冗渡两个乡镇，三个流域的石漠化综合治理工程已近完工，石漠化治理面积达2060公顷。坡妹、冗渡石漠化综合治理项目总投资1067万元，其中林草植被建设和保护工程402万元、草食畜牧业工程203万元、水利工程投资425万元，目前水利工程完成坡改梯面积324亩。项目完成后，将有效改善册亨县石漠化地区的生态植被环境。册亨县一负责人说，通过项目的实施，石漠化片区的水土流失得到治理，土地综合开发利用率得到进一步提高，项目区的老百姓与环境和谐共存。

在石漠化治理过程中，册亨县整合发改、财政、林业、农业、扶贫、水务、移民、畜牧等部门资金及林、果、药项目资金支持造林绿化工作。实现资金的集聚效应。现在，走进册亨境内，沿路两边、山上种植有杉树、桉树。望着碗口般粗的桉树，八渡镇村民岑光说：“10多亩的林子就是我们家的绿色银行，少说也值几十万呢!”在丫他农民专业合作社养殖场内，曾经是贫困户的黄佳奎在省扶贫资金的支持下，养殖山羊，不到一年工夫，就有七八万的纯收入，告别了贫困。村里的一大批人通过国家扶持养殖山羊走上致富路。现在的册亨，处处是绿色银行，真正实现了绿色崛起，彻底告别了守着富饶的资源过着贫穷日子的生活。

2. 制度设计。

（1）协调政府与市场关系，健全市场主导的城镇化体制。不同于传统城镇化，新型城镇化是由市场主导、政府引导进行的，市场的基本作用就是实现资源的有效配置，以各种方式推动经济的发展和效率的提高。当前，我们的农业农村经济发展滞后，滋生贫困人口的重要原因在于农业农村市场的培育缓慢和建设滞后带来的劳动力浪费，由此使得推动农业农村发展的三个基本要素受到影响，即组织化程度偏低从而使得商品规模偏小，资金有效使用量偏低不能满足生产扩大的需要，技术掌握程度偏低不能适应农业现代化需要和在城市中就业创业的需要。因此，建立起合理流动的要素市场，就需要推动农村产权改革、深化农村金融改革、加大土地流转力度、强化劳动技能培训，建立起土地、资本、劳动力、技术、信息等资源的有效使用体系，建立起一个覆盖城乡全域的行之有效的市场制度，是统筹城乡发展，实现可持续减贫的关键。

（2）完善社会公共服务，完善保障机制。对于贫困地区来说，教育资源的长期缺乏是制约当地脱贫的根本因素。因此，政府和社会应当建立相应的教育扶贫制度来改善贫困地区教育资源缺乏的现状，而非仅仅着重于机会倾斜。制度设计上要以科学发展观统领教育理念，围绕转变教育观念，提高教师和相关人员素质，加强教育投入，努力改善贫困地区的教育条件，缩小与发达地区的资源差异才能更加健康地实现城镇化和可持续减贫；同时继续我国现有的发达地区与发展中地区结对帮扶的政策，鼓励优质人才回乡创业，带动当地的产业化和城镇化；大力发展职业教育，完善职业教育和相应的就业体系，从政策重视上杜绝贫困地区对职业教育的偏见，完善相应的职业教育配套设施；对失地农民和流动人口的再教育体系同样应当健全，将社会资源和政府资源进行整合，进一步提高贫困地区的人口素质，进而推动减贫与城镇化。

除了教育制度外，社会保障制度特别是养老保险、医疗保险等城市社会福利需要通过推进农村转移人口的市民化实现相对平等。对推进可持续减贫下的新型城镇化发展而言，当前要解决农业移动人口和贫困地区的社会保障问题，包括切实落实好新农保与城居保合并后的城乡居民养老保险与职工基本养老保险等相关社会保障制度的衔接，落实好农民工和失地农民劳动就业中平等地享受职工基本养老、工伤、医疗保险待遇，推进异地医疗费用结算及工伤认定、劳动能力鉴定等工作，尽快实现社会保险权益跨区域的顺畅转移和接续，让农业转移人口真正享受到均等化的基本公共服务和社会保障。同时要扩大农业转移人口参加城镇社会保障的范围，从目前的基本养老、基本医疗和工伤三种保险扩大到包括失业和生育保险在内的全部五个险种，提高参保率，并逐步将农业转移人口纳入城镇最低生活保障、社会福利、社会救助等社会保障覆盖范围，为可持续扶贫提供基本保障。

（3）进一步完善城乡规划制度，建立健全新的城乡统筹体系。针对贫困地区现阶段农村居民点分布“散、乱、空”的现实状况①，应当进一步完善城乡规划制度，按照空间相对集中和资源优化配置的原则，充分考虑自然环境承载力、地域生产模式以及产业发展主导方向等因素，重点重构贫困地区村镇生产、生活和生态空间格局，建立新的城乡统筹体系。探索推进空心村整治、中心村建设、中心镇迁移的地域模式和制度措施，适当加强乡村聚落空间集聚，通过“合村并居”引导农民向社区集中、向中心镇和重点镇集中，以节约行政资源和提高公共资源的社会服务效率，并科学评估公共设施和基础设施配置、建设的适宜性，加强农村基础设施配套建设。对“一方水土难养一方人”的生态环境脆弱地区，实施生态移民工程，依托产业园或城镇周边新建城镇移民社区和安置点。

二、可持续减贫下新型城镇化环境保护机制

随着新型城镇化建设的加快与普及，农村和城镇环境污染的规模和影

① 龙花楼，屠爽爽，戈大专．新型城镇化对扶贫开发的影响与应对研究［J］．中国科学院院刊，2016（03）：309-319.

响不断扩大的情况逐渐出现，不仅与十八大提出的“不以牺牲农业和粮食、生态和环境为代价，着眼农民，涵盖农村，实现城乡基础设施一体化和公共服务均等化，促进经济社会发展，实现共同富裕”的目标是不吻合的，更是给生态脆弱地区带来了灾难，加深了地区贫困。

（一）确立环境保护底线，明确政府责任

1. 新确立环境资源开发利用底线。遏制对大自然环境资源的过度开发、无限制的索取、低效的利用；当地的环境保护部门应当科学理性地评估当地的环境承载力，在政府主导下关于当地的环境信息应当被及时、有效、准确地传递给相关企业，特别是高耗能、高污染企业。当地政府要守住环境质量健康安全的底线，将健康安全的环境质量和公平共享的环境公共服务作为城镇化建设的前提条件，以人群健康和生态平衡为基准，强化保障措施，加大供给力度，特别是贫困地区的城镇化绝不能以破坏生态的不可持续方式来进行。

2. 城市新区和新兴城镇的建设要执行更严格的环保标准。城镇化建设的主要方式是建设城市新区，发展新兴城镇，带动周边地区共同发展。在推进新区与新兴城镇的建设过程中，必须更严格地执行环保标准，走“低碳、绿色城镇化”道路，在城镇总体布局上更加注重经济社会发展与生态环境的协调。为此，要更加重视低碳城市建设的总体布局和规划，优化建筑格局，因地制宜设计建筑，与自然和环境相和谐，避免过分依赖高耗能运行模式；加大科技投入，注重绿色低碳环保产业的发展，在城镇建筑上使用环保材料；注重建筑物周边的绿化建设等。对于连片特困地区来说，城镇化过程中要严格地控制单位土地上的建筑密度和人口密度，尽量避免生态灾难。

3. 把改善生态环境问题作为旧城和棚户区改造的重点内容。设置明确的环保标准，如降低旧城区人口密度，通过廉租房、保障房等方式尽量疏

散贫困人口；污染型企业外迁或通过科技和资金投入促进节能减排；改造过程中不破坏原有的植被，不影响原有的湖泊和河流，不缩小原有的透水地面，注意发挥绿化带向地下渗水的功能。农村地区城镇化的过程中也要注意建筑物密度。

（二）加大农村地区环境保护力度

1. 发挥农村居民在环保中的主体作用。重视农村居民的环保诉求，增加农村居民在农村环境管理中的决策参与权，充分发挥农民对污染企业的监督作用，支持农村污染受害人通过司法程序获得足够的赔偿和补偿。通过小组工作、社区工作，可以有效提升农村居民的环保意识和行动能力，可以将政府制定的环境政策、措施向村民解读阐释，可以帮助农民制定社区规划，发挥地方性知识的优势，改变农村环保认知偏差和图式曲解，可以整合各种社会优势资源关注农村环境问题，提供技术指导、说明和培训，可以依托自身专业特性，收集信息数据构建政府居民互动的平台和中介。

2. 发展生态型循环农业。按照“减少投入、减少污染”要求，推广测土配方施肥技术，根据耕地地力状况和作物需肥要求，在土壤测试的同时发布主要农作物施肥配方，将测土配方施肥技术推广应用到水稻和经济作物中，努力提高化肥利用率，减少用量，减少污染。推广农药减量控害增效技术，减少化学农药用量，提高农药利用效果，规范生产和使用农业投入品，减少氮、磷和重金属等污染物的排放。按照“创新模式、产业循环”要求，实行废物处理无害化、资源化，推广“资源废弃物再生资源”的循环农业发展模式，将上一产业的废弃物或副产品作为下一产业的原料利用，如水稻、蘑菇、芦笋、西瓜、茭白、秸秆、桑枝条、食用菌等产业循环模式。推广“畜禽排泄物沼气作物”模式和沼气、沼液、沼渣的再次利用，农作物秸秆一般作为畜牧饲料、还田肥料、食用菌基料、生物质能料和板材、编织加工材料等再次利用；食用菌废菌棒作为有机肥再次利用，既可培肥土壤，又可松软土层，提高产量和品质。推广农业投入品及包装物的重复使用和回收，把周边农用的瓶、罐和农用薄膜等进行集中回收加工利用。

3. 加大农村环境基础设施建设。切实保护农村饮用水源，可以考虑划定集中式饮用水水源保护区，加强饮用水源保护区隔离防护设施和分散式饮用水水源地截污基础设施建设等；依法取缔水源保护区内的排污口，禁止有毒、有害物质进入饮用水水源保护区，制定饮用水水源保护区应急预案，强化水污染事故的预防和应急处理。在污水和生活垃圾处理方面，应当建设一批适合农村特点的、相对完善的、集中和分散相结合的污水处理和垃圾收集处置设施，使得示范区内农村生活垃圾和生活污水得到妥善处理；加强养殖污染防治；建立治理养殖业污染的长效机制，实现养殖废弃物的减量化、资源化、无害化。与此同时，加大农村生活污染治理力度，提高农村生活垃圾收集率、清运率和处理率，通过集中力量在农村大量兴建固废与污水无害化处理设施。创新农村环境保护投入机制，制定并推行有利于农村环境保护的经济政策，逐年增加农村环境保护的财政预算，加大资金投入力度，并安排一定比例的排污费专项资金用于农村环境保护。试行绿色信贷政策，促进企业开展污染治理和升级改造。建立绿色保险的市场信用机制，促进企业加强环境风险管理，利用保险机制和市场手段转移污染事故风险，有效缓解污染事故纠纷引发的矛盾。建立专项补助机制，鼓励企业开展污染减排和优化升级。

4. 创新并普及农村环保实用技术。加强科技攻关，因地制宜地开发低成本、高效率的污水、垃圾处理技术。农办、环保、农林、科技等部门应加强对农村污染治理技术的服务指导，并把这一工作纳入各部门的职责范围，加强试点工作。加快现有成果的转化、推广，特别是针对不同地区环境特点，采取成本较低的环保技术，结合发展农业循环经济、清洁生产，把畜禽养殖垃圾、秸秆等资源化利用。应着重推广太阳能、沼气等适合农村使用的清洁能源。

5. 加大农村环保宣传教育力度。广大农民和贫困群众既是环境保护工作的受益者，也是潜在的受害者。应加强对其主体意识的指导、培训、宣传教育，充分利用广播、电视、报刊、网络等媒体手段，开展多层次、多形式的舆论宣传和科普宣传，积极引导广大农民从自身做起，自觉培养健康文明的生产、生活、消费方式。农村主要领导干部在农村环保中具有导向性作用，应采取有效措施，着重提高其环境保护意识。在中小学开展环境保护教育，组织实施环境保护实践，在全社会树立保护环境的理念。①

（三）加强生态保护的制度建设

1. 加强相应的机构和人员设置。政府应当将环境质量和环境保护工作列入各级政府领导干部政绩考核的主要内容，并定期向同级人民代表大会或其常务委员会报告环境保护工作。各级政府尤其是县、乡镇政府应当承担起农村环保工作的责任，乡镇应设立专门负责环保工作的干部，承担起辖区内的环保宣传和监督责任。坚持党政一把手亲自抓，分管领导具体抓的原则，设置专门的环保机构，配置专门的环保管理人员，切实加强对农村生态环境资源保护工作的组织领导，每年定期对辖区农村环保工作进行专题研究，制订工作计划，检查落实，每年解决一两项当地群众反映强烈的环境问题。

2. 将环境管理与污染控制纳入官员政绩考核体系。明确规定市、县党政领导班子必须吸收环保部门参与国民经济和社会发展、城市和区域建设等方面的综合决策，把辖区内重大的生态环境问题纳入国民经济和社会发

① 温晓明．新型城镇化进程中农村生态环境保护的有效路径——以龙岩市为例［J］．经济研究导刊，2015（20）：135-139.

展计划；将城市发展的环境保护专项规划纳入城市总体规划，在项目规划、用地审批上实行环境保护前置审批；将环保执法环境的好坏纳入考核体系，将排污费的征收与使用管理纳入考核体系，将同级财政对环保部门的经费保障情况纳入考核体系，将环境保护宣传教育工作纳入考核体系。

3. 建立农业和农村自然资源核算制度。农业和农村自然资源核算是实现农业和农村城镇化可持续发展的一项基础性工作，它有助于确定或确认自然资源的最佳或最适度的利用水平，有利于适量地、及时地判断其在数量、质量和价值量等方面的变化，有助于防止和纠正自然资源过度消耗的现象。

三、可持续减贫下新型城镇化社会治理机制

可持续减贫下的新型城镇化社会治理机制设计是突出人本理念的关键部分。在新型城镇化过程的多元主体中，社会治理机制更多强调社会，包括社会组织、企业、家庭和个人，通过参与、分享和信任等机制将扶贫开发与城镇化过程中的各个要素连接起来，树立以人为本、服务为先的治理理念，完善城镇治理结构，创新城镇治理方式，提高城镇社会治理水平，最终实现可持续减贫。

（一）完善社会治理结构

完善和强化社会治理机制，首先要从整体上完善社会治理结构。要加强党的领导，发挥政府主导作用，鼓励和支持社会各方面参与，实现政府治理和社会自我调节、居民自治良性互动。坚持依法治理，加强法治保障，运用法治思维和法治方式化解社会矛盾。坚持综合治理，强化道德约束，规范社会行为，调节利益关系，协调社会关系，解决社会问题。坚持源头治理，标本兼治、重在治本。以网格化管理、社会化服务为方向，健

全基层特别是农村的社会服务管理平台，及时反映和协调人民群众尤其是贫困人口的各方面各层次利益诉求，有针对性地加以解决和管理。加强社会治理法律法规、体制机制、人才队伍和信息化建设。激发社会组织活力，加快实施政社分开，推进社会组织明确权责、依法自治、发挥作用。适合由社会组织提供的公共服务和解决的事项，交由社会组织承担。

（1）健全社区党组织领导的基层群众自治制度，推进居民依法民主管理社区公共事务和公益事业。在这个基础上，鼓励各个地方村镇通过团体合作的方式实现共同发展和共同繁荣。在可持续扶贫中，基层群众自治制度特别反映在农村地区基础合作社的组建和相应工作的开展。以黑龙江克山县为例，克山县仁发合作社是2009年由理事长李凤玉等7户农民投资850万元和国家补贴1234万元组建的农机合作社。历经5年的发展，合作社入社总户数已达到2678户，入社土地达到5.6万亩，固定资产达到5089万元，其中国投3034万元，7位发起人投资850万元，其他农户计提公积金1205万元。克山县的合作社不仅是个社会组织，更是个经济组织，通过社会与经济组织相结合的方式推动农村地区资源和要素的集中，用产业化带动就业。

（2）加快公共服务向村镇延伸，整合人口、劳动就业、社保、民政、卫生计生、文化以及维稳、信访等管理职能和服务资源，加快信息化建设，构建综合服务管理平台，引导各类社会组织、志愿者参与社区服务和管理。加强社区社会工作专业人才和志愿者队伍建设，推进社区工作人员专业化和职业化。加强流动人口服务管理。深圳市南山区粤海街道办事处新一轮扶贫开发“双到”的做法就是基层公共服务延伸到村镇进行扶贫工作的典型代表。粤海街道办事处以党的十八大精神为指导，全面贯彻科学发展观，按照精准扶贫的总方略，以发展村经济为抓手，以持续增加村民收入为目标，以改善特困户基本生产生活条件为切入点，全力推进坳头村扶贫开发工作。粤海街道办扶贫工作组按照精准扶贫的要求，着力留下一批长期适合农村发展的项目。结合坳头村实际情况大力发展主导产业，通过发放生产资料的形式，激励村民种植高山茶油、优质水稻，科学养猪。通过采取购买农资、统一回购、信息共享、保价收购等手段激励扶贫对象积极参与主导产业。通过开办培训班、聘请专家现场指导等形式，提高村民劳动技能，先后举办 7 次农业技能培训和 5 次非农技能培训，共培训人员 1060 人次。驻村工作组通过牵线搭桥让坳头村委与当地龙头企业广东欣园矿业发展有限公司合作，建立了培训、就业合作关系，把村剩余劳动力进行劳务输送，为坳头村民创造了一条稳定增收的渠道。2014 年粤海街道办事处由于工作突出，被评为省扶贫工作先进单位。

（二）创新社会治安综合治理

有学者指出，中国的反贫困所存在的治理问题主要体现在四个方面，即决策系统多元化造成政策和资金难于整合；起主导作用的是带有计划经济特色的扶贫政策，从而影响了扶贫的稳定性；贫困群体和 NGOs（非政府组织）的参与不足以及监督机制缺乏①。这些问题也是决策层在推进精准扶贫过程中所关注的，2014 年中共中央办公厅和国务院办公厅印发的《关于创新机制扎实推进农村扶贫开发工作的意见》提出要创新扶贫机制的意图也在于完善反贫困的治理机制。

但是与贫困治理相比较，贫困地区发展的社会治理问题更复杂，且更难解决。社区参与是社会力量介入扶贫的基础，在国际社会的反贫困中，社区参与被作为主要的治理手段。在中国的反贫困中，也广泛推动了社区参与，比如《中国农村扶贫开发纲要（2001—2010 年）》强调在实施整村推进扶贫的时候，要进行参与式的村级扶贫规划。在精准扶贫过程中更强调精准识别贫困户需要村民参与，各级干部要实地走访贫困户，听取贫

① 赵曦，成卓．中国农村反贫困治理的制度安排［J］．贵州社会科学，2008（9）：59-64.

困户的意见。但是在许多贫困地区，农村社区呈现出空心化和无组织化的特征，社区参与困难重重。

因此，我国需要建立健全源头治理、动态协调、应急处置相互衔接、相互支撑的社会治安综合治理机制。创新立体化社会治安防控体系，改进治理方式，促进多部门城市管理职能整合，鼓励社会力量积极参与社会治安综合治理。及时解决影响人民群众安全的社会治安问题，加强治安复杂区域和部位的治安整治和管理。理顺城管执法体制，提高执法和服务水平。加大依法管理网络力度，加快完善互联网管理领导体制，确保国家网络和信息安全。同时还要强化社区组织在新型城镇化背景下可持续减贫的参与度，保证能够精准到户，切实解决在扶贫工作过程中产生的各种社会问题，从社会治理层面实现减贫的可持续。

（三）健全防灾减灾救灾体制

中国是世界上自然灾害最为严重的国家之一，囊括了气象、地质、地震、海洋、生物和火灾在内的所有类型的灾害。灾害种类众多、分布地域广阔、发生频率高、造成后果严重，这些都是我国自然灾害的典型特点。20 世纪 60 年代至 90 年代，由于自然灾害造成的粮食减产比例为 5%，油料减产大约在 15%左右，棉花的减产更是达到了 20%至 30%。1990 年至 2010 年，有 3 亿人次因为各类自然灾害受灾，房屋倒塌数量为 300 万间，政府紧急转移人口 900 多万，造成的直接损失达到了 2000 亿人民币。其中包括了比较大的自然灾害，如 2007 年淮河流域特大洪灾和次年的南方特大低温冻害，还有 2008 年 5 · 12 汶川特大地震，2010 年青海玉树地震和甘肃舟曲泥石流等均对当地造成重大损失。民政部 2007—2011 年民政事业发展统计报告指出，2007 年我国自然灾害发生次数上升，大多数发生在粮食的主产区，造成全国农作物受灾面积达到 49897. 5 公顷，绝收面积约 11%。因各类自然灾害受灾的人口数为 39777. 9 万人次，房屋倒塌约 150

万间，死亡 2325 人次，直接经济损失达 2400 亿元。据民政部统计，仅 2011 年第一季度，我国自然灾害就造成了 1.7 亿人次受灾，因灾死亡 75 人，失踪 11 人，紧急转移安置 81.9 万人次，农作物受灾 11380.3 千公顷，绝收 280.1 千公顷，直接经济损失达 420 亿元。2012 年全国各类灾害共造成 3.1 亿人次受灾，1263 人死亡，189 人失踪，1078 万人次被政府紧急转移安置，1826 万贫困人口需要救助，82.5 万间房屋倒塌，约 420 万间房屋需要整修，因灾直接经济损失达到了 480 亿元。以汶川县为例，2008 年汶川地震发生后，该地区 43 个重点扶贫县中灾后贫困发生率上升到了惊人的 60%，因灾返贫率达到了 30%。农民的人均收入更是从灾前的 1800 元降到了千元以下。无房、无收入、无生产资料的农户数量大幅增加，群众生活面临很大困难，经济发展也受到了很大阻碍。在这种情况下，健全可持续减贫下的防灾减灾救灾体制就显得尤为重要。

1. 完善地方村镇应急管理体系，加强防灾减灾能力建设，强化行政问责制和责任追究制。相对于城镇地区来讲，农村地区防灾减灾的应急系统相对落后，村民缺乏相应的防灾减灾意识。灾害发生后，通常农村地区人民的生命财产损失较为严重，进而带来灾后重建以及重建之后的新一轮贫困，特别是我国的连片特困地区。因此，在新型城镇化过程中，不仅要强化对农村地区特别是连片特困地区的资金投入和产业投入，同时要在政府主导下完善地方的应急管理体系，加强对相应地区人民的安全知识培训，保障人民的生命财产安全。

2. 着眼抵御台风、洪涝、沙尘暴、冰雪、干旱、地震、山体滑坡等自然灾害。完善灾害监测和预警体系，加强邻近市镇消防、防洪、排水防涝、抗震等设施和救援救助能力建设，提高农村建筑灾害设防标准，合理规划布局和建设应急避难场所，强化公共建筑物和设施应急避难功能。特别是对于生态环境较为脆弱、易发生自然灾害的我国连片特困地区来讲，加强监测和预警非常重要。

3. 加强灾害分析和信息公开，开展风险防范和自救互救教育，建立巨灾保险制度，发挥社会力量在应急管理中的作用。在这一方面，政府和相关社会组织可以通过统一培训、定点分发材料等方式增加向贫困地区普及应急知识的频率，同时重视农村和贫困地区的防灾救灾演练，重视村镇一级媒体对相关知识的宣传工作。

四、可持续减贫下新型城镇化投融资机制

扶贫工作和新型城镇化都需要巨量的资金投入，中央财政每年也有相当数额的扶贫资金和城镇化资金投入；除了政府拨款的资金保障之外，扶贫工作和城镇化进程还需发挥市场的作用，利用社会融资来推进，才能够实现减贫与城镇化的良性循环。

（一）可持续减贫与新型城镇化现有的投融资机制

目前我国扶贫和新型城镇化建设的投资融资工作主要是政府主导，通过扶贫资金、银行贷款等基本方式提供资金保障，据初步统计，2017 年中央和地方财政专项扶贫资金规模超过 1400 亿元。其中，中央财政安排补助地方专项扶贫资金 860. 95 亿元，比上年增加 200 亿元，增长 30. 3%；有扶贫任务的 28 个省份的省级财政专项扶贫资金规模达到约 540 亿元[①]。在新型城镇化建设方面，国家统计局数据显示，从 1981 年到 2015 年，城镇固定资产投资额由 711. 1 亿元增加到 551590. 04 亿元。

与此同时，按照各地自身情况，因地制宜地形成了多种多样的扶贫与城镇化投资融资模式，主要有以下几种形式：

① 2017 年全国财政专项扶贫资金超 1400 亿元 [N/OL]. (2017-05-29) [2017-06-28]. http: //www. gov. cn/xinwen/2017-05/29/content_5197900. htm.

1. 政府组织集资支持——以河北省巨鹿县南哈口村“两个组织”模式为例。南哈口村位于县城西北 15 千米处，地处巨鹿、隆尧两县交界地带，地理位置偏僻，交通不便；全村 510 户 1610 人，耕地 4424 亩，群众多年来主要以玉米、小麦、棉花等传统种植为主，是巨鹿县扶贫开发工作重点村，2008 年人均纯收入不足 1800 元。

村庄地处偏远，交通不便，村内无支柱产业，基础设施落后，群众发展意识不强，主要靠种植粮食作物和外出打工维持生活，缺乏有效的经济来源，经济收入低。扶贫任务十分艰巨。2010—2012 年，南哈口村通过创建“两个组织”信贷扶贫模式，发展大棚蔬菜扶贫产业，全村人均纯收入由 2009 年的 2800 元增长到 2015 年的 1. 2 万多元，一跃成为全省脱贫致富样板村。先后被评为“河北省十大扶贫典型村”“河北省扶贫开发工作先进集体”，创造了跨越发展的奇迹。

南哈口村选择了蔬菜大棚种植作为本村脱贫致富的产业路子，但由于每年有限的扶贫资金满足不了群众发展需求，群众自身资金非常有限；由于没有信用担保、没有抵押，贫困人口向银行贷款不符合银行的放贷条件，因此也没钱投资。在这种情况下，巨鹿县在原省扶贫办主任扈双龙的关心指导下，在南哈口村率先开展了“两个组织”（即县扶贫信贷担保志愿者组织、贫困村诚信自律者联谊会）创建试点工作，目的在于解决当前作为弱势群体的贫困农民发展扶贫产业贷款难的现实问题。

巨鹿县委、县政府高度重视“两个组织”创建工作，县四大班子领导带头加入“县扶贫信贷担保志愿者组织”，组织 2000 多名机关公职人员以 2 个月工资为群众贷款担保；在南哈口村成立了第一个“贫困村诚信自律者联谊会”。把南哈口村 80 多名发展大棚的种植户组织起来，组建了“南哈口村诚信自律者联谊会”。2010 年，南哈口村通过“两个组织”信贷扶贫模式，从县农行、信用联社贷款 300 多万元，期限 1 年，当年新发展蔬菜大棚 1500 多亩，年增收 1000 多万元。贷款户在瓜菜上市销售后，仅用

1天时间就全部还清了贷款，“两个组织”信贷扶贫模式获得了巨大成功，有效破解了贫困户“有项目、无资金”的发展瓶颈问题，在金融部门和贫困群众之间搭建起一条安全绿色通道，使银行资金顺利参与到扶贫产业发展中来。2010年以来，南哈口村在国家、省、市的大力支持下，通过创建“两个组织”信贷扶贫新模式，帮助贫困户向银行争取贷款，发展大棚蔬菜产业，带领贫困群众走上了稳定增收的脱贫致富路，产生了良好的经济效益和社会效益。

2. 企业自觉履行社会责任——以广州市交通投资集团投资电商产业为例。在广州市驻村工作队的大力支持下，广州交通投资集团有限公司认真贯彻省、市新一轮扶贫开发“双到”工作部署，因地制宜、创新推动、精准施策，借力“互联网+”，于2013年率先探索实施“电商扶贫”项目，实现农业与市场联通、线上与线下互通，推动农村农业产业化、市场化、品牌化发展。实施三年来，相继打造了淘宝湛江驻村人扶贫专营店、湛江驻村人扶贫专营微店、京东驻村人馆三大知名电商销售平台，帮助广州对口帮扶湛江的95个贫困村拓宽农产品销售市场，提升产业效益，产生直接经济效益600多万元，切实激活农村市场，增加农民收入。由广州交投集团帮扶的田头村、塘头村集体经济从0.3万元飙升至30.26万元，贫困户人均收入从1933元跃升到9736元。湛江地区的千禧圣女果、青枣、黑米、红心火龙果、红树林海鸭蛋等一大批特色农产品搭上电商顺风车为广大消费者所熟悉。《南方日报》《羊城晚报》《广州日报》《湛江日报》纷纷报道，南方网等转载报道，2014年10月1日，《人民日报》给予报道，并被共产党员网、中国网、凤凰网、中国三农观察网等多家网站转载、宣传、推广，2015年“电商扶贫”成为广东省“优秀扶贫项目”。该集团的投资是来自政府之外的社会企业投资，不仅很好地履行了企业的社会责任，而且为社会企业的投资扶贫项目树立了典范。

3. 政府资金与社会企业对接——以宁夏盐池县东塘村融资模式为例。东塘村2012年互助资金启动以来，村民以有限的资金发展种养殖业。由于资金额度有限远远不能满足发展需求，东塘自然村村民自发与余聪公司对接，争取企业扶持信贷资金扶持。2012年以来，东塘村与余聪公司配合融洽，四年来累计贷款500余万元，有效地加快了村民脱贫致富步伐。

目前，我国在新型城镇化方面的融资和投资机制主要依赖政府，当前我国城镇化融资机制是从“拨改贷”改革开始逐渐形成的。1979年国家在基础设施建设投资领域进行财政拨款改为银行贷款的试点，包括城镇化建设等传统公共财政领域逐渐利用银行贷款等负债融资方式。20世纪90年代分税制改革和政策性银行设立，进一步推动了城镇化建设负债融资的发展。而随着政策性银行经营行为日益商业化以及土地财政的不断壮大，相关负债融资越来越仿照市场化方式进行。由于我国《预算法》、《担保法》和《贷款通则》等规定，限制了我国地方政府作为直接举债的融资主体，地方政府借助融资平台等形式上市场化的融资主体进行融资，并依靠自身税收和土地财政为基础形成的地方政府信用，为城镇化融资提供还款支持，形成了由政府信用支持、政府负债主导的传统城镇化融资机制。参与传统城镇化建设的资金，不论其是来源于以政府融资平台为代表的政府类融资主体，还是来源于以私营企业为代表的市场化融资主体，其融资的增信和还款的来源都高度依赖政府。[①]

（二）可持续减贫目标下的新型城镇化投融资机制

在可持续减贫的目标下，新型城镇化的投融资机制设计不仅需要直接的资金投入，更在于通过创新投融资方式，使得资金能够更有针对性、更

① 中国人民银行成都分行金融研究处课题组．新型城镇化融资机制及创新［J］．西南金融，2015（01）：15-22.

切实际投入新型城镇化工作，通过支持和引导产业发展、产业结构优化的途径来加快城镇化进程进而带动脱贫进程；同时推动建立市场化、可持续的资金保障体制，实现可持续发展。

1. 政府自身层面。

（1）政府要建立完善的要素与竞争相结合扶贫资金分配方式。积极探索重大扶贫专项、以奖代补等扶贫资金实行要素分配与竞争分配的有机结合的分配方式，在保证要素法分配资金占总资金50%以上的基础上，将产业扶贫和以奖代补等先建后补资金实行竞争性分配，以提高扶贫资金的使用效率。如在内蒙古杭锦旗扶贫开发示范区建设过程中，在鄂尔多斯市扶贫办的大力支持下，该区争取到“三到村三到户”、金融扶贫富民工程、中和农信小和贷款、贫困村互助资金以及“支农支小”小额再贷款5大金融扶贫工程，其中“三到村三到户”和金融扶贫富民工程已全面启动，按照将风险保证金放大8~10倍的规模共发放贷款1.16亿元，惠及贫困户1007户，其中“三到村三到户”3145万元，金融扶贫富民工程8455万元，计划年底突破1.5亿元。随着“央贷扶”和中和农信项目实施，目前已在各级金融部门之间形成一定的竞争，对于贫困地区发展而言这是利好的趋向。

（2）除了银行融资之外，各级地方政府可以以发行市政债的方式推进城镇基础设施和公共设施建设。市政债券可以为新型城镇化提供长期稳定的资金来源，解决我国目前无法解决的新型城镇化需要巨量资金的问题，有利于破解土地财政难题、创新新型城镇化投融资机制；同时，发行市政债对地方政府的要求更高，信息披露也更加透明，更有利于控制地方政府的债务风险；并且，市政债的发行是在金融市场上的直接融资方式，能充分发挥资本市场的作用，通过强制性信息披露和信用等级等市场约束准确反应债券发行主体的风险水平，并进行合理定价，透明度相对较高。①

（3）政府和相关金融机构要加大对农户小额信贷的支持力度。在省级层面协调增加对支农信贷规模，建立农村动产（如营用车辆）、固定资产（如宅基地、房产）、联户（三户以上）及诚信担保等多种形式的贷款担保机制，可以考虑修改农民贷款五万元以上必须要国家正式职工担保制度，降低农民贷款门槛，并将贷款期限从一年延长至三年，贷款利率在基准利率的基础上上浮不超过40%，有效解决贫困地区农民发展致富产业资金不足的问题；在资金有限的情况下，各级地方政府可以参考河北省巨鹿县南哈口村的成功经验，通过有政府背景的地方性公益组织和群众组织，在制度内部解决融资问题。

2. 政府与市场关系引导方面。

（1）政府要引导多种资金参与扶贫开发和新型城镇化工作，鼓励和引导商业性、政策性、开发性、合作性等各类金融机构对扶贫开发和新型城镇化的金融支持，从资金上和信用度上减轻对政府的依赖；政府同样要对投融资行为进行引导，适度承担，加深市场在可持续减贫和新型城镇化过程中的介入，推动整个融资过程的良性互动。

（2）创新地方扶贫融资平台。可在有条件的地方成立市、县（区）扶贫开发投资公司试点，建立融资平台、担保平台、管理平台，整合各方资源，引进各方力量，加大政府、银行、企业合作，建立社会化融资扶贫开发新机制，形成“政府+企业+金融机构+农户/贫困户”的融资体系。在试点的基础上总结经验和完善政策，逐步在贫困地区推广，解决贫困地区产业发展融资难的问题。通过整合相关扶贫专项资金和贷款贴息等方式，充分发挥财政资金杠杆放大作用，撬动金融信贷资本，吸纳民间资金，破

---

① 胡凡．新型城镇化背景下地方政府投融资机制创新研究［J］．商业经济研究，2015（06）：47-49.

解融资瓶颈。

宁夏回族自治区盐池县古峰庄村的部分村民就是利用互助金融平台实现了脱贫致富。古峰庄村辖5个村民小组，487户1747人。近年来，古峰庄村凭借着互助资金搭建的诚信平台，创新开展了千村信贷、小额信贷、惠农卡和富农卡等金融扶贫模式，有效地解决了扶贫户贷款难和贷款贵的问题，助推农民脱贫致富。吴佩军系古峰庄村常山子自然村村民，家庭人口4人，本人和妻子均为普通劳动力，有耕地50亩，其中水浇地10亩。由于资金缺乏，家庭主要收入依靠种植业，2013年底家庭人均年纯收入3531元，属省定标准扶贫户。吴佩军一家于2014年被列为“双到”工程实施户，村互助社为其贷款5000元，同时捆绑信用社信贷资金35万元，在“信用村”的推荐下，以惠农卡贷款5万元，还在村信用互助社的推荐下，又获得小额信贷贷款5万元，加入标准化养殖园区，羊只存栏260只，2014年底家庭人均纯收入达8450元。借助着“政府+金融机构+农户/贫困户”的模式，吴佩军一家最终实现了脱贫致富。

·第八章·

可持续减贫下新型城镇化能力建设

新型城镇化模式对我国当前社会发展意义重大。因为传统城镇化模式的不可持续性，探索新型的城镇化发展模式成了一种必然态势。可持续减贫下的新型城镇化能力建设是指以科学发展观为指导方针，坚持“全面、协调、可持续推进”的原则，走可持续发展道路，建设城乡一体的城市中国。政府应通过制定战略与规划、提供基础设施和公共服务、完善制度与政策、加强监督与管理积极推进新型城镇化进程。

一、可持续减贫下城乡二元结构模式的制度安排与创新

（一）城乡二元户籍制度问题与制度创新

户籍制度，也就是户口制度，是随着国家的产生而形成的一种社会制度，包括与户口或户籍管理相关的一套政治、经济和法律制度，政府通常在此基础上决定资源的配置与财富的分配。我国现行的户籍制度源于计划经济体制下的制度安排，其最突出的特点是，根据地理位置和家庭成员关系将户籍属性划分为农业户口和非农业户口。近十年来，我国城镇人口比例不断增大，但截至 2015 年，持有农业户口的人口仍占总人口的 44%左右。城乡二元户籍制度将城市与农村分隔开来，以户籍为基础实行就业、教育、医疗、社会保障等权益的差异化安排。

表 8-1　2006—2015 年中国城乡人口比例①

年份	2006	2007	2008	2009	2010	2011	2012	2013	2014	2015
城镇人口比例	44.3%	45.9%	47.0%	48.3%	49.9%	51.3%	52.6%	53.7%	54.8%	56.1%
乡村人口比例	55.7%	54.1%	53.0%	51.7%	50.1%	48.7%	47.4%	46.3%	45.2%	43.9%

1. 存在问题。随着社会经济发展，城乡二元户籍制度造成的问题越来越突出，成为阻碍社会健康、可持续发展的一大制度性障碍。

一方面，城乡二元户籍制度使更多的资源与社会福利向城市居民倾斜。中华人民共和国成立初期农业支持工业的政策使得农村的发展滞后于城市，而二元户籍制度造成的资源分配不均又使得农村缺乏发展的动力支持。从可持续减贫的角度考虑，贫困地区的落后不只是由于地理条件和自然资源的制约，还因其背后根本的制度原因造成的资源不合理分配。贫困地区的发展更依赖外来的资源供给和政策支持，而二元户籍制度使得国家对农业人口的支持力度远远少于城市。2015 年，贫困地区主干道路经过硬化处理的自然村比重为 73%，通宽带的自然村比重为 56.3%，通客运班车的自然村比重为 47.8%，基础设施情况远不如城市；贫困地区行政村中，有幼儿园或学前班的村比重为 56.7%，有小学且就学便利的村比重为 63.6%，文化教育等公共产品的数量和分布也远远落后。基础设施不足影响产业发展，公共产品不足影响劳动力素质，城乡之间的贫富差距与社会分化因此持续扩大，贫困地区缺少脱离“贫困陷阱”的外在支持。

另一方面，城乡二元户籍制度对劳动力等经济要素自由流动的限制，不利于城乡生产效率的提高，也有碍中国的城市化进程。户籍制度建立之

① 数据来源于《中国统计年鉴 2016》。

初，主要目的之一就是限制城乡人口迁移，避免农业劳动力流失的同时，缓解城市人口增长带来的资源供给压力，实行有计划的资源配置。然而随着经济发展，城镇化步伐加快，城市建设对劳动力的拉力与农村生产空间有限对剩余劳动力的推力共同作用产生了农民到城市就业的大量需求。根据国家统计局的数据，2015 年，中国第一产业增加值占国内生产总值的比重仅为 8.8%，就业人员比重却达到 28.3%，乡村就业人员的比重更是达到了 47.8%，农村地区积累了大量剩余劳动力，快速城镇化为疏解这一问题提供了有效的途径。然而由于二元户籍制度的限制，劳动力无法实现在地域间的自由转移，农村务工人员在城市就业面临诸多限制，由此产生了中国特色的“农民工”问题、流动人口管理问题与社会保障问题等。

2. 制度创新。针对城乡二元户籍制度造成的主要问题，进行户籍制度创新应该关注对应的两个方面：一是解决二元户籍分离造成的社会资源和福利向城市倾斜的不合理机制，二是逐步取消户籍制度管理对农村劳动力迁移的限制。

资源配置方面，确保农业人口摆脱长期遭受的户籍歧视，同等地享受社会资源和发展条件，是缩小城乡贫富差距的制度基础，也是帮助贫困地区减贫脱贫、使减贫脱贫路径长期可持续的制度保证。户籍制度改革的关键目标在于剥离附着在二元户籍基础上的社会资源与福利分配，以市场而不是以身份来进行资源配置，因此建立农业与非农业户口统一的户口登记管理制度。户籍制度的作用应该主要体现在人口登记管理上，在此基础上建立的教育、医疗、就业、住房、社会保障等功能应随着户口登记制度的统一而形成相一致的标准，从而解决户籍二元分离造成的社会资源分配不公平的问题。

农村劳动力迁移方面，贫困地区市场需求有限，劳务输出脱贫可作为可持续减贫的有效途径之一，但这需要户籍制度创新提供制度保障。城市的工业、建筑业以及家政服务、物流配送、养老服务等服务业为贫困地区劳动力外出就业提供大量空间，鼓励有能力的农业人口到城镇寻找就业机会，能够提高他们的生产效率，帮助他们获得更高的经济收入与更好的生活环境，实现快速脱贫。但与此同时，需要逐步放宽对户口迁移的限制，做好城镇接收外来务工人口的制度安排，在统一的户口登记管理制度基础上建立城乡统一、公平的劳动力市场，将外来农业人口纳入城市管理系统，解决流动务工人员在输入地的管理问题。输入地政府要承担相应的帮扶责任，为在城镇工作生活的农村贫困人口提供基本的公共服务和社会保障，促进有能力在城镇稳定就业和生活的农村贫困人口有序实现市民化，与城镇居民享有同等权利、负有同等义务。

（二）城乡二元土地制度问题与制度创新

我国现行的社会主义土地公有制将土地分为全民所有制和劳动群众集体所有制，城市市区的土地采取社会主义国家所有的形式，由国家行使占有、使用、收益和处分的权力，农村和城市郊区的土地则由农村集体经济组织的农民集体所有，由农村集体经济组织行使土地的经营、管理权。改革开放后的农村经济体制改革，在土地公有制的基础上，将集体所有的土地等生产资料承包给农民，以户为单位独立经营，自负盈亏。土地所有权和使用权在一定程度上的分离，使农民获得了生产和分配的自主权，调动了农民的生产积极性，解放了农村生产力。

1. 存在问题。当前我国土地制度存在的主要问题是《土地管理法》禁止农村宅基地流转，集体土地无法进入建设用地市场，农村的集体土地难以有效盘活。我国城市的土地市场已基本形成并建立了相应的地价体系，农村的大量农用地和非农用地却以自发流转为主，土地交易信息滞塞，制度和政策还很不完善，地价体系也未形成。此外，国家征地作为新增建设用地的唯一途径，割断了城乡土地市场的有机联系，城乡土地难以有效地实现自由流转。土地产权、土地用途、土地市场、土地价格以及土地规划和管理的二元特征，形成了城乡割裂的土地市场制度结构。现行的土地市场制度结构加大了城乡之间的贫富差距，不利于农村经济效率的提高。

首先，按户承包的土地规模很小，不利于现代科技推广，先进农业设备和管理系统缺乏有效的发展基础，农业的规模化经营难以实现，造成土地产出率和劳动生产率水平低下。尤其在贫困地区，生产分散使得较大规模的道路、水电等农业基础工程设施建设无法进行，农业生产条件得不到有效的改善，农业发展后劲不足。

其次，土地流转困难不利于外出务工人员经济水平的提高。贫困地区受自然资源环境的限制，土地的产出效率较低，农民通过种地获得的收入微薄，年轻劳动力到城镇寻找就业机会的比例相对较大。2015 年，贫困地区农村常住劳动力占全部常住成员的比重仅为 66.1%。但由于社会保障机制的不完善，外出务工农民仍将土地视为重要的生存保障，土地无法有效流转的情况下，流出地又缺少有效劳动力，只能选择将土地低效利用甚至“撂荒”，土地收入减少的同时，外出务工农民还需要承受农业税费和务工经商税费的双重负担，有悖于通过劳动力输出实现贫困地区可持续减贫的初衷。“离乡不放土”的迁移模式产生了集体建设用地使用权流转改革的需要。

最后，为支持快速城镇化的建设，政府通过行政审批手段征收农业用地，以征地的唯一途径将农地的使用性质由农民集体所有制转化为国有制，将农地由农业用途转为非农业用途。这就牵涉到土地征用过程中的补偿问题，补偿方式不当、补偿标准过低容易造成失地农民的贫困化，且常常引发社会矛盾与冲突。由政府进行土地的计划配置效率低下，无法通过市场机制体现土地价格，容易侵害农民利益，扩大城乡发展差距。实现城乡协调发展的新型城镇化，需要建立一个开放、竞争、有序的土地市场，由市场进行土地资源的配置，提高土地利用效率和资源配置效率，与农民分享土地开发带来的增值红利，以此为契机帮助贫困地区的农民实现脱贫。

2. 制度创新。实现农村土地市场化自由流转、确定合理的农村集体用地征收标准的前提，是明晰农民个体对集体土地拥有的土地使用权和承包经营权，稳定农民对土地承包经营的各项权利，允许农民通过土地使用权的交易进行个人财产的配置，避免由于产权不明确出现的低收高卖土地等政府行为。在明确土地产权的基础上，进一步完善土地流转制度，一是提升农村集体土地自由流转的高效性，二是保证集体土地转变为建设用地过程中的公平性。

首先，规范农村土地交易市场，允许农民将集体土地使用权用于转让、交换、出售、赠予、作价入股等，加大资金支持，如设立土地流转专项基金，建立健全土地流转交易平台，通过土地流转信息的公开透明提高土地交易效率，管理引导土地交易过程的合法性和规范性，解决土地交易过程中容易出现的纠纷。贫困地区土地产出效率较低，农民缺少提高土地经营收入的意识和途径，可以由政府牵头引入市场企业，通过土地交易市场对土地使用权进行收购整合，实现规模化经营，应用先进农业机械设备和现代化管理系统，充分发挥信息时代互联网对产业发展的推动作用，更能使贫困地区走特色农业、生态农业等创新型产业道路成为可能，实现市场积极参与下富有创新的可持续减贫。

其次，探索建立城乡统一的土地市场，按照公平的市场价格将农村集体用地转变为建设用地，在土地流转和置换过程中保证农民的利益。一方面，确定合理的市场化价格，对进城务工农民的土地承包经营权进行收购，能够提高土地的利用效率，更重要的是帮助这些实际上已经非农化的农民转化为真正意义上的城市人口，确保其在身份转变过程中的收益和生活保障，推动农村劳动力向城市转移、农民工市民化的进程。另一方面，长期以来存在的土地征收问题，是激发社会矛盾和社会冲突的导火索，严重影响社会公平，尤其在贫困地区，农民几乎全部的生活来源都依仗手中的土地，土地征收后若不能实施合理的安置和补偿措施，将使其失去基本的生活保障。建立土地征收过程中的合理地价体系，使土地征收过程公开透明、按市场规则有序进行，有利于提高新型城镇化过程中的建设效率，同时使农民共享建设发展中的土地增值收益。适量的农业用地转变为建设用地符合社会经济发展的需要，但应该注意充分利用开发建设的机会帮助贫困地区农民实现可持续减贫，警惕由于地价体系不完善和征地实施不规范使贫困人口陷入更艰难的生活境地。

（三）城乡二元社会保障制度问题与制度创新

社会保障制度包括社会福利、社会保险、社会救济、社会优抚和安置等一系列制度，旨在保障全社会成员的基本生存和生活需要，通过国民收入再分配保障社会公平，使公民享有平等的权利和机会。社会保障本身以反贫困为目标，其主要针对的对象为贫困人群，因此可以与可持续减贫工作紧密结合。随着农村集体保障、土地保障和家庭保障功能逐渐淡化，农村社会保障问题越来越突出，建立健全农村社会保障制度体系是保障农民生活，缩小城乡差距、实现城乡协调发展的重要途径，也是帮助贫困地区脱贫的关键抓手。要充分发挥社会保障在可持续减贫实践中的支撑作用，同时也要防范由于机制设计不当而出现的依赖性贫困、“贫困陷阱”问题。

1. 存在问题。我国社会保障制度建设采取先城镇后农村、分人群渐次推进的方式，优先完善城市社会保障制度的同时，在农村进行社会保障制度的探索。根据社会成员的不同职业身份，现行社会保障体系可分为机关事业单位职工社会保障制度、城镇企业职工社会保障制度、农村居民社会保障制度和城镇居民社会保障制度四个相对独立的子系统。长期以来城市与农村的社会保障制度奉行“两套制度、两个标准”，尽管近年来农村社会保障体系发展迅速，社会救助制度、农村最低生活保障制度、农村社会互助制度、农村养老保险制度、农村医疗保险制度都在构建和完善中，但实施时间不长，且实行自愿参保政策覆盖面还不够，城乡社会保障待遇水平之间仍存在较大差距。

以最低生活保障制度为例，截至 2015 年底，全国城市低保对象有 957.4 万户 1701.1 万人，全年各级财政共支出城市低保资金 719.3 亿元；农村低保对象有 2846.2 万户 4903.6 万人，全年各级财政共支出农村低保资金 931.5 亿元。全国农村低保对象人数将近为城市低保对象人数的 3 倍，全年各级财政共支出的低保资金却仅约为城市的 1.3 倍。2015 年全国城市低保平均标准为 5413.2 元/人·年，城市低保年人均补助水平 3799.2 元；全国农村低保平均标准为 3177.6 元/人·年，农村低保年人均补助水平 1766.5 元，农村低保的平均标准仍明显低于城市。

医疗保障制度的保障水平也存在较大差距。我国目前存在职工医保、居民医保、新型农村合作医疗三种主要的医疗保险制度。根据 2013 年第五次国家卫生服务调查分析报告，2013 年，职工医保住院病人中获得报销的比例为 95.3%，职工医保病人次均报销费用为 8579 元，次均自付费用为 3888 元，实际报销费用比为 68.8%；居民医保住院病例中获得报销的病人比例为 88.7%，居民医保病人次均报销费用为 5369 元，次均自付费用为 4644 元，实际报销比为 53.6%；新农合住院病例中获得报销的病人比例为 91.1%，次均报销费用为 3329 元，次均自付费用为 3309 元，实际报销费用比为 50.1%。三种医疗保险制度的次均自付费用占家庭人均年收入的比例分别为 16.7%、30.0%和 33.0%。比较三类医疗保障制度，职工医保的保障水平最高，新农合的覆盖范围足够广，但保障水平仍略低于居民医保。

2015 年，全国城镇居民的可支配收入为 31194.8 元，医疗保健支出为 1305.6 元，占可支配收入的 4.2%；农村居民的可支配收入为 11421.7 元，医疗保健支出为 753.9 元，占可支配收入的 6.6%。由于医疗支出属于刚性费用，农村居民的医疗费用占可支配收入的比例高于城市居民，尤其对贫困地区的低收入人群，医疗费用造成的负担显然更重，这种情况下，农村地区实际需要比城市地区更高的医疗保障水平，这是当前的医疗保障制度与现实情况之间存在的矛盾。

表 8-2 三种医疗保险制度覆盖人口住院费用及报销情况的比较①

医保类型	获报销病人（%）	报销费用比（%）	次均报销费用（元）	次均自付费用（元）	次均自付费用占家庭人均年收入的比例（%）
职工医保	95.3	68.8	8579	3888	16.7
居民医保	88.7	53.6	5369	4644	30.0
新农合	91.1	50.1	3329	3309	33.0

除社会保障水平存在较大的城乡差距外，当前社会保障制度还存在适应流动性不足的问题，使得失地农民、流动务工人群等特殊群体缺少有效的社会保障。快速城镇化过程中，大量农民工进入城市就业，为城市快速发展做出贡献的同时，却无法享受到与城市居民平等的社会保障和社会福利。由于城乡二元户籍结构的限制，异地劳务人员的劳动关系和社保权益认定复杂，社会福利和保险等关系无法随时跟随人口转移，出现跨地区、跨制度转移接续不顺畅、不及时的问题，导致部分农民中断参保，失去社会保障对基本生活的支持，农民工在流入地一旦发生职业风险或面临突发性、临时性困难，难以及时获得必要的救助。且城乡社会保障的管理机构分离造成管理体制不顺，出现流动人员重复参保、重复补贴以及漏保等现象。

2. 制度创新。在城乡二元户籍制度改革还未完成、城乡发展差距仍很大的情况下，当前的主要任务应该首先在农村建立起完整的社会保障体

① 数据来源于2013年第五次国家卫生服务调查分析报告。

系，提高社会保障制度在农村的覆盖范围和保障水平，接着逐步完善城乡基本养老保险制度、基本医疗保险制度等社会保障制度的整合，统筹城乡社会保障制度发展，推动城乡社会保障制度的待遇衔接，促进城乡社会保障政策和经办管理的统一，保证城乡居民在制度保障下的公平和社会资源福利的共享，最终形成城乡一体化的社会保障制度。

首先，建立健全农村地区，尤其是贫困地区的社会保障制度。2016 年印发的《人力资源和社会保障事业发展“十三五”规划纲要》提出目标，全面推进社会保障制度改革，2020 年全面建成覆盖城乡居民的社会保障体系，基本实现法定人员全覆盖，而农业人口正是扩大社会保障覆盖面的重点对象。2020 年也是计划实现现行扶贫标准下 4000 多万贫困人口全部脱贫的重要节点，实现贫困人口社会保障全覆盖，有效衔接农村社会保障体系与扶贫开发政策，将极大推进贫困地区可持续减贫、脱贫工作的进程。通过加大农村最低生活保障制度的资金投入，对符合低保标准的农村贫困人口实行政策性保障，发挥农村低保制度在减贫、脱贫工作中的兜底作用；完善农村养老保险制度、医疗保险制度，适时提高保障标准，保障贫困人口的基本生活需求；加大贫困地区劳动就业和社会保障公共服务体系的建设力度，对贫困人口进行职业技能培训，实行就业扶持政策，促进农村贫困劳动力稳定就业，帮助贫困人口通过就业实现可持续减贫、脱贫。

其次，有效衔接社会保障制度的城乡管理体系和经办运行机制，整合社会保障制度政策，最终实现社会保障制度的城乡统一。当前社会保障体系适应流动性不足，城乡衔接的社会保障制度是建立统一的劳动力市场的基本要求，长期来看，打破社会保障制度的城乡界限和职业界限，是推动贫困劳动力转移就业脱贫的制度要求，现阶段条件还未成熟的情况下，可先对城乡社会保障的管理和运行机制进行衔接和整合，提高社会保障服务效能，满足农村贫困劳动力跨城乡、跨地区流动就业和农民工市民化等需要。

案例

广东省惠东县完善社会保障与公共服务案例

惠东县位于广东省惠州市，全县有省级贫困村20个，贫困户1434户，5546人，市级贫困村15个，贫困户861户。2013年以来，累计投入帮扶资金18140.29万元，其中到村资金16545.12万元，到户资金1595.17万元，实施到村项目543个，到户项目5007个。

惠东县扶贫办在对有劳动能力的农村贫困户实施开发式扶贫的同时，通过完善社会保障体系，大力救助无劳动力的农村五保户、低保户，进一步提升农村弱势群众生活水平。近年来落实了包括贫困户在内的村民全民医疗保险，农村合作医疗参保率达100%；完善了新型农村养老保险；将符合条件的贫困户100%纳入最低生活保障补助范围，农村低保补助从2012年每月385元提高到现在每月550元，五保户补助标准从2012年每月669元提高到现在每月900元。农村社会保障体系基本完善，社会保障的覆盖面广，社会保障补助水平也有较大提升。

另外，惠东县扶贫办进一步完善贫困村公共服务体系。扎实推进社会综合服务平台和“六个一”工程建设，提升了省级贫困村村级综合服务平台建设水平；加大贫困村环境卫生整治力度，各镇认真贯彻落实市、县统一部署，大力开展“美丽乡村，清洁先行”活动，20个省级贫困村共建成垃圾存放设施286个，并优先雇佣贫困户作为村保洁员；扶贫办还协同县其他部门和相关培训机构通过多层次、多渠道、多形式开展农村实用性技术和劳动力转移输出培训，三年来全县共组织扶贫培训7期31场（其中农技5期24场；非农技2期7场），培训农民达3000多人次，通过劳动力转移输出培训为周边市县地区输出劳动力达1000多人次，使贫困家庭年均增收2万元以上，劳动力转移输出已成为贫困村的贫困户一个新的经济增长点。

通过社会保障体系和公共服务体系的完善，惠东县贫困人口的生活水平得到显著改善，贫困村的生活环境和综合服务水平得到良好发展，还推动农村贫困劳动力输出，在周边市县地区实现稳定就业，可持续减贫、脱贫工作取得良好成果。

二、可持续减贫下新型城镇化组织体系

我国政府目前采用的组织结构是直线层次结构，设置中央—省—市—县—乡五级行政层次，由上级行政单位对下级行政单位实行垂直领导，中央政策通常通过这种金字塔式的层级结构逐级向下推行；在每一级政府组织内部又形成根据职能不同划分的平级部门，对各类事务进行专门的管理。传统城镇化以政府特别是中央、省级政府为主导，存在过度倚重政府计划指令、以行政手段为主配置城镇化资源、以单一的城镇化速度及人口的非农化为中心目标、以粗放式规模扩张为发展方式、城镇发展缺乏产业支撑、对经济社会协调发展关注不够、大中小城市和小城镇协调发展不足、策略缺乏因地制宜的灵活性等问题。

考虑到传统城镇化存在的诸多问题造成的不可持续发展，新型城镇化对组织体系提出了不同的要求：组织主体上，推动中央政府、地方政府、企业、社会组织、民众等社会主体多元参与；组织机制上，结合行政手段、市场手段和法律手段，从全能型政府向有限型政府、服务型政府转变；组织理念上，注重城镇化速度、质量、效益和公平性各方面共同发展，发展目标包括经济集约发展、政治体制革新、精神文明建设、生态环境保护等社会不同层面；组织策略上，注重城镇化发展战略的适应性和灵活性，根据地区不同程度的发展基础和发展水平，制定有针对性的具体措施；组织方式上，强调大中小城市和小城镇协调发展，推动区域间协同合作。

（一）组织主体

新型城镇化要求建立起以政府为主导，有营利性组织、非营利组织或非政府组织、社会公众等多元主体参与的组织主体结构。政府各有关部门应该建立起“自下而上”的组织管理体系，中央政府、省级政府主要起宏观统筹作用，主导相关制度改革，制定法律法规政策，强化意识形态、价值观念的宣传教育，对省级以下各地方政府的城镇化工作进行规划引导和监督；省级以下各地方政府进行城镇化具体措施的制定与实行，发挥能动性，根据地方具体情况进行制度和方式创新。社会多元主体参与方面，政府应发挥市场力量，鼓励社会企业参与，通过市场化手段推进新型城镇化进程；为社会组织提供发展条件，构建政府与非政府组织的合作机制，使非政府组织参与到城镇化相关领域的事务中；扩大公众参与范围，推进基层民主建设，加强居委会、村委会等民众自治组织发展和自治能力教育，处理好公民自治与政府行政管理之间的关系。可持续减贫下，新型城镇化组织主体应着重在精简机构和明确职能范围两个方面做出改进。

一是精简机构，对乡镇治理体制进行结构性改革，精乡扩镇，将现有的乡级政权改为县派出的基层行政组织，将镇政权改为基层地方自治组织，扩展镇的自主权；调整合并职能重复或交叉的部门。贫困地区合并、收缩管理层级，能够方便统筹协调，降低管理成本，完善组织职能，提高减贫效率。

二是理顺各级组织主体的职能范围，若行政组织内部各主体之间职能定位不准，中央政府、省级政府和省级以下各地方政府的关系不顺、职责不清，事权、财权分工不明，将导致府际之间各种权力冲突。贫困地区区域差异大，扶贫措施实施效果不同，当前省市区扶贫机构体制存在着独立、合并和代管等不同形式，应统一扶贫开发管理体制，赋予地方乡镇政府更多的自主权。纵向垂直领导的政府间，应坚持目标标准统一、统一指挥、分工协作、权责对等、精干高效、稳定性和灵活性结合等原则，建立财权与事权对称的层级关系，上级政府可通过国家项目、转移支付对乡镇政府进行财政支持，确保财政资金的投入力度，同时应向乡镇政府放权，保证乡镇政府拥有充分的自主性，尊重乡镇地区的自主发展权，解决乡镇行政扩张与财政短缺的矛盾，通过调整利益关系减少政府对资源配置的过分干预，缩小公民权利和利益在地域之间，尤其是城乡之间的差距；横向同级的地区或区域政府间，可加强协同合作，通过共同市场建设、产业协调规划、基础设施共建、信息网络互通、府际政策衔接、管理体制整合等合作，实现地区或区域协调，共同进行可持续减贫与城镇化发展。

（二）职能范围

新型城镇化要求政府对自身职能定位做出调整，由管理城镇向经营城镇、计划管理向市场管理、直接微观管理向间接宏观管理、“全能型政府”向“有限型政府”或“服务型政府”进行转变。传统城镇化的突出问题表现在政府职能的“错位”“越位”和“缺位”，政府职能定位混乱，公共权力运行失当，政府强势主导城镇化进程，行政权力远大于市场作用。新型城镇化组织机制应充分利用市场力量，将行政手段和经济手段、法律手段相结合，遵循市场经济规律，通过法制约束下的市场化运作，盘活土地等经济要素，实现有效且公平的资源配置。政府应减少对经济领域的微观干预，将精力集中在制定战略与规划进行宏观调控、完善制度与政策确保法制支持、提供基础设施和公共服务改善发展环境等方面，划定政府与市场、企业、社会的权责边界，将更多的经济职能向市场逐步分权和放权。同时运用财政、税收、金融、价格等政策工具对市场进行适度调控，引导城镇化可持续发展的总体方向，确保城镇化进程中的质量与效率公平。

可持续减贫下，新型城镇化组织体制应注意特定职能的下放和重点职能的完善，进行简政放权、放管结合、优化服务的“放管服”改革。针对政府职能“越位”，应着重削减政府的经济职能，加强与市场主体的合作。2013年发布的《中共中央关于全面深化改革若干重大问题的决定》中指出，围绕使市场在资源配置中起决定性作用深化经济体制改革，处理好政府和市场的关系，大幅度减少政府对资源的直接配置，推动资源配置依据市场规则、市场价格、市场竞争实现效益最大化和效率最优化。具体在扶贫开发实践中，应充分运用市场机制，引导市场主体参与，在贫困地区与市场主体之间建立合作互利的关系，引进市场资本、技术、管理方式调动贫困地区资源。“农超对接”就是典型的市场参与扶贫开发的成功模式，贫困地区长期与市场脱节，大量农产品无法与市场有效对接，在连锁超市、便民店等商家与农户之间建立合作，通过订单农业的方式由农户直接向商家供应农产品，不仅能缩短农产品供应链，降低企业成本，更能帮助农民参与到市场中，获得稳定而可持续的经济收益，实现产业扶贫。

针对政府职能“缺位”，当前政府在提供公共服务、保障社会公平等方面职能不到位，经济职能过强，社会职能过弱。尤其在贫困地区，基础设施、公共卫生、教育、社会保障等公共产品和公共服务严重滞后，公共财政供给不足且运行低效，政府应将更多的财政资金集中在社会公共服务领域，同时建立完善的绩效评价体系，将公共服务供给水平作为政绩考评的重要标准，通过问责制促进公共权力的公开化运行，提高财政资金的投资效率。另外，过去政府在制定公共政策和配置公共资源的过程中过分偏向城市，造成城乡差距不断扩大，可持续减贫正是对政府履行缩小贫困差距、保障社会公平的职能的要求。政府应加快户籍制度、土地制度、社会保障制度等制度改革，减除农村贫困地区发展的制度障碍，增加贫困地区公共资源配给，保障农民产权和利益分配，扩大和提高贫困地区社会保障服务的覆盖范围和保障水平，创新人口管理，推进农业转移人口市民化，通过可持续减贫保障农业人口利益，促进社会公平。

（三）协作方式

首先，新型城镇化要求构建合理的城镇体系，坚持大中小城市、小城镇协调发展，统筹城乡发展，推动大中小城市、小城镇和农村之间资金、劳动力等经济要素的自由流动，协调产业之间的关联互补，建立信息共享机制，促进文化、生活方式的融合。各级城市之间，发挥大城市的辐射带动作用，中等城市加快发展速度并作为连接大城市与小城镇的桥梁，帮助小城镇进行产业建设，由小城镇带动农村经济社会结构现代化转型。可持续减贫下，可着力打造以县城为中心的县域城镇增长核，建立以县域中心小城市和中心镇为依托的城镇网络体系，利用城镇网络的集聚效应、互利效应和扩散效应，增强城镇体系对农村的辐射带动作用，统筹城乡交通、通信、电力等基础设施建设，加速人流、物流、资金流、信息流在城乡之间的流通，有效衔接城乡国土资源、生态环境等发展规划，建立城乡之间的产业分工和协作关联，形成城乡市场联动机制。

其次，新型城镇化对经济、社会、文化、生态等各方面综合发展的要求，也意味着各领域管理规划部门之间必须加强协调合作。从可持续减贫视角考虑，我国国务院下设 25 个组成部门，其中包括国家发展和改革委员会、劳动和社会保障部、农业部、教育部、科学技术部、国土资源部、交通部等部门都有扶贫相关的政策实践，各级地方政府也设有相应的管理部门。扶贫相关的各部门之间，应该沟通协调好具体分工任务，例如，发改委负责扶贫规划的编制和实施协调，扶贫办负责贫困地区的开发式扶贫工作，劳动和社会保障部负责扶贫对象的社会救助和社会保障，教育部负责扶贫对象子女的教育工作，住建部负责贫困地区的基础设施建设等，通过部门联动整合资源，形成合力，开展协同扶贫工作。

三、可持续减贫下新型城镇化工作机制

可持续减贫下，建立科学高效的新型城镇化工作机制，目的是帮助政府提高综合帮扶能力、资金支持能力、产业扶贫能力、金融服务能力、公共服务能力、社会参与能力、生态保护能力等扶贫开发能力的建设质量。具体来说，可持续减贫下新型城镇化工作机制，要求联合组织内各级、各部门及社会力量，通过民主决策和综合考核构建内部管理约束及激励机制，通过改革财政专项扶贫资金管理、加大金融服务力度构建资金推动机制，通过精准扶贫、产业扶贫构建扶贫效率提升机制等，以完整、科学的工作机制提高可持续减贫效率。

（一）科学民主决策机制

科学民主的决策机制是提高扶贫工作成效的前提。扶贫工作决策系统的决策内容主要包括扶贫工作规划的制定、扶贫工作目标的确立、扶贫目标群体标准的确定、扶贫工作重点县以及扶贫资金在各省之间及各省内部的分配原则及具体数额的确定、扶贫资金的种类数额设置及各类资金的具体投向规定、扶贫系统具体项目选择原则及管理方式的确定、其他相关扶贫政策的确定等。

从纵向结构上看，扶贫工作决策系统由从国务院到县各级扶贫开发领导小组和扶贫办组成，实行中央统筹、省（自治区、直辖市）负总责、市抓协调、县抓主体、乡村落实的扶贫工作机制，坚持片区为重点、精准到村到户。中央集权的决策系统能够确保决策的完整性和权威性，降低决策的社会成本，而县抓主体的决策工作机制能够提高决策的灵活性和可行性。在强化决策系统权威、完善协调机制的同时，应该加强决策分权建设，包括对县级、乡镇级政府、组织的分权，发挥地方政府和组织的信息

优势并调动其积极性。县级、乡镇级扶贫开发领导小组应该作为扶贫工作的责任主体和实施主体，参与扶贫工作决策，通过责任、权利、资金、任务“四到县”制度，负责扶贫资源调配、项目资金运营管理、扶贫措施落实等工作。

从横向结构上看，扶贫工作决策系统涉及发改委、财政部、民政部、住房城乡建设部、人力资源社会保障部等不同部门，实际决策过程中，各部门之间的利益博弈往往会降低决策效率，例如扶贫办与财政部、发改委、农业银行之间关于扶贫资金决策的不同意见，在很大程度上影响了扶贫资金的到位效率和扶贫工作进程。协调各部门决策的利益导向与开发式扶贫的战略目标，是提高开发式扶贫决策工作效率的关键。在各级扶贫开发领导小组内部设立综合协调、资金政策、基础设施、产业开发、移民搬迁、公共服务、组织保障等专责小组，将各相关部门纳入决策主体结构，采取集体决策的形式，协调对扶贫工作各具体开发领域的领导，能够促进决策的协调性和一致性，提高决策的执行效率。

除建立规范有序、权责分明、协调一致的扶贫工作决策系统外，还应该完善扶贫决策工作的法制依据，建立健全公众参与、专家咨询、风险评估、合法性审查和集体讨论决定的决策程序，实行科学决策、民主决策和依法决策。

案例

随州市广水市青山村决策机制案例

青山村位于湖北省随州市广水市武胜关镇北部，全村国土面积12平方千米，下辖18个村民小组，共452户1992人，有村干部5人，党员35名。该村属建档立卡贫困村，现有建档立卡贫困人口407人，贫困户143

户，低保、五保户71户143人。几年前，青山村还是一个因穷和乱而出名的合并村，村“两委”班子软弱涣散，决策效率低，村民人均收入不足两千元，老百姓上访不断。面对这种情况，新一届村党支部上任后，在市“七联”工作队的帮助下，不断健全组织决策机制。

一是健全运作机制。先后制定并实行了村“两委”联席会议制度、重大事项一事一议、党支部定期向全体党员汇报工作、村委会定期向村民代表汇报工作等制度，逐步建立管理民主、运作规范、保障有力的村级组织决策机制。关于村里的重大事项，均召开党员、村民代表大会研究决定，然后由村委会组织实施，逐步形成了“村民议事、支部定事、村委会干事”的工作运行程序。

二是建立学习制度。采取“走出去、请进来”的方式，组织村干部、党员群众代表参加集中学习，到兄弟村参观学习精准扶贫工作先进经验；邀请市扶贫办领导、市委党校教授到村授课，促使村干部、党员群众代表不断学习新政策、新法规，掌握新知识、新本领，提高村干部的知识技能水平，为科学高效的决策机制提供高素质的人才奠定了基础。

三是激发党员活力。通过开展无职党员设岗定责活动，增强党员的责任感和使命感。村党支部把全村党员分成普通党员、流动党员、村干部党员和年老体弱党员四类，每位党员结合自身实际申请岗位，设定职责，并分别制定了相应的考核办法。同时，把考核权交给老百姓，由每位党员围绕自己职责履行情况向村民述职，由村民确定每位党员的档次，从而在党员中形成了比、学、赶、帮、超的氛围，增强决策机制的活力。

（二）资金使用管理机制

为发展贫困地区经济和社会事业，帮助贫困地区进行可持续减贫，国家财政预算设立财政专项扶贫资金，包括发展资金、以工代赈资金、少数民族发展资金、扶贫贷款贴息资金等，重点支持贫困地区农业、乡镇企业、基础设施和文教卫生事业的发展。2016年，中央和省级财政专项扶贫资金投入首次超过1000亿元，其中中央财政安排补助地方财政扶贫资金660.95亿元，较2015年增长43.4%。财政扶贫资金的使用管理机制主要包括资金分配机制、资金使用机制和资金监管机制三个方面，可持续减贫下，当前新型城镇化的财政体制改革也主要在这三个方面进行。

1. 资金分配机制。中央及地方各级财政专项扶贫资金主要按照因素法进行分配，资金分配的考虑因素包括各地扶贫对象规模及比例、农民人均纯收入、地方人均财力、贫困深度等客观因素和政策性因素。实行财政扶贫资金省级负责制，中央财政扶贫资金按照因素法分配到各个省区，要求将资金全部直接用到国家确定的扶贫开发重点县和各省区确定的贫困县。财政扶贫资金分配模式存在着两个方面的问题：第一，从中央到省区，再从省到市、县的层层拨付出现延迟现象，降低了扶贫资金的使用效率，且经手机构繁多免不了牵涉行政机构的权利资源，使得资金分配的公平性与合理性受到影响；第二，按因素法分配财政扶贫资金原是为了提高资金分配的公平性，然而地方政府有争取最大化财政扶贫资金的强烈动力，出现为获取财政扶贫资金而采取的博弈行为。

确保财政扶贫资金分配的高效和公平，需精简财政扶贫资金下拨的中间环节，可实行中央—省—市县三级体制，在有条件的地方逐渐取消市管县体制，将乡镇预算内容归入县级财政管理，把县级财政和市辖区财政整合成职能完善的基层财政，有利于减少政府各层级间的摩擦因素，规范财政资金分配，降低行政成本，压缩财政扶贫资金经手机构的寻租空间。另外针对分配因素相关数据的收集方法、具体标准、计算影响因子等应建立一套公开、透明、可操作的实施方案，规范划定贫困县的确立标准和具体操作，完善资金竞争性分配机制，中央财政扶贫资金分配与各县扶贫成效、项目建设、资金使用管理情况直接挂钩，确保资金分配的程序公平。

2. 资金使用机制。当前财政扶贫资金投入和管理机制的主要模式是分项投入、多头管理。存在的问题是，首先，中央对财政扶贫资金的用途有严格的限制，资金使用必须以项目为承载，但贫困地区基础发展条件差异大、贫困原因复杂、扶贫需求各有不同，对地方财政扶贫资金使用自主权的过多限制，造成扶贫资金的使用偏离贫困地区的实际需求，无法达到预期的扶贫效果。其次，扶贫资金的多部门管理可以使政府各部门在相应领域的扶贫工作中发挥作用，但同时使资金管理成本增加，容易因各部门间的利益和目标冲突，导致财政扶贫资金管理出现混乱，降低财政扶贫资金的使用效率。县级财政扶贫资金管理机构中，扶贫办负责新增财政扶贫资金和老区建设资金项目的立项和管理工作，发改局负责以工代赈资金项目的立项和管理工作，民宗局负责少数民族发展资金项目的立项和管理工作，财政局负责资金管理和报账工作，各部门之间存在各自为政的问题，部门之间缺少协调，使资金项目难以发挥最佳效益。

提高财政扶贫资金的使用效率，应赋予地方政府更大的资金使用自主权和机动权，将一部分财政扶贫资金的配置权完全下放给贫困县，由贫困县根据当地具体情况和扶贫需要，对扶贫资金进行灵活安排，提高精准扶贫效率。2017 年财政部等 6 部门印发《中央财政专项扶贫资金管理办法》，不再对中央财政专项扶贫资金支出范围作具体要求，而是采取负面清单方式，明确资金不得支出的范围，其目的就在于给扶贫资金“松绑”，避免因规定过细束缚地方操作。另外，需创新完善扶贫资金整合机制，建立扶贫工作多规划衔接、多部门协调长效机制，扶贫资金管理的各部门应协调确定统一的扶贫目标，加强信息交流，避免扶贫资金使用的不一致性和重复性。

3. 资金监管机制。中央政府向地方政府提供财政扶贫专款，由地方政府进行扶贫工作的具体组织实施，在中央政府与地方政府之间形成扶贫的委托代理关系，其中存在关于地方贫困状况、扶贫工作开展进程、扶贫资金使用情况等方面的信息不对称。当前对财政扶贫资金的监管体制不健全，缺乏对财政扶贫资金管理和使用的追踪问效机制，使得财政扶贫资金被挤占、挪用和截留的情况较严重。且扶贫项目立项审核不严格，缺少独立规范的监测与评价机制，扶贫资金立项良莠不齐，存在为追求政绩盲目轻率立项的情况，财政扶贫资金使用不符合规定，偏离扶贫宗旨。

为提高财政扶贫资金使用的公开性和透明度，使有限的资金发挥更好的社会效益和经济效益，应建立行政监督与社会监督相结合的监督体系。首先，上级部门应该加强对财政扶贫资金的监管，按部门预算要求编制及下放扶贫资金预算，在各级各部门机构中设立专职监控人员，财政、扶贫等部门进行不定期抽检，审计部门在项目实施前进行预算审计，项目完工后进行决算审计，重点检查资金使用管理的规范性，建立扶贫资金违规使用责任追究制度，坚决从严查处虚报冒领、截留私分、贪污挪用、挥霍浪费等违规违法行为。其次，审计监督通常间隔时间比较长，难以发挥最大的监督作用，可借助市场监督的力量，实行扶贫项目招投标制度，建立扶贫资金分配及其项目公告、公示制度，对项目单位法人负责制、合同管理制、竣工验收制、项目公示制等加以完善，加强对扶贫资金的监管。最后，充分发挥群众监督的作用，扶贫工作与贫困地区群众直接相关，应通过召开村支委会、村委会、党员大会、群众代表会、全体村民大会等，按照规定对扶贫项目的进度、资金使用情况进行公示、公告，确保群众对扶贫资金项目的知情权，接受群众监督，使群众参与扶贫项目选择和扶贫资金使用的决策过程，调动群众的积极性和创造性，使扶贫项目更加切合当地实际、符合群众利益，避免扶贫项目选择与群众实际需求的偏离。

案例

喀左县坤都营子乡钱杖子村资金使用管理案例

钱杖子村位于辽宁省朝阳市喀左县城西部，是一个远离县城的偏远山村，总面积为15000亩，耕地面积1500亩。五个村民小组，四个自然村，总人口1024人，305户。2013年初，贫困人口303人，107户。2013年被确定为综合扶贫示范村后，村领导班子在各级帮扶单位和业务部门具体指导下，深入调查研究，组织召开村干部和村民代表会议，广泛征求意见，特别是取得帮扶单位的支持，研究制定了《综合示范村发展规划》，确定了以主导产业和基础设施建设为主的两年发展规划和年度实施计划。按照规划，决定发挥产业优势，发展保护地建设、畜牧小区建设、土地整理项目建设3个产业项目，以及村部基础建设、文化广场建设、道路维修3个基础建设项目。

为了取得帮扶单位的大力支持，村领导班子主动与市国土局、市环卫局沟通，请市国土局、市环卫局主要领导对贫困农户进行调查走访，了解村里的各方面情况，制定周密详细的发展规划；主动向帮扶单位领导汇报工作，表达村领导班子和群众脱贫致富的愿望和决心，争取帮扶单位对项目的支持，确保扶贫工作的资金保障。另外，村集体把综合扶贫示范村建设和新农村文明生态示范村、城乡环境整治重点村、党员领导干部和党的群众路线教育实践活动联系点等活动紧密结合，整合资源，形成合力，提高了全村的综合建设水平。

对帮扶单位无偿帮扶的资金和物资，村领导班子做到笔笔有宗，账清目明，保证扶贫资金使用的透明度和公开性。两年来，村领导班子针对村民的切实需求，将扶贫资金用于村部维修、文化广场建设、保护地建设及畜牧小区建设等帮扶项目，项目的实施极大地改善了村民的生产生活条件。

此外，村集体广泛发动群众，发挥村民的主观能动性，群众自发主动调地、串地200余亩，自筹资金参与到主导产业的项目建设中。目前全村大棚360栋，村民的自我发展能力得到很大提升。

（三）政绩考核激励机制

我国政府的政绩考核机制，决定了政绩考核标准对党政领导班子和领导干部在政策决策和实施操作选择中的强烈影响。建立扶贫开发效果评估体系，明确各级党委和政府的工作职责，加大扶贫开发工作考核力度，将扶贫工作的考评结果纳入政绩考核范围，作为干部评先评优、提拔任用、责任追究的重要依据，有利于激励贫困地区党政领导班子和领导干部对扶贫开发工作的重视，引导其将工作重点放在扶贫开发上，提高扶贫开发工作的质量。

应创新完善贫困县考核激励机制，制定贫困县党政领导班子和领导干部实绩考核制度，大幅度提高减贫指标的考核权重，对片区县、重点县全面实行以扶贫实绩为主的分类考核，按照相关规定对完成扶贫工作指标、扶贫工作成效显著的部门和个人，以适当方式予以表彰，并作为干部提拔选用的重要依据，对未完成扶贫工作指标、存在违规违法行为的部门或个人，依纪依法追究相关责任；实行年度扶贫开发工作逐级督查制度，明确扶贫工作责任清单，落实贫困县约束机制，建立贫困县退出机制和脱贫摘帽激励机制，对脱贫成效显著、提前脱贫摘帽的贫困县、贫困村给予扶贫资金项目奖励，保持扶贫政策不变、扶贫投入不减；建立政府工作竞争机制，推进扶贫工作管理的人性化、高效化、制度化、竞争化、奖惩化，提高扶贫工作的效率和质量。

另外，可持续减贫下，科学的政绩考核和激励制度，应着重体现全面、协调、可持续发展的政绩考核指标体系，避免“数字脱贫”的片面考核标准，将新型城镇化的标准体现在评价指标中，由注重减贫数量转向注重减贫质量，评价标准由主要考核地区生产总值为主向主要考核扶贫开发工作成效转变，内容应涵盖经济、社会、文化、生态等各个方面，引导政府在扶贫工作中注重贫困地区公共服务、精神文明建设、生态环境保护等各方面协调发展。

（四）扶贫目标协同机制

与新型城镇化的理念一致，可持续减贫不仅注重经济增长速度，更强调兼顾经济、社会、文化、生态各方面协同发展的高质量、可持续发展。经济层面，坚持集约发展模式，节约、集约、高效利用土地资源，充分调动市场力量，争取最优的资源综合利用效益和资源配置效率；社会层面，加快基础设施和公共服务的建设，完善政府服务窗口和信息平台，提高公共服务水平，为群众提供有尊严的生活环境；文化层面，强调“以人为本”，注重人的发展，重视教育对提高群众素质的作用，进行健康向上的精神文明建设，同时巩固、强化地方文化，开发地方特色文化资源；生态层面，避免“先污染，后治理”的传统发展路径，降低生产活动对自然环境的负面影响，将扶贫开发过程中产生的经济效益与生态效益综合起来考虑，合理利用和保护自然资源，开展生态环境的治理和建设，以良好的生态环境满足人的生产生活需要，达到人与自然、环境和谐发展。

建立扶贫质量提升机制，应该从高质量、可持续的新型城镇化理念出发，通过创新旅游扶贫、文化扶贫、生态扶贫等多样化思路，兼顾贫困地区经济、文化、生态各方面综合发展。以旅游扶贫为例，经济社会方面，一些贫困地区，尤其是少数民族贫困地区旅游资源丰富，发展旅游经济是帮助贫困人口脱贫致富的有效途径。旅游业关联带动性强，能够推动贫困地区完善基础设施建设，促进餐饮、交通运输、文化娱乐、电信通信等各行业快速发展，创造大量就业机会，提高贫困人口参与度，使当地有劳动能力的贫困人口参与到建筑业、旅游业和相关服务业中，为贫困人口带来可观的经济收益，实现低返贫率的可持续减贫。文化方面，开展文化旅游有利于贫困地区语言、风俗习惯等特色文化的保护和延续，推动贫困地区的公共文化体育设施建设和文化事业投入，还能通过加强贫困人口在旅游开发中的有效参与，开展人力资源培训，提高贫困地区劳动力整体素质，推动贫困地区精神文明建设。生态方面，旅游业本身对环境的影响较小，且发展旅游业为贫困地区生态建设提供资金、人才支持，有利于贫困地区进行生态环境保护。

案例

四川省甘孜藏族自治州扶贫案例

甘孜藏族自治州（简称甘孜州）位于四川省西部，康藏高原东南，总面积15.3万平方千米，是一个以藏族为主体民族的地级行政区。全州辖康定1个县级市，泸定、丹巴等17个县，325个乡镇，2679个行政村，境内水力资源和矿产资源丰富。甘孜州地质结构复杂脆弱，受人为活动影响强烈，生态退化明显，过去长期发展粗放经济，大规模砍伐森林、开发水电和矿产资源，促使生态环境更加脆弱，“十一五”规划纲要将其规划为限制与禁止开发区，功能定位为生态资源和环境保护区。

（一）发展现状。甘孜州位于四川省扶贫“四大片区”之一的高原藏区，是全国典型集中连片和特殊类型贫困地区，《中国农村扶贫开发纲要（2011—2020年）》中明确将其定为实施特殊政策扶贫的特困区。2015年，甘孜州实现地区生产总值213.04亿元，在四川省各市、州中排名最后。人均地区生产总值18423元，仅高于巴中市；城镇化率28.06%，是四川省唯一一个城镇化率低于30%的州/市。近年来，通过实施专项扶贫、行业扶贫、社会扶贫“三位一体”扶贫战略，推进基础扶贫、产业扶贫、新村扶贫、能力扶贫、生态扶贫“五大扶贫”工程，甘孜州农牧区基础设施建设成果显著，贫困状况得到较大缓解，贫困发生率由2011年的33.9%下降到2016年的13.9%，但仍远高于全省4.4%的平均水平，其贫困深度指数、城乡收入比、恩格尔系数等其他主要贫困量化指标依然居四川省甚至全国之首。

当前，甘孜州仍存在基础设施薄弱、人口素质低下、扶贫范围狭窄、资金投入短缺等问题，逐步缓解剩余绝对贫困人口的贫困状况，稳定解决低收入贫困人口的温饱问题，是甘孜州在经济社会发展中的长期工作重点。实现甘孜州的可持续减贫，需通过制度创新建立科学高效的扶贫工作机制，通过政府主导的一系列扶贫计划和经济、社会、文化、生态各方面的综合投入，提高地区资源的开发利用效率，实现农牧民经济收入稳定增长，改善贫困人口的生活条件和基本生产条件，提高贫困人口的基本素质和发展能力。

（二）决策机制。2010年甘孜州人民政府设立扶贫和移民工作局，将原甘孜州扶贫开发领导小组办公室和原甘孜州人民政府大中型水电工程移民局的职责整合划入州扶贫和移民工作局，负责拟定全州扶贫开发中长期规划和年度计划，组织、协调和指导全州扶贫开发工作。扶贫和移民工作局下设扶贫规划项目科、扶贫开发指导科、社会扶贫科、财务科、扶贫项目监督科、两项资金管理科等11个内设机构。

当前甘孜州扶贫工作政府领导机构存在的问题是级别不够高，参与部门不够广。甘孜州应成立由党委一把手亲自挂帅，党委、政府各分管领导参加的高规格领导小组，领导机构应包括与扶贫工作相关的扶贫和移民工作局、发展与改革委员会、财政局、农业发展银行及民族事务委员会等单位部门，各部门共同参与扶贫工作的计划决策、指挥和监督，实行对扶贫工作的统一领导、规划、管理和协调。全州各县应建立由党委一把手挂帅的对口机构，明晰州级和县级领导机构之间的职能和权责范围，州级领导机构将主要精力放在资金和项目监管上，县级领导机构落实组织实施的责任，做到责任、权利、资金、任务“四到县”，使县级扶贫开发部门对扶贫项目拥有相应的统筹规划和审批权限。

（三）资金管理。目前，甘孜州扶贫和移民工作局承担扶贫和移民资金管理责任，承担全州两项资金项目（支援不发达地区发展资金和三州开发资金）的管理责任，负责拟定全州扶贫资金使用管理和项目管理办法，负责有关项目、资金、基金、物资的分配、管理、使用、稽查审计、绩效考评、统计监测等工作。

为提高扶贫资金使用效率，甘孜州应强化扶贫资金项目管理，将支援不发达地区发展资金、三州开发资金等各类扶贫资金相互配套，集中使用。各县扶贫开发办公室和水利、农业、科技、卫生等相关部门应该统一组织，共同进行扶贫资金项目的评审、选择和管理，明确资金项目的规模、时间、责任、建设内容和效益，各部门分别具体实施确保资金使用到位，发挥最大的经济效益和社会效益。财政扶贫资金应集中力量支持重点贫困村整村推进计划的实施，与贫困人口直接关联，切合贫困人口实际需求，加大财政扶贫资金对农牧业合作社的支持力度，委托和安排有条件的农村专业合作社实施一些国家支持的农业和农村经济的建设项目。

对扶贫资金的使用必须公开透明，应该实行扶贫资金的公告、公示和报账制度，在扶贫领导机构内部设立扶贫项目督查科，负责监督检查扶贫资金的管理制度、工作程序、资金项目实施的落实情况，负责重点项目和重点工作的跟踪和督办，配合有关部门完成扶贫资金的审计；在项目开发中引入竞争机制，将适合承包开发的项目面向区内外公开招标，建立健全扶贫项目档案制度、经营情况反馈制度和扶贫责任考核制度，并提高群众在扶贫资金管理工作中的知情权和参与度，发挥市场、社会舆论和广大农牧区贫困人口的监督作用。

（四）政绩考核。2014年印发的《四川省贫困县农村扶贫开发工作考核办法（试行）》提出改进贫困县考核机制，由主要考核地区生产总值向主要考核农村扶贫开发工作成效转变，引导贫困地区各级党政领导班子和领导干部树立科学发展的政绩观，把工作重点放在农村扶贫开发上，努力实现贫困群众脱贫致富、贫困县全面建成小康社会的奋斗目标。甘孜州作为限制开发区域和生态脆弱的国家扶贫开发工作重点地区，明确取消其地区生产总值考核，把提高贫困人口生活水平和减少贫困人口数量作为主要指标。

针对甘孜州特殊的自然环境、社会结构和发展现状，应该结合主体功能区规划，针对其类区特点制定合理的考核标准，建立扶贫开发工作考核指标体系，突出对扶贫开发重点工作、扶贫开发工作责任落实和扶贫开发成效的考核。考核指标应更多关注村级道路畅通、饮水安全、农村电力保障、特色产业增收、乡村旅游扶贫、危房改造、卫生和计划生育、文化建设、贫困村信息化、教育扶贫、就业技能培训、生态环境保护等扶贫重点领域，更加关注民生改善和社会发展，注重生态文明建设。

为建立扶贫工作激励机制，应根据扶贫工作考核结果对各贫困县进行排序，评定扶贫工作成效突出的先进县，并与领导班子和领导干部考核挂钩，对排名靠前的扶贫开发领导小组以适当方式予以表彰，对排名靠后的扶贫开发领导小组实行问责，将贫困县考核结果作为干部评先评优、选拔任用的重要依据。

（五）扶贫措施。甘孜州应充分开发自身丰富的自然资源和文化资源，实行产业扶贫、旅游扶贫、生态扶贫等可持续的开发战略，由粗放扶贫向精准扶贫转变，由为贫困地区“输血”向帮助贫困地区“造血”转变，提高贫困地区自身产业发展和经济建设能力，避免出现返贫现象，实现贫困地区长期可持续减贫。

甘孜藏区出产青稞、马铃薯、小麦、玉米、油菜等，可以此为基础发展现代生态农业，完善基础设施和产业配套服务，放活土地承包经营权，合力推进农地流转，培育龙头企业、农民合作社、专业大户、家庭农场、职业农民等新型农业经营主体，通过科技投入、品种改良，在连片土地上进行大型机械化耕作，在地形复杂的小片土地上进行小型机械化耕作，实现规模经营；利用其丰富的水电和矿产资源，可在不破坏自然环境、符合主体功能区规划的范围内发展能源产业和矿产业，增加经济收益来源；通过退耕还林、退牧还草、天然林保护等生态工程开展生态产业扶贫，落实生态补偿政策，有效利用生态保护工程资金，改善生态环境脆弱地区的发展环境，提高当地贫困人口的生活质量，将有劳动能力的贫困人口就地吸收为生态工程从业人员，创造大量就业机会，为贫困人口提供长期可持续的经济来源，助推贫困人口通过就业增收实现彻底脱贫。

甘孜州拥有得天独厚、颇具特色的旅游资源，被整体纳入国家全域旅游示范区，旅游扶贫能够兼顾经济效益、社会效益和生态效益，是甘孜州进行扶贫开发的有效途径之一。应加快完善旅游服务设施建设，加强旅游品牌宣传，整合稻城亚丁、海螺沟、甲居藏寨、泸定桥等重点景区资源，发展自然生态旅游；整合藏族歌舞、节庆活动仪式等民族特色文化资源，发展民俗文化旅游；整合全州500多座藏传佛教寺庙等宗教资源，发展宗教文化旅游。

除兼顾经济发展的速度和质量外，甘孜州在扶贫开发工作中还应坚持“以人为本”的新型城镇化理念，关注贫困人口的发展，重视社会服务水平的提升。应加快基础设施建设，完善社会保障体系，健全就业创业服务体系，完善城乡统一的公共就业服务制度，重视教育培训，构建公共文化服务体系，实现基本医疗保障、城乡居民基本养老保险、基本公共文化服务等社会保障和公共服务全覆盖。针对地方具体情况，还应重视做好地震灾害隐患点治理、避险搬迁安置、包虫病防控、灾后恢复重建等工作，确保扶贫对象的基本生活需求。

甘孜州目前对社会服务事业的资金投入较少，重视程度不够。以教育事业为例，经过国家贫困地区义务教育工程、教育对口支援、寄宿制学校工程、“两免一补”、农村义务教育经费保障新机制等一系列优惠政策的实施，甘孜州教育普及范围得到很大提高，但整体教育发展水平仍较低且不平衡，存在教育投入不足、师资队伍量少质弱、教育模式不合理等问题。教育事业的发展影响地区人口素质，关系着地区长远发展的人力和素质支持，甘孜州应该进行办学体制、投资体制、管理体制等教育体制改革，增加教育经费的财政投入，结合当地现实状况，适当引入社会力量办学，多渠道筹集教育资金；切实保障贫困地区教师的合法利益，提高教师待遇，解决教师的医疗、保险、养老等社会保障和福利问题，定向培训和引进优秀人才，对贫困和边远地区教师实施特殊津贴制度，鼓励教师支援贫困地区教育；实施州内对口支援政策，在州内基础较好的区县与贫困县之间建立对口帮扶关系，由对口区县参与贫困县教育综合改革，帮助贫困县改善办学条件，提升教育硬件水平，与社会企业合作创设教育援助基金，选派优秀骨干教师以支教挂职培训为主要内容进行对口援教，发挥州内优秀学校资源的辐射力度。

参考文献

著作

[1] 马克思. 资本论：第一卷［M］. 北京：人民出版社，2004.

[2] SEN A. The standard of living［M］. Cambridge University Press，1987.

[3] BOURDIEU P. The Forms of Capital［M］. Blackwell Publishers Ltd，1986.

[4] 赵人伟，等. 中国居民收入分配再研究：经济改革和发展中的收入分配［M］. 北京：中国财政经济出版社，1999.

[5] 曲大维，流动人口贫困测度研究：基于主观贫困线方法［M］. 上海：上海交通大学出版社，2014.

[6] 陈宗胜，钟茂初，周云波. 中国二元经济结构与农村经济增长和发展［M］. 北京：经济科学出版社，2008.

[7] 高帆. 中国城乡二元经济结构转化：理论阐释与实证分析［M］. 上海：上海三联书店，2012.

[8] 游俊，冷志明，丁建军. 中国连片特困区发展报告（2014—2015）：连片特困区城镇化进程、路径与趋势［M］. 北京：社会科学文献出版社，2015.

[9] 魏后凯. 走中国特色的新型城镇化道路［M］. 北京：社会科学文

献出版社，2014.

［10］厉以宁，艾丰，石军. 中国新型城镇化概论［M］. 北京：中国工人出版社，2014.

［11］国务院发展研究中心课题组. 中国新型城镇化：道路、模式和政策［M］. 北京：中国发展出版社，2014.

［12］倪鹏飞. 新型城镇化：理论与政策框架［M］. 广东：广东经济出版社，2014.

［13］从军. 中国新城镇化战略［M］. 北京：新华出版社，2013.

［14］周干峙. 中国特色新型城镇化发展战略研究［M］. 北京：中国建筑工业出版社，2013.

［15］李超，万海远. 新型城镇化与人口迁转［M］. 广州：广东经济出版社，2014.

期刊

［1］何春，崔万田. 城镇化的减贫机制与效应——基于发展中经济体视角的经验研究［J］. 财经科学，2017（4）.

［2］蒋和超. 城镇化过程中农转非居民的贫困消减［J］. 华南农业大学学报（社会科学版），2017（1）.

［3］戈大专，龙花楼，屠爽爽，李裕瑞. 新型城镇化与扶贫开发研究进展与展望［J］. 经济地理，2016（4）.

［4］龙花楼，屠爽爽，戈大专. 新型城镇化对扶贫开发的影响与应对研究［J］. 中国科学院院刊，2016（3）.

［5］刘俊哲，李玉双. 外来务工人员健康影响因素的文献综述［J］. 商，2015，39.

［6］武田艳，占建军，严韦. 基于 MIV-BP 型网络实验的房地产价格影响因素研究［J］. 数学的实践与认识，2015（18）.

[7] 张立群. 城镇化对减贫的作用 [J]. 中国国情国力，2015 (9).

[8] 崔学刚，王成新，王雪芹，王波涛. 新型城镇化背景下我国城市贫困问题及对策 [J]. 宏观经济管理，2015 (7).

[9] 黄毅，韩琳玉. 新型城镇化视角下民族地区反贫困问题研究 [J]. 农村经济，2015 (6).

[10] 张立群. 我国城镇化进程中减贫的演进轨迹与科学路向 [J]. 西部论坛，2015 (4).

[11] 李坤. 因地制宜的扶贫样本 [J]. 当代贵州，2015 (22).

[12] 侯为民. 城镇化进程中农民工的多维贫困问题分析 [J]. 河北经贸大学学报，2015 (3).

[13] 王春超，叶琴. 中国农民工多维贫困的演进——基于收入与教育维度的考察 [J]. 经济研究，2014 (12).

[14] 栾贵勤，马韫璐. 新型城镇化进程中的失衡性挑战与对策 [J]. 宏观经济管理，2014 (10)：52-54.

[15] 唐兴和. 从贫困到跨越的战略抉择——甘肃新型城镇化道路研究 [J]. 兰州大学学报 (社会科学版)，2014 (4).

[16] 何树平，戚义明. 中国特色新型城镇化道路的发展演变及内涵要求 [J]. 党的文献，2014 (3).

[17] 李萌，杨龙. 农村贫困、收入不平等与城镇化关系的实证研究——基于 2000—2012 年省际面板数据 [J]. 统计与信息论坛，2014 (6).

[18] 国务院发展研究中心和世界银行联合课题组. 中国：推进高效、包容、可持续的城镇化 [J]. 管理世界，2014 (4).

[19] 姚巧华. 贫困地区推进新型城镇化的政策取向——以河南省为例 [J]. 学习论坛，2014 (2).

[20] 万广华. 城镇化与不均等：分析方法和中国案例 [J]. 经济研

究，2013（5）.

［21］胡晶晶. 二元经济结构与城乡居民收入差距的相关性研究——基于中国统计数据的实证分析［J］. 山东社会科学，2013（3）.

［22］邱小健. 中国城市化进程中流动人口子女义务教育问题研究——教育财政的视角［J］. 河北师范大学学报（教育科学版），2009（8）.

［23］骆祚炎. 城镇化进程中的人口流动与城镇新增贫困人口问题分析［J］. 人口与经济，2007（4）.

［24］冯文荣，杨银海. 我国城镇化进程对贫困贡献度的实证研究［J］. 上海经济研究，2005（10）.

［25］任保平. 论中国的二元经济结构［J］. 经济与管理研究，2004（5）.

［26］陆铭，陈钊. 城市化、城市倾向的经济政策与城乡收入差距［J］. 经济研究，2004（6）.

［27］李实. 中国农村劳动力流动与收入增长和分配［J］. 中国社会科学，1999（2）.

［28］李晓明. 贫困代际传递理论述评［J］. 广西青年干部学院学报，2006，16（2）.

［29］张兵. 贫困代际传递理论发展轨迹及其趋向［J］. 理论学刊，2008（4）.

［30］黄梅芳. 重点高校农村生源比例降低成因与解决对策［J］. 中国青年研究，2014（4）.

［31］王瑜，汪三贵. 农村贫困人口的聚类与减贫对策分析［J］. 中国农业大学学报（社会科学版），2015，32（2）.

［32］马庆斌. 城镇贫困问题应纳入减贫规划［J］. 中国经贸导刊，2015（21）.

［33］方黎明，张秀兰. 中国农村扶贫的政策效应分析——基于能力贫困理论的考察［J］. 财经研究，2007，33（12）.

［34］段世江，石春玲. “能力贫困”与农村反贫困视角选择［J］. 中国人口科学，2005（S1）.

［35］王艾青，安立仁. 中国人力资本存量分析［J］. 学术研究，2004（9）.

［36］赵延东，罗家德. 如何测量社会资本：一个经验研究综述［J］. 国外社会科学，2005（2）.

［37］文建龙，肖泽群. 权利贫困的个人综合能力原因分析［J］. 甘肃理论学刊，2008（2）.

［38］张等文，陈佳. 城乡二元结构下农民的权利贫困及其救济策略［J］. 东北师大学报（哲学），2014（3）.

［39］彭小霞. 当前我国农民权利贫困问题探析［J］. 山东省农业管理干部学院学报，2008，24（4）.

［40］李晓红，黄瑾. 三权分置农地制度下农民土地财产权利受损的产权逻辑［J］. 广西民族大学学报（哲学社会科学版），2016（6）.

［41］张勇，包婷婷. 我国农村土地整治中农民土地财产权保护探讨［J］. 经济问题探索，2013（3）.

［42］杨林，薛琪琪. 中国城乡社会保障的制度差异与公平性推进路径［J］. 学术月刊，2016（11）.

［43］常晓波. 公民平等受教育权研究［J］. 传承，2008（14）.

［44］慈勤英，张芳. 城市贫困空间固化的社会治理研究［J］. 西南民族大学学报（人文社会科学版），2017（3）.

［45］黄锟. 城乡二元制度对农民工市民化影响的实证分析［J］. 中国人口、资源与环境，2011（3）.

［46］刘远风. 土地权利与农村空心化治理——基于新制度经济学的

分析［J］. 经济学家，2014（5）.

［47］彭贞贞，马骥. 连片特困地区的特征及扶贫开发的对策分析［J］. 商业经济，2013（24）.

［48］任保平. 论中国的二元经济结构［J］. 经济与管理研究，2004（5）.

［49］杨正喜. 二元结构下的中国农村人口流动［J］. 中南民族大学学报（人文社会科学版），2009（3）.

［50］游艳玲，吴法，向静静. 城中村改造与低收入流动人口安置研究［J］. 科技促进发展，2010（7）.

［51］袁媛. 社会空间重构背景下的贫困空间固化研究［J］. 现代城市研究，2011（3）.

［52］胡序威. 论城镇化的概念内涵和规律性［J］. 城市与区域规划研究，2008，1（2）.

［53］田雪原. 城镇化还是城市化［J］. 人口学刊，2013（6）.

［54］韩嘉玲，张妍. 流动人口的贫困问题：一个多维的研究视角［J］. 贵州社会科学，2011（12）.

［55］顾朝林. 论中国当代城市化的基本特征［J］. 城市观察，2013（3）.

［56］段成荣，吕利丹，邹湘江. 当前我国流动人口面临的主要问题和对策——基于2010年第六次全国人口普查数据的分析［J］. 人口研究，2013（2）.

［57］朱江丽，李子联. 户籍改革、人口流动与地区差距—基于异质性人口跨期流动模型的分析［J］. 经济学（季刊），2016（2）.

［58］乔楠，任远. 城市流动人口社会融合的过程、测量及影响因素［J］. 人口研究，2010（2）.

［59］王常勋. 户籍制度改革问题研究——从农民工市民化的角度谈

起［J］. 经济研究导刊，2015（2）.

［60］陈全功，程蹊. 关于减贫的可持续性问题的探讨［J］. 湖北社会科学，2015（9）.

［61］丁君，陈标平. 构建可持续扶贫模式治理农村返贫顽疾［J］. 社会科学，2010（1）.

［62］王待遂. 一个可持续发展的扶贫开发模式案例分析［J］. 南方农业，2012（9）.

［63］黄桂婵，胡卫东. 我国传统城镇化的特征与新型城镇化的路径探讨［J］. 农业现代化研究，2013（9）.

［64］胡凡. 新型城镇化背景下地方政府投融资机制创新研究［J］. 商业经济研究，2015（6）.

［65］中国人民银行成都分行金融研究处课题组. 新型城镇化融资机制及创新［J］. 西南金融，2015（1）.

［66］温晓明. 新型城镇化进程中农村生态环境保护的有效路径——以龙岩市为例［J］. 经济研究导刊，2015（20）.

［67］回良玉. 大力保障和改善民生努力推动可持续减贫［J］. 老区建设，2011（21）.

［68］陈锡文. 当前我国农村改革发展面临的几个重大问题［J］. 农业经济问题，2013（1）.

［69］周毕芬. 社会排斥视角下的失地农民权益问题分析［J］. 农业经济问题，2015（4）.

［70］余吉玲. 集中连片贫困地区少数民族贫困原因探析——基于甘肃片区的调查及数据分析［J］. 云南社会主义学院学报，2015（4）.

［71］冯鹏. 新型城镇化的基本模式、具体路径与推进对策［J］. 建筑工程技术与设计，2015（13）.

［72］李小云，唐丽霞，张雪梅. 我国财政扶贫资金投入机制分析［J］.

农业经济问题, 2007 (10).

[73] SEN A. Capability and Well-Being in Nussbaum [J]. Quality of Life, 1993.

[74] KANBUR, RAVI, ZHANG. Which Regional Inequality ? The Evolution of Rural-Urban and Inland-Coastal Inequality in China from 1983 to 1995 [J]. Journal of Comparative Economics, 1999, 27.

[75] KHAN, AZIZUR R, RISKIN. Income Inequality in China: Composition , Distribution and Growth of Household Income , 1988—1995 [J]. China Quarterly, 1998, 6.

[76] XUE J. Urban-Rural Income Disparity and Its Significance in China [J]. Hitotsubashi Journal of Economics, 1997, 1.

[77] YANG, DENNIS TAO. Urban-Biased Policies and Rising Income Inequality in China [J]. American Economic Review Papers And Proceedings, 1999, 5.

[78] YANG Y. Is " Excessive Distribution" a Good Thing or a Bad Thing ? [J]. Chinese Economic Studies, 1996, 6.

[79] YAO S, ZHU L. Understanding Income Inequality in China: A Multi-Angle Perspective [J]. Economics of Planning, 1998, 31.

[80] YE F. Since the Government Is the Referee, Why Does it Get into the Game ? [J]. Chinese Economic Studies, 1996, 6.

[81] BECKER G S, TOMES N. An Equilibrium Theory of the Distribution of Income and Intergenerational Mobility [J]. Journal of Political Economy, 1979, 87 (6).

[82] BECKER G S, TOMES N. Human capital and the rise and fall of families. [J]. Journal of Labor Economics, 1986, 4 (3).

[83] GIDDENS A. The Class Structure of the Advanced Societies. [J].

Contemporary Sociology, 1976, 3 (3).

[84] HULME D, MOORE K, SHEPHERD A. Chronic Poverty: Meanings and Analytical Frameworks [J]. Electronic Journal, 2001, 106 (16).

其他

[1] 冯健身. 加快推进贫困地区新型城镇化是全面建成小康社会的重要任务 [N]. 人民政协报, 2013-05-31 (C01).

[2] 本报特约评论员. 切实转变粗放发展模式 [N]. 中国工业报, 2010-03-17 (A01).

[3] 丁守海. 概念辨析：城市化、城镇化与新型城镇化 [N]. 中国社会科学报, 2014-5-30 (A06).

[4] 王军. 集中连片特困地区的城镇化选择 [N]. 社会科学报, 2013-04-18 (002).

[5] World Bank. Sharing Rising Incomes - Disparities in China [R]. Washington D. C., 1997.

[6] 郝玲. 论基本公共服务均等化视域下的农村义务教育体系构建 [D]. 南京大学, 2015.

[7] 胡海洋. 城镇化进程中城镇贫困成因分析 [D]. 贵州财经大学, 2013.

[8] 文晓波. 城镇化进程中的失地农民权益保护研究 [D]. 重庆大学, 2007.

[9] 冯永宽. 西部贫困地区发展路径研究 [D]. 四川大学, 2010.

[10] 曹洪民. 中国农村开发式扶贫模式研究 [D]. 中国农业大学, 2003.

[11] 国家统计局. 2010 年第六次全国人口普查主要数据公报 [R/OL]. 中国新闻网 (2011-04-28). http: //www. Chinanews. com/gn /

2011/04-28 /3004638. shtml.

[12] 国家卫生和计划生育委员会流动人口司. 中国流动人口发展报告 2016 [R]. 北京：中国人口出版社，2017.

[13] 国家卫生和计划生育委员会流动人口司. 中国流动人口发展报告 2015 [R]. 北京：中国人口出版社，2016.

[14] 国家卫生和计划生育委员会流动人口司. 中国流动人口发展报告 2014 [R]. 北京：中国人口出版社，2015.

[15] 国家统计局住户调查办公室. 中国农村贫困监测报告 2016 [R]. 北京：中国统计出版社，2016.

[16] 蔡昉. 中国人口与劳动问题报告 2003 [R]. 北京：社会科学文献出版社，2003.

[17] 徐绍史. 国家新型城镇化报告 [R]. 北京：中国计划出版社，2016.

后　记

城镇化的快速发展为中国的经济发展做出了巨大贡献。改革开放以来，在城镇化的快速发展下，中国的 GDP 以 9.2%的年均增速高速增长。全国大约 60%的工业增加值、85%的第三产业增加值、80%的税收来自城市。从 1978 年到 2016 年，我国的贫困人口从 7.7 亿减少到 4335 万，贫困人口规模减少了 7 亿多，在减贫道路上，城镇化功不可没。但与此同时，一个不容忽视的事实是，由于城镇化的不均衡发展，我国的城乡差距和东西部差距加大，庞大的流动人口的权益难以得到保障，社会阶级固化和贫困代际传递等问题呈现愈加严重的趋势，城镇化和减贫的矛盾愈加突出。

为了破解城镇化和减贫的矛盾，实现可持续减贫，城镇化必须要改革，开辟新的道路。新的城镇化道路不能只追求数字的增长，应以人为本，要让所有人民都能享受到城镇化的成果。党的十八大报告强调要“加快改革户籍制度，有序推进农业转移，人口市民化，努力实现城镇基本公共服务常住人口全覆盖”。同时新的城镇化应该是“质量明显提高”的城镇化。

本书围绕着如何解决城镇化和可持续减贫之间的矛盾，从而推动我国扶贫工作不断前进这个问题展开研究，剖析了城镇化下贫困固化和贫困流动现象，回顾了我国在改革开放以来城镇化的进程以及扶贫的历程，并就传统城镇化和扶贫之间对立统一的关系展开分析，随后给出了解决传统城镇化和扶贫之间的结构性矛盾的方法——新型城镇化，并通过大量案例和事实数据来论证新型城镇化在解决贫困固化和贫困流动问题，实现可持续减贫方面的可行性和优越性。

本书是“十三五”国家重点图书出版规划项目“中国扶贫攻坚前沿问题研究”丛书中的一种，面临着研究工作时间紧、任务急的问题。在领取任务之后，北京大学贫困地区发展研究院立即组建起一支精干高效的研究团队。经过大家夜以继日的辛勤工作，研究成果《新型城镇化与减贫发展》一书终于完成。

在此研究成果即将付梓之际，特别感谢国务院扶贫办全国宣传教育中心黄承伟主任的大力支持和帮助，感谢湖南人民出版社黎红霞女士和其他编辑，感谢研究团队李浩博士富有成效的组织沟通工作，感谢石河子大学经管学院刘林副教授，感谢研究团队张娜博士后及梁维聪、高经纬、欧阳仪瑄、姚秋慧等全体成员的辛勤工作，感谢北京大学贫困地区发展研究院全体同仁的支持，感谢其他所有为本项研究提供过支持和帮助的人，恕不能一一致谢！

图书在版编目（CIP）数据

新型城镇化与减贫发展 / 雷明等著. —长沙：湖南人民出版社，2018. 7
（中国扶贫攻坚前沿问题研究丛书 / 黄承伟主编）
ISBN 978-7-5561-1742-0

I. ①新…　II. ①雷…　III. ①城市化—关系—扶贫—研究—中国
IV. ①F299. 21　②F126

中国版本图书馆CIP数据核字（2017）第293717号

XINXING CHENGZHENHUA YU JIANPIN FAZHAN
新型城镇化与减贫发展

著　　者　雷　明　等
责任编辑　黎红霞
装帧设计　黎　珊

出版发行　湖南人民出版社［http://www.hnppp.com］
地　　址　长沙市营盘东路3号
邮　　编　410005

印　　刷　长沙超峰印刷有限公司
版　　次　2018年8月第7版
　　　　　2018年8月第7次印刷
开　　本　710 mm × 1000 mm　1/16
印　　张　19. 5
字　　数　252千字
书　　号　ISBN 978-7-5561-1742-0
定　　价　68.00元

营销电话：0731-82683348　（如发现印装质量问题请与出版社调换）